東洋文庫 922

尹致昊《ユンチホ》日記

7上

1916–1918年

木下隆男 訳注

平凡社

装幀　原　弘

凡　例

一、本書のテキストとして一九八六年に大韓民国文教部国史編纂委員会が編纂刊行した、韓国史料叢書第十九『尹致昊日記七』を用いた。テキストには多数の解読ミス、誤字等が見られるので適時、日記原本の写真版を参照して訳者が校正した。

一、本日記は第一巻から第六巻まで、罫紙、ルーズリーフ、大学ノート、手帳等々、その時々に選ばれた様々な記録媒体が使用されてきたが、本巻第七巻の一九一六年一月一日からは日本製の規格品である常用日記帳である、東京の民友社発行の『大正五年　国民日記』が使用されるようになり、以後、発行元は異なるが同種の規格品を使用するようになった。従って頁毎に西暦の年月日が前もって印刷されており、その日の天気を書く欄も予め定められている。更に欄外には西暦に対応する旧暦およびその日の曜日も前もって印刷されている。国史編纂版は、旧暦が尹致昊自身によって記入されたものではないため、これを一切無視したものと思われる。この日本語訳においても国史編纂版に従って、尹致昊自筆の旧暦表示でない場合は、これを省略した。また、国史編纂版は気の赴くままに曜日を入れたり入れなかったりしているが、この日本語訳では読者の便宜を考えて全ての曜日を記入した。尚、この常用日記帳を使用するようになった当初、尹致昊はその使い勝手がよく分からずに天気を書き入れていないが、慣れるに従って天気を記入するようになってゆく。

一、日記本文中の（　）は原注あるいは原文の英語を表記したものであり、また〔　〕は訳注である。

一、読者の便宜のために句読点を付し、テキストに誤記があったり説明が必要な場合には訳注を付し、解読不能な字があった場合は□で表示した。

一、訳注用例

（1） the meek（→mean）Europeans：下線部は国史編纂版の解読ミスと見て（　）内のように読み替えた。以下、同じ。

コロン（:）の上側は原則としてテキスト原文どおりを引用し、（→）は訳者が校正したことを意味する。コロンの下側は訳者の注である。

一、訳注において引用した参考文献の内、頻繁に引用したものは次のように省略した。

チョン・テップ『韓国キリスト教青年会運動史』（ソウル汎友社、一九九四）　『韓国キリスト教青年会運動史』

＊原題　전택부 지음『한국 기독교청년회 운동사』（범우사、一九九四）

『現代史資料(25) 朝鮮㈠』（みすず書房、一九六六）　『現代史資料25』

『現代史資料(26) 朝鮮㈡』（みすず書房、一九六七）　『現代史資料26』

金允植『續陰晴史　下』（大韓民国文教部国史編纂委員会、一九六〇）　『續陰晴史　下』

訳者が尹致昊の遺族から提供を受けた『尹致昊日記』原本の写真版　写真版

＊なお、二〇二二年九月から、オンラインで米国エモリー大学図書館所蔵の尹致昊文書（Yun Chi ho papers online）が閲覧できるようになった。次を入力して検索。Yun Chi-ho papers, 1883–1943

Emory Finding Aids

本書の訳注においてオンラインの『尹致昊日記』を参照した場合には典拠を「デジタルライブラリー」とした。

因みに、「写真版」と「デジタルライブラリー」は同じ日記原本を撮影したものであるが、写真版は尹致昊遺族の方が撮ったもので、恐らく専門家でないために、一部判読が困難な場合がある。その場合にはより鮮明なデジタルライブラリーを利用した。

目次

第七巻（下）目次

一九一六年

一月

1日　土曜。

総督、立花、山縣五十雄、阿部、宇佐美、関屋を往訪す。[1]皆名刺を留む。[2]総督官舎応接室にてしばし待つ間に、国友警視[3]に逢見す。とりあえず時候の挨拶を交わす。[4]国分〔司法部長国分三亥〕もまた同席したので挨拶する。今朝八時半、列車で温陽の叔母[5]が帰郷された。

（1）順に総督寺内正毅、総督府警務総長立花小一郎、総督府機関紙『ソウルプレス』社長山縣五十雄、『京城日報』編集長阿部充家、総督府内務部長官宇佐美勝夫、同学務局長関屋貞三郎である。

（2）此日（→皆）留刺：傍線部はデジタルライブラリーで訂正。くずし字で書いた「皆」の字の上部にある「比」を「此」と誤読し、下部にある「白」を「日」と誤読したもの。原文が縦書きであることも、このような解読ミスが生じた一因であろう。訪問した人物に直接会うことなく、ただ名刺を留めてくるだけの新年挨拶回りをしたということ。一九一七年以降毎年、総督府高官、御用新聞の職員への新年挨拶回りは本日と同じように名刺を留めてくるだけのものになっている。

（3）国友警視：総督府警務局警務課長国友尚謙。一〇五人事件により尹致昊が逮捕収監された際に捜査・摘発・取り調べに当たった人物。

（4）伊先、宣暄：「伊先」は「於先」に同じ。「宣暄」は「寒暄（時候の挨拶）を宣べる」の意。

（5）温陽姑母主：忠清南道牙山郡の温陽在の李源始（元、龍仁の人）の許に嫁いだ父雄烈の実妹（一八四四〜一九二〇）。

2日　日曜。

温陽の叔母が今回上京したおりに話しあって次の事を決めた。道谷〔祖父母の墓所所在地〕の新しい墓守の手当を十分にすること。以前の墓守も引きつづき面倒をみること。祭器を新しい墓守の家に移すこと。合わせて一万一千円也。叔母はもう二〇〇円出してくれと言ったが、応じなかった。

3日　月曜。

八時半、列車で京城を発し天安停車場から人力車で温陽の墓所〔父尹雄烈の墓所〕に直行して墓参する。午後三時、叔母の家に挨拶に行く。以前の道谷の墓守には一〇〇円だけ与えるよう言い含める。夜は咸悦《ハミョル》[1]の家に泊まる。

（1）咸悦：温陽の叔母の次男。道谷の新しい墓の墓守になるらしい。

4日　火曜。

朝飯の後、〔温陽〕温泉〔李朝時代からの有名な温泉場〕に向けて発つ。到着後、ただちに華泉旅館に入る。かつての温泉を四つの浴場に分け、特等は二〇銭、一等は一〇銭、混浴湯は二銭とする。以前よりも清潔になったが、鮮人の来浴客が多く雑然としていて汚らしいのは恥ずかしいことである[1]。

（1）但鮮人来浴者多粗汚者可耻：「鮮人」は原文のまま。

5日　水曜。

早朝に入浴したがとても清潔だった。できれば自宅から十里以内にこんな入浴施設があればいいのだが。書を看て元友と将棋をして過ごす[1]。郡守が訪ねて来たが、おしゃべりな男。このところ暖かくてまるで春が来たようだ。柳田、木島、学弘氏に会いに行く[2]。小学校の教室で開かれた日本人の婦人会[3]に出席する。今日はじめて開かれたものという。少し話をするように頼まれる。大勢の人が参加していたが、秩序整然としていて礼儀正しかった。

（1）看書、與元友將器消日：「看書」は「読書（音読する）」に対して黙読すること。「元友」はこの先一月十一日に「新村里長の元奎漢」とあって、尹致昊の郷里温陽郡新村里の里長。「將器」は将棋。

（2）訪見柳田、木島、學弘氏：「木島」はこの郡の公医（公立診療所の医師）。「柳田」は未詳（忠清北道道庁税務課に勤務していた「柳田重隆」か）。「學弘」は解読にやや疑問があるが、デジタル版でも判読困難なため、しばらくこのままとする。

（3）日人歸人會→日人婦人會：国史編纂版の解読ミス。

6日　木曜。

早朝、入浴すること昨日の如し[1]。書を看る。公医の木島が来訪して長時間話をする中で、牙山湾の埋め立て開墾のことを縷々、私に勧めるので、ただ黙って話を聞いていた。郡守が訪ねてきて夕飯を共にしたが、南祖源《ナムジョウォン》[2]氏が一緒だったので湯井面に農事奨励用の旗を試しに立ててみることに決定する。必要経費[3]の半分を私が援助することを承諾。

（1）朝浴如昨→早浴如昨：写真版で訂正。

（2）南祖源氏：「南」が姓、「祖源」が名前。『総督府官報』七一六号（大正三年十二月二十一日）によれば温陽郡の吏員であるらしい。

（3）浮費：「浮費」は中国語も韓国語もともに①「浪費」、②「名目を偽って浮かした費用」という意味であるが、ここは単に試しにすることにカネを使うことになるために、「経費」のことを「浮費」と言ったものか。

7日　金曜。

早朝、入浴すること昨日の如し。書を看て元友と将棋をして過ごす。里長の李聖三[1]を呼んで、書堂[2]を設立することを勧めるとともに費用の一部を負担することを承諾する。現在、〔温陽〕温泉の鮮人戸数は五十戸である。夜、雨。たまたま安劍植《アンゴンシク》に会う。彼は安中植《アンジュンシク》の伯父である。あまり好かない人物。人の話ではあまり信用できないという[3]。

（1）李聖三：新村里長は元奎漢であるから、別の里の里長であるか、新村の里長経験者であろう。

（2）書堂：儒教の経典を通じて漢文の読み書きなどを教える私塾。江戸時代の寺子屋といったところ。

（3）逢見安劍植、即安中植伯也 I didn't like him very much. They say he is not very reliable.：漢字、ハングル、英語の使い分けが微妙。本音を言ったり、言いにくいことを率直に言う時には英語を用いる傾向がある。安中植（一八六一～一九一九）は書画美術院に属する画家として有名。

8日　土曜。

早朝起きて入浴すること昨日の如し。小雨が降り、道は泥濘になっている。朝食後、柳田、木島、木付[1]、郡守を訪ね別れの挨拶をする。午後、温陽温泉の日本婦人会の婦人が数名やってきて餞別をくれる。思ってもみなかった喜び！　禮山から来る筈の自動車が故障したというので、三時に人力車を雇って出発する。五時半、天安の停車場着。六時四十分発、九時半頃に京城着。帰宅して母上に挨拶する[2]。

（1）木付：この先二月十八日にも「木付理事」とある。「理事」は統監府時代に地方の重要拠点に置かれた日本人の「理事官」。併合後も引き続きその名称を用いていたものと思われる。可能性があるのは慶尚北道大邱府の書記官などを歴任した「木付綱麿」である。

（2）帰覲安寧：本来は「故郷に帰って父母に御機嫌伺いをすること」を意味する。父雄烈は既に一九一一年に死去。

9日　日曜。

春のような雨。宗橋教会(1)で礼拝。丹羽(2)来訪。

（1）宗橋 Church：鍾路区都染洞にあった米国南メソジストの教会。

（2）丹羽：丹羽清次郎。京城基督教青年会（ソウル日本YMCA）総務。

10日　月曜。

渡瀬牧師(1)、藤岡牧師(2)を訪ねる。二人に温陽温泉の話をして当地になにか宗教的な施設を設立したいという私の希望を述べる。村上唯吉(3)の姿はなし。青年会月例会に出席。いわゆる会員はほとんどが中学館(4)の学生である。挙動、すこぶる粗雑、礼儀作法をわきまえていない。惜しむべし。

（1）渡瀬牧師：日本組合教会牧師渡瀬常吉（わたぜ・つねよし：一八六七～一九四四）。

（2）藤岡牧師：日本メソジスト京城教会牧師藤岡潔（一八八一～一九六四）。

（3）村上唯吉：日本組合教会朝鮮伝道部参事。

（4）所謂會員多是中學館學生：「中學館」は中央YMCAの男子中等部。通称、「学館」。

11日　火曜。

新村里長の元奎淵(1)が訪ねてくる。借用証書の返済期限については期限が過ぎても待ってやることにするから、白都事宛(2)に手紙を書いて事実を調査し、助けてやる必要があれば助けてやれと伝える(3)。

今度の土曜日の夜まで女トヤルベカラズ。心約(4)。

アレン(5)に手紙を書く。宗橋〔教会〕労働班による音楽会を楽しむ。朝鮮の伝統的音楽である短簫《タンソ》と笙篁《センホアン》の合奏(6)は完璧と言っていいほどのすばらしさだった。

（1）　元奎淵：デジタル版も同じに見えるが、尹致昊の勘違いであろう。この先、三月十日に「元奎漢」とある。

（2）　白都事：尹家の農園を管理する使用人（「舎音」と称する）が複数いるが、その内の総管理人。「都事」は李朝時代の従五品の官職を意味する尊称。フルネームは「白雲湃（ペク・ウンサン）」。別に「白副尉」と呼ばれることもある。以下、尹家所有の農園の管理を担当する「舎音（サウム）」なる人物が多数登場するので、その主な任務・役割を次に記す。⑴小作料の取り立ておよび取り立て補助ないし保管業務。⑵小作人、小作地、農耕の見回り監督・指導・調査。⑶地主小作人間の諸通知の伝達。⑷小作料の減免増徴に関する調査・立会・実施。⑸地主からの給与品の保管配給、ならびに貸付の種子・金肥の購入・斡旋・保管・配給。⑹小作人に配給する苗を育てる水田（苗代）の経営。⑺小作人の使用する肥料農具の共同購入斡旋等。以上の役割は一人の舎音が全てを行う訳ではなく、個々の適性に応じた役割を分担する。また舎音は大別して地主の家の敷地内に同居する者と、農園の近くに家を持って住む者とがあった。以上、塩田正洪『朝鮮農地令とその制定に至る諸問題』：財団法人友邦協会編『朝鮮近代史料研究―友邦シリーズ　第七巻　農業』（クレス出版、二〇〇一）三四～三五頁を参照。

（3）　自己逋欠條償給하기로 白都事處에 修信하야 使之調査하야 可助則助하라하다.

（4）　Nodoavecfeum（→femme）until next Sat. night F. R.：Nodoavecfemme は No do avec femme の暗号で No do は英語で「やるな、ダメ」、avec femme はフランス語で「女と」の意味。ここで「女」とは妻の白梅麗夫人のこと。この時、尹致昊五十一歳、白梅麗夫人は二十六歳。性生活に対する禁欲の決意表明。F. R. は Final Resolution の略。英語 final resolution の初出は第二巻、一八九〇年一月二十日。これを漢字に翻訳した「心約」の初見は第一巻上、一八八五年三月九日。自己の生活を節制する時に神に誓約するための言葉。

（5）Allen：長男永善の洗礼名。尹致昊収監中の一九一四年に渡米、現在（二十歳）、オハイオ州立大学農学部入学のため準備中。
（6）The Korean 短簫笙篁合奏：「短簫」、「笙篁」ともに朝鮮伝統音楽の楽器。

12日　水曜。
宗橋礼拝堂の三日礼拝に参加すること常の如し。

13日　木曜。
鎮安に作銭[1]に行くため李主事[2]が全州に向けて出発。午後二時頃に雪。漢陽教会内[3]で行われた渡瀬牧師[4]の奨励会織組班の卒業式に出席する。趙重応氏と豊永博士の勤倹と勤勉に関する話を傍聴する。[5]

（1）作錢：農園で収穫した作物を売って現金化すること。
（2）李主事：尹致昊家の舎音（農園管理人）の一人、李鍾元（本巻一九一八年七月二十一日を参照）。「主事」は敬称。
（3）漢陽教會：日本組合教会に属す教会。一九一三年当時、朝鮮における日本組合教会は北は平安道から南は全羅道にいたるまで所属教会数三十七、会員数は四千人に達していたという。李光麟「日本改新教會の韓国浸透と維新会事件」（『東亜研究』一九八七年号所収）を参照。
（4）渡潞牧師→渡瀬牧師：国史編纂版の解読ミス。本月十日に既出の渡瀬常吉。
（5）趙重應、此者（→趙重應氏와）豊永博士의 勤倹上勧勉을 傍聴하다.：傍線部はデジタル版により訂正する。また「豊永博士」とは統監府の招きにより一九〇六年に勧業模範場の技師として渡韓した豊永真里農学博士のこと。明治八年、津田仙が麻布に開いた学農社農学校の卒業生。一九〇七年当時、水原にある水原農林学校の教師をしていたことが『續陰晴史　下』、隆熙元年（一九〇七年）十一月九日の条に見える。

14日　金曜。

中央礼拝堂に行き讃頌隊〔聖歌隊〕の新組織と職員懇親会に出席して二言三言、お祝いと励ましの言葉を述べる。デミング夫妻およびケイブル夫人も出席[1]。

（1）In the evening, (→Deming &) his wife and Mrs. Cable also present.：下線部はデジタル版ではDemingと読める。国史編纂版のままではhis wifeのhisが誰を指すか分からない。Charles Scott Deming（1876-1938）は一九〇二年に来韓した米国南メソジスト宣教師。Mrs. Cableの夫Elmer M. Cableと共に、当時、米国北メソジストがソウルで運営していた協成神学校の教授だった。

15日　土曜。

温陽の墓石碑文の彫り手と見積書の契約をする。工賃、雑費あわせて一一〇円に決める。

16日　日曜。

宗橋の礼拝、例の如し。顕英[1]を温陽に派遣して碑石の彫り手の宿泊準備をさせる。

（1）顕英：尹家農園管理人兼使用人の一人、本年八月十八日の「金顕英」を参照。

17日　月曜。

開城の好寿敦女塾[1]に滞在中のミス・アーウィン[2]に手紙を書く。温陽の碑石の彫り手が出発する。

（1）開城好壽敦女塾：米国南メソジストが松都（開城）に設立した女子ミッションスクール。一八九九年、開城女学堂として出発。一九〇六年に「杜乙羅学堂」と改称。一九一〇年、「好壽敦女塾（Holston Institute）」、さらに一六年に「好壽敦女高普」となる。「好壽敦」はHolstonの漢字表記。

（2）어윈嬢：Miss Cordelia Erwin。一九〇五年に来韓した南メソジスト女性宣教師。

18日　火曜。

次の土曜日まで女トヤルベカラズ、心約。[1] ＹＭＣＡの予算委員会を英国聖書公会[2]で開く。ミラー氏[3]が〔ＹＭＣＡの〕中学科の廃止を提案する。

（１）Nodoavecfeum（→femme）until next Sat. F. R.

（２）B. T. B. S. →B. F. B. S.：B. F. B. S. はBritish and Foreign Bible Society の略。

（３）Mr. Miller：Hugh Miller。英国人宣教師。英国聖書公会幹部にしてロイヤル・アジアティック・ソサイエティの朝鮮支部会員。

19日　水曜。

宗橋礼拝堂の三日礼拝例の如し。洪鍾肅[1]は説教師としてなかなか優秀かつ誠実な人物である。だがまだ丸みが足りない。説教師は、勤勉、節約、清潔その他家庭的な美徳といった日常的実際的な話題をもっと取り上げてほしい。午後、ノウブル夫人と□□夫人[2]が訪れる。

（１）Hong Jong Suk：洪鍾肅は一九一四年当時の朝鮮ＹＭＣＡ理事。

（２）Mrs. Noble & Mrs.（→Mrs.　　）visited us in the p.m.：デジタル版は下線部のMrs. の後が空白になっている。ノウブル夫人の夫ノウブル（W. A. Noble）は一八九二年来韓の北メソジスト宣教師。

20日　木曜。

致旺[1]から手紙がくる。すぐに返事。ヘレン[2]に手紙を書く。郭在明〔尹家の農園管理人〕に手紙を書く。ミラー氏の事務所で開かれた理事会に出席。アヴィソン博士[3]、ミラー氏、および私は中学科を停止するよう発言したが、申〔申興雨〕、宋〔宋彦用〕、陸〔陸定洙〕、李〔李商在〕は私たちの意見に反対した。

なにか中学科に代わるものを提案する方向を考えることにした。

（1）致旺：尹致旺。尹致昊の異母弟（幼名吉龍）。英国グラスゴー大学医学部に留学中。

（2）Helen：尹致昊次女龍姫の洗礼名。尹致昊逮捕の前年、一九一一年に宣教師ハーディーの夫人に伴われて渡米、現在（十三歳）ケンタッキー州ミラーズバーグにある米国南メソジスト経営の Millersburg Female College に在学中。

（3）Arison → Avison：セブランス病院医師にして、YMCA理事。

21日　金曜。

金麟氏[1]が来訪する。洪在賀氏[2]の遺族に対する月額補助金一円を渡す。

（1）金麟氏：YMCA副総務を務めていたが後、日本組合教会に移る。維新会事件の中心人物。

（2）洪在賀氏：故郷、忠清南道牙山の公須洞の住民。

22日　土曜。春のように暖かな天気。

文姫の母[1]とともに中央医院の金台鎮[2]を訪れる。

（1）文姫母：「文姫」は尹致昊三女。「文姫母」は尹致昊の妻・梅麗夫人。韓国・朝鮮では結婚して子供のいる女性を呼ぶ場合、子供の名前に「オモニ（母）」を付けて「文姫オモニ」のように呼ぶ習わしがある。

（2）中央医院金台鎮：金台鎮は一九一四年に九州帝大医学部を卒業。翌一五年一月から七月まで総督府医院の助手を務めたのち中央医院に移ったものと思われる。

23日　日曜。極めて寒し。

宗橋礼拝堂に参拝すること例の如し。午後二時、幼年主日礼拝[1]を見る。

（1）幼年主日禮拝：YMCA幼年部の日曜礼拝会。

24日　月曜。極めて寒し。

ブロックマン[1]が訪ねてきて、中興雨《シンフング》が辞退することを願い出たと言う。どうやら中はYMCA理事会を辞任する決意をしたらしい。理由は、〔YMCAの〕中学科問題に関して、(1)朝鮮人の人気を勝ち取るために、[2](2)日本人から成る顧問委員会[3]選出の是非を投票にかけるという、よりデリケートな問題を回避するために。

祖父の命日に当たり、叔母と二番目の従兄弟の嫁[4]、および安寧の従弟〔未詳〕が来る。

（1）巴樂湯→巴樂滿：(Frank M.) Brockman の漢字表記。朝鮮中央YMCA総務。尹致昊が米国エモリー大学在学中に同級生だった Fletcher S. Brockman の実弟。
（2）to win the popularity among K.：Kとは Koreans、即ち朝鮮人のことだろう。
（3）Japanese adv. Comm.：Japanese advisory Committee の略。
（4）叔母와 第二従嫂：「叔母」は温陽人・李源始に嫁した父の実妹。「第二従嫂」の「従嫂」は従兄弟の連れ合い。具体的には未詳。

25日　火曜。暖。

次の土曜日まで女トヤルベカラズ、心約。前回同様、将棋の心約も次の日曜日の夜まで守ること、心約。〔YMCAの〕予算委員会は七名の委員のうち四名しか出席せず。私が勧めたこと、即ち中学科を独立採算制にするという案が採用される。

咸悦〔道谷の新しい墓守〕は上京三日になるのにいまだに来ない。わざわざこんな変人を雇うのに五八〇円も払ったのか？　それに渡辺〔Wadanabe：未詳〕も役立たずだ、正月に年賀状さえ送ってよこさないとは！　なんとも不快なぶったくり屋ども！[1]

（1）No pleasing and tortioners（→extortioners）!：下線部はデジタル版で訂正。"extortioner" は「強奪者、ゆすり」の意味。

26日　水曜。

午後、趙膏薬家に弟の嫁の叔父[1]を相訪す。劉猛《ユメン》[2]を訪ねるも遇わず。丈母〔白梅麗夫人の母親〕を訪れるも遇わず。三日礼拝例の如し。前日、白尚宮[3]が訪ねて来る。昔、重熙堂〔昌徳宮内の殿閣〕で出会った時のことがまるで夢のようだった。

今日の午後、クラム、ワッソン両氏[4]が訪ねてきて十年で返済するという条件で三万七千円を貸してくれる人を見つけられないだろうかと言ってきた。松都高普[5]の建設にも同じ条件を適用したいという。

（1）娣叔父：「娣」は「弟の嫁」。異母弟致旺の妻の叔父ということか。

（2）劉猛：劉猛（一八五三〜一九三〇）。独立協会時代、尹致昊と行動を共にした大韓帝国時代の官吏。一進会幹部、併合後、中枢院賛議、参議を歴任。

（3）白商宮（→宮）：「白商宮」は「白尚宮」に同じ。「尚宮」は「宮中の女官」の意。尹致昊が初代駐韓米国公使フートの通訳として参内し国王夫妻に自由に謁見していたころ知りあった女官。

（4）Messrs. Cram and Wasson：W. G. Cram（1875–1969）とA. W. Wasson（1880–1964）はともに韓英書院の教員を務める米国南メソジスト宣教師。

（5）the A. K. D.（→A. K. S.）：下線部はデジタル版で訂正。A. K. S. は Anglo-Korean School〔韓英書院、後の松都高普〕の省略。

27日　木曜。晴れて暖かいこと春の如し。

午前、劉漢春氏[1]を訪ねて温陽墓所の碑文の小字はすでに書き終えたかどうかを尋ねる。帰路、翠雲亭[2]の辺草堂に全省吾氏[3]を訪ねて話をしているうちに、全君は渡辺暢氏[4]の為人が信実恭倹なることを称讃してやまなかった。午後、高永喜氏[5]の長逝を弔いに行く。閣下は幸運に恵まれた人だった。〝富貴多男子〟が氏の定めだった。私が初めて氏を知ったのは一八八一年にいわゆる十二紳士が日本に行った時のことだった。

夕飯時、咸悦がやってきて明日帰郷すると言った。

（1）劉漢春氏：ただ一度ここに登場する人物。墓碑銘を依頼するに足るだけの書家と見える。

（2）翠雲亭：翠雲亭はソウル嘉会洞にある旧閔泳翊所有の亭子（あずまや）。後に尹致昊はここに別荘を持つことになる。

（3）全省吾氏：植民地時代における朝鮮人官吏。郡守等を歴任。日本組合教会漢陽基督教会所属。

（4）渡邊暢氏：渡辺暢（一八五八〜一九三九）は大韓帝国時代に韓国大審院院長、併合後は京城高等法院院長などを務めたキリスト教徒で、京城長老教会の長老である。三・一独立運動の裁判を担当したが、反乱罪として起訴された被告を騒擾罪として軽微な判決を下したと言われる。因みに女優の東山千栄子は彼の次女である。

（5）高永喜氏：高永喜（一八四九〜一九一六）は駐日公使等を歴任した済州島出身の官僚。一八八一年の十二紳士遊覧団の訪日の際に、尹致昊は魚允中の随員（秘書）として同行したが、高永喜は洪英植の随員として同行した。

28日　金曜。晴れ。

咸悦の手紙によると、すでに碑文は彫り手に送ったという。午後四時半、劉猛が来訪す。村上唯吉が副業奨励会のことを以て来訪す。しばし談話して去る。

29日　土曜。

家で過ごす。鳳成[1]を連れて雲養丈〔金允植〕を訪ねる。氏の知るかぎり今年はその八十二年の生涯の中でも最も暖かい冬だという。手土産に松蔘[2]二斤を贈る。

（1）鳳成：「鳳城」とも。尹致昊の次男・光善の幼名。一八九八年生まれの現在十八歳。
（2）松蔘：松都（開城）で採れる朝鮮ニンジン。

30日　日曜。晴れ。

家で過ごす。以前、〔父が〕総会所長をしていた時に[1]、馬山浦居住の朴祐永が国債報償寄付金の返還請求をして提訴したことがあり、明治四十三年十二月十日に、「該人に対して金一千七百余円を支払え」という判決書が出されたことがあったが、同年十二月十四日に総会所保管金から四万余円を総監部が徴収したため朴が返還請求を実行せず放棄するという意味のことを証書にしたのであるが、今頃になって朴の子供が該判決書を盾に実行を迫ってきたということである[2]。

数年ぶりに省率[3]して誕生日を祝うことができ、天父の恩沢に感謝する。宗橋礼拝、例の如し。

（1）年前総会所長으로 계실 時에：主語はないが述語が敬語になっており、また事実、父雄烈は名目上、国債報償金総会所の所長になっていた。従って、次の（2）で説明する保管金が不正に使われていたという疑いに対して、父雄烈が責任を追及されるということがあった。
（2）日韓保護条約締結後、大韓帝国が日本の保護国になったのは日本からの多額の借款が原因であり、これを完全に返還すれば日本から完全に独立できるという世論が民間からおこり一九〇七年二月より男子は禁酒禁煙して貯めたカネを、女子は簪等の装飾品を売って得たカネを集めて日本からの国債の報償費に宛てようという運動が朝鮮全土に広まった。そのカネの送付先が大韓毎日申報社内に設けられた総会所であった。結局、この運動は実現せず、途中まで集まったカネは総会所に保管されたままだったので、醵金者の間から返還請求運動が起こった。総会所である『大韓毎日申報』のベセル、梁起鐸等が保管金を不正に使用したのではないかという疑いがおこり、これを利用して『大韓毎日申報』を弾圧しようとした統監府警務総監部が返還請求運動に介入したため独立運動人士の内紛状態の様相を呈した。

（3）省率：正確な意味は不明であるが、内容から推測して、一九一二年二月四日の逮捕拘留投獄以来、五年ぶりに故郷の先祖および父親の墓に参ったことを意味すると思われる。また尹致昊の誕生日は旧暦十二月二十六日で新暦にすると一月二十九日、すなわち昨日のことである。

31日　月曜。

朴祐永に関して。国債報償一件を執行する云々と約束したという件のことで劉文煥(1)を訪ねたところ、弁護士の李宗夏がこの訴訟一件を受理したというので、李氏の事務所を訪ねて問題の国債報償金四万余円は既に統監部に上納し、その受領証と朴祐永が返還請求を行わないという手標〔寄託証書〕が存在する以上、死んだ私の父の名義で債務執行を迫るのは不当であることを説明し、引きつづき鍾路警察署長〔松井信助〕の許を訪れて前後の事情を説明したところ、署長曰く、この件は統監部が該金額を徴収した時、問題の判決書を撤収しなかったことは片手落ちだった、ゆえに自分が善処してやろうと言うので、各領収書類を署長に預けて帰宅した。

午後四時、〔英国〕聖書公会において〔ＹＭＣＡの〕去年の予算委員の会計を承認し、呉兢善《オグンソン》(2)氏の動議で、今年中は申興雨氏の提議に従って中学科を現状のまま留めておくことに決定して散会する。白都事が舎音の文熙周のことで上京す(3)。アレン、ヘレンから手紙が届く。

(1) 劉文煥（一八七四～?）は慶応義塾を経て中大法律科卒。日本の裁判所での実地見習いを経た後、帰国して一九〇六年四月に法官養成所教官となり、併合後も同所の教官を務める。

(2) 呉兢善は米国ルーイヴィル医科大学で医学博士学位を取得。セブランス医学専門学校の皮膚科科長兼主任教授。またセームンアン教会の執事。

(3) 白都事文熙周細音事로上来：「細音（세음）」は「舎音（사음）」の意と解釈する。尹家の農場の小作管理人。

二月

1日　火曜。晴れ。

申勝熙《シンスンヒ》(1)が来訪して朴祐永事件のことを詳細に聞いてゆく。

叔父〔尹英烈〕がソウルに戻る。七時三十分に駅に出迎えに行く。

(1) 申勝熙：鍾路署朝鮮人刑事。日本人の手先となり手柄をたてるために朝鮮人をいじめる刑事として悪名高い。三・一運動時の一九一九年四月に出された「鍾路警察署刑事、巡査補に送りたる書状」には「従来齷齪たる名の京郷に伝わりて聞く者をして切歯扼腕せしむるは有り振れたる事に属す」（『現代史資料26』六八頁）とある。この先、第七巻にも何度か登場するが、一九一九年五月十五日の晩、密命を帯びて奉天に行った帰途、南大門駅についたところを憲兵隊により逮捕投獄されたが法廷で恥をかくのを免れるため大量に阿片を呑んで自殺する（本巻下、一九一九年五月十七日を参照）。

2日　水曜。

次の日曜日まで女トヤルベカラズ。今日の十二時〔正午〕から、心約。[1] 将棋の心約も今度の日曜日の夜まで延長。心約。妻とともに叔父を訪ねる。

（1）From 12 m. today F. R.：F. R. は Final Resolution の略。

3日　木曜。晴れ。

郭在明《カクジエミョン》と李鍾元《イジョンウォン》〔ともに尹家の農場管理人〕に手紙を書く。従弟の局長[1]の裁判を傍聴する。明確に相手を騙す目的を以て虚偽の理由により虚偽の約束をしてカネを借りた罪で訴えられたためである。ハーディー夫人[2]が訪ねてきた。午後四時、返礼として彼女を訪れる。

（1）cousin 局長：叔父尹英烈の長男尹致昕。大韓帝国時代に学部学務局長を務めたことからの呼称。

（2）Mrs. Hardie：一八九〇年に来韓したカナダ人メソジスト医療宣教師、R. A. Hardie の妻。ハーディー一家と尹致昊一家とは家族的な付き合いがあり、次女の龍姫は幼くして母親の馬夫人が死去したため、ハーディー家に引き取られて同家の娘たちと一緒に育てられたという経緯がある。

4日　金曜。晴れ。

朝鮮の旧暦（Korean old calendar）によれば今日は元旦である。子供たちとともに新年の挨拶にまわる。夕食後、元のミス・ジョンストンであるカギン夫人[1]を訪ねる。宣教師仲間の中では最も親切な女性。

（1）Mrs. Kagin, former Miss Johnston：Miss Mary Johnstone は一九〇八年来韓、一九一三年に Rev. E. Kagin と結婚。

5日　土曜。

家で過ごす。年賀の客。『毎日新聞』〔正しくは『毎日申報』〕記者の内の一人である閔泰瑗(1)が来訪す。新聞記者、それともスパイか？

（1） 閔泰瑗，the 毎日新聞記者中一人：『毎日新聞』は光武二年四月九日創刊、翌光武三（一八九九）年四月九日に廃刊になった。従って、ここの『毎日新聞』は『毎日申報』の誤り。閔泰瑗は早大政経卒後、『東亜日報』社会部長、『朝鮮日報』編集局長、『中外日報』編集局長等を歴任。文人としても活躍した。『金玉均伝記』（乙酉文化社、一九六九）という本を書いている。

6日　日曜。

例の如く宗橋礼拝堂で礼拝す。

二番目の従弟〔尹致昭〕の招待により泰和館〔鍾路仁寺洞にある料理店〕で夕食。一番目の従弟〔尹致旿〕の弁護士である高橋、木尾(1)、朴勝彬、および劉文煥が同席する。高橋は攻撃的で尊大な男である。神よ、どうかこんな連中とかかわりのないようにしてくれたまえ。

（1） 高橋、木尾：順に、高橋章之介、木尾虎之助。京城で開業の日本人弁護士で、朴勝彬と共に一〇五人事件の弁護を担当した。「こんな連中と…云々」という尹致昊の発言は当然、この事実を前提としている。

7日　月曜。雪。

今度の日曜日まで女トヤルベカラズ。今日の正午から心約。将棋は一ゲーム、三手以上やらないこと。最低二時間の賭け将棋。今度の日曜日まで心約。

局長〔従弟尹致旿〕の裁判を傍聴。午後三時から七時まで、金宗護、閔景鎬、内田、洪忠鉉(1)が証人として取り調べを受ける。

（1）洪忠鉉：洪忠鉉（一八六九～一九二五年四月八日）はいわゆるにわか成金の実業家。一九〇〇年に中枢院議官となり後に大韓自強会会員。義兵活動阻止の目的の自衛団会系統の人物。大韓天一銀行理事を経て一九一二年に京城商業会議所議員、一九一六年五月から大正実業親睦会の幹事および理事、評議員を務める。一九一七年に仏教擁護会評議員。一九一九年に朝鮮経済会顧問。京城商業会議所議員。尹致昊の妻白梅麗の母方の血筋に当たるのではないかと思う。この裁判との関わりは未詳。

8日 火曜。寒。

宗橋教会の京城地方会に出席。ハーディー博士が欠席したため私がなにか話をするように言われる。『ヨハネ伝』第四章二十二節について話す。神よ、聖書を讃える民族を讃えよ。午後七時、YMCAに行きスター博士[1]の話を聞く。良い話だった。

（1）Dr. Starr：Frederick Starr（1858-1933）。米国の人類学者。日韓併合直後の一九一一年に人類学調査のために訪韓。同年十二月、帰国した彼に面会を求めた在シカゴ日本領事山崎馨に対して、新政に対する朝鮮人の不満は警務総監部による拷問、総督府によるミッションスクール迫害にあると語った。米国における一〇五人事件に関する最初の報告者である。『日本外交文書（第四十五巻第一冊）』四五三～五四頁を参照。

9日 水曜。寒。

午前、地方会[1]に出席。午後四時、崔相浩[2]とともに京城倶楽部[3]に行き、朝鮮のコインの魅力についてのスター博士の話を聞く。宗橋礼拝堂での水曜礼拝に出席。梁柱三を訪ねておしゃべり。彼は、松都に行ってワッソンの手伝いがしたいと言う。H博士〔ハーディー博士〕は反対しているという。梁はソウルで負債を抱えつつあるという。

（1）the District Meeting：前日に出てきた「宗橋教会の京城地方会」のことか。
（2）Choi Sang Ho：東京朝鮮ＹＭＣＡの副総務（一九〇六年）を経て一九〇八年にソウルＹＭＣＡに復帰。
（3）Seoul Union：貞洞の徳寿宮内にある重明殿（別名、漱玉軒）。一九一五年、外国人に貸与され京城倶楽部（外国人の社交クラブ）として使用された。

10日　木曜。晴れ。
午後、松井署長〔鍾路署署長・松井信助〕を訪ね温陽の墓参りに行きたいのだが朴祐永事件のことが気になって決心しかねていると言うと、話の中で署長は、朴については出頭し次第、説諭して話をつけるから心配するなと言ってくれた。

11日　金曜。晴れ。
九時、阿部充家[1]を訪ね朴祐永事件のあらましを説明する。興瑞《フンソ》〔尹家使用人〕を伴って十二時の列車で出発して四時半に天安に到着したところ、乗客が満員にならないので今日は温陽に自動車〔相乗り自動車〕を出さないことになったというので、天安駅前の李東憲家[2]に一泊する。花峴の妹の家[3]に行って夕飯を食べてから李氏家〔旅館〕に戻る。
（1）阿部充家：京城日報社長（一九一五～一八）。徳富蘇峰の腹心。
（2）李東憲家：朝鮮語で固有名詞の後に付けた「家」は日本語の「～屋」に当たる。
（3）花峴妹氏：「花峴」は集落の名前。「妹氏」は父雄烈と全州李氏との間に生まれた尹致昊の実妹。天安花峴の金在極に嫁いで息子金澤鉉がいる。「海平尹氏賛政公派譜」を参照。

12日　土曜。晴れ、寒。

宿舎がはなはだ不潔なため昨夜は眠ることができなかった。朝鮮人の旅館業者はいつまでたっても陋粗なる習慣を捨て去ることができず、客室も食事も汚らしくしたままで、清潔な日人〔原文のママ〕を手本にする気など全くない。いったい何時になったら鮮人〔原文のママ〕は何百年にわたる汚夢から覚めるのだろうか？　分相応という言葉があるが、今日の鮮人の状態を以て日人と同等の待遇を期待するとすれば、それこそ木に縁りて魚を求めるものである。

八時半に自動車で温陽温泉着。朝食後、温陽邑〔温陽の旧市街〕に行き〔父雄烈の〕墓参して碑石の刻字を視察したあと、叔母〔父雄烈の実妹〕に挨拶してから華泉旅館に戻る。

13日　日曜。寒。暁に雪。

早朝に入浴すること例の如し。郭在明と元奎漢〔ともに尹家農園管理人〕がやって来て、呉潤根の田畑買い上げの件に関して、方春植が取得した土地が金在夏（前地主）との間に論争があるというので、問題の処理を元氏にまかせ、成楽春氏(1)と話し合って決めるように言う。朝食後、柳田所長(2)を訪ねる。

(1)　成樂春氏：尹家の農園の管理人（舎音）と思われる。

(2)　柳田所長：本年一月五日、同八日に登場した「柳田」と同一人物であろうが、今回は「所長」という肩書が付いている。可能性としては一月五日の訳注で提示した「柳田重隆」の他に、忠清南道鉄道局に勤務する「柳田栄太郎」がいる（韓国史データベース「職員録」）。

14日　月曜。極めて寒し。

モムッサル（疲労と咳）に苦しむ(1)。鳳成〔次男光善〕がソウルからやって来る。

(1)　몸살 咳嗽苦痛：「モムッサル（몸살）」は悪性インフルエンザの初期症状のように、「悪寒がして脂汗が

でて体中がズキズキ痛くなる症状」のことで、ひどい疲労からくる病気。本日記中においてはしばしば英語でmalariaと翻訳されることがある。

夜、雪。

15日　火曜。晴れ、極めて寒し。

終日〔モムッサルで〕苦しむ。眼薬。(1) 仕事を済ませた碑石の彫り手が上京するための旅費六円を支払う。

(1) 終日苦痛。眼薬、：目薬をさした、という意味か。

16日　水曜。晴れ、極めて寒し。

体調、昨日よりやや良くなる。公直完栄尹議官(1)が病気見舞にきてくれる。白都事〔白雲洴〕が〔ソウルから〕病気見舞に訪れる。

(1) 公直完栄尹議官：「公直」は「公直員」の略。植民地時代に地方の郷校（公立学校）に勤務した職員。「完栄」は号、「尹」が姓か。

17日　木曜。極めて寒し。

達弟が鳳児宛に書いた手紙が届く(1)。また慈親〔母上〕から手紙あり、金鶴瓊《キムハッキョン》、三十日来到すとあり。昨夜は寝そびれてしまい、今朝は頭が混乱して気力がでない。七日に誓った将棋の心約は今度の日曜日の夜まで延長すること（心約）。午後、手紙の返事を書く（午後作文及復）。郡守が宿舎にやって来て朝鮮農民の〝結い（結社）(2)〟の風俗の話を詳細にするのを聞く。とてもおもしろかった。

(1) 接得連弟（→達弟）寫鳳兒書：傍線部は写真版で訂正。「達弟」は「達龍弟」の略。「達龍」は尹致昊の異母弟・致昌の幼名。現在、日本に留学中。「鳳児」は尹致昊次男光善（幼名鳳城）のこと。

（2） 郡守來鎭朝鮮農民두레（杜→社）風俗을詳聞有味：「來鎭」は鎮営、すなわち「宿屋」に来る、と解釈した。「두레」は農繁期における相互扶助の風習（即ち、日本語の「結い」）。（ ）内にある「(杜)」は写真版で見ると「(社)」である。すると、「두레」なる組織が「結社」であることを言ったものと思われる。

18日 金曜。極めて寒し。

重い体にむち打って起きあがり、朝飯後、沈友〔沈弘澤か?〕とともに木付理事[1]を訪ねるも遇わず。入浴して帰路、柳田所長を訪ねるも亦遇わず。薪谷居住の趙副尉[2]が韓芝南、金生員[3]とともに正午過ぎ頃に訪れる。五時頃、庶務係主任の河上[4]を訪ねる。彼の奥さんはとても魅力的で可愛らしい。木島医師を訪ねる。

（1） 木付理事：「理事」は統監府時代の理事庁制度の呼称の名残で、現在もそれを習慣的に用いていたものであろう。

（2） 趙副尉：「副尉」は旧韓国軍隊の階級で「中尉」に該当。

（3） 金生員：「生員」は地方の両班（郷班）の肩書のひとつ。この時代には主として年配の者の姓に付けて親しみを込めて呼ぶ場合に用いた。

（4） 河上：忠清南道官房主事を経て後に郡守を務めた「河上壽格」ではないかと思われる。韓国史データベースの「韓国近現代人物資料」を参照。

19日 土曜。極めて寒し。

朝食後、あらためて〔温陽〕旧邑の墓地に行き墓参りを済ませたのち、墓籍届け書類に捺印して提出してから、叔母〔父の実妹〕を訪ねて挨拶をする。今日は体中がだるくてとても気分が悪い。十一時頃、左部[1]を〔合い乗り自動車で〕出て、二時半に天安駅に到着したが、体中悪寒がして苦しくて仕方ない。六時四十分発の列車に乗り、九時にソウルに到着して家に着いた途端に発病してしまった。留守の間に届いていた手紙の中に金貞植《キムジョンシク》[2]氏のものがあって、その進退をめぐって私の意見を求めている。

（1）左部：正しくは「車部」である。「左部」の韓国語発音は「좌부」、「車部」は「차부」であるが、似ているので尹致昊が勝手に思い込んだようである。その意味は「合い乗り自動車の発着場」。普通、この語が日本語で使われることはないと思うが、松本清張の短編小説『天城越え』を一九七八年にNHKが「土曜ドラマ」シリーズとしてテレビドラマ化した『松本清張シリーズ　天城越え』（大谷直子、佐藤慶、鶴見辰吾らが出演）の最後の方に清張自身が巡礼姿で特別出演してこの「車部」という言葉を使っている。清張は戦時中、服役して朝鮮の龍山、井邑等地で衛生兵として勤務したことがあるから（『半生の記』）、その時この「車部」という言葉を知ったのではないか。ともかく珍しい例である。この先、一九一七年一月三十一日にもこの「左部」が登場する。

（2）金貞植は日本朝鮮YMCAの初代総務（一九〇六年）、一九一六年八月まで在任。

20日　日曜。

床に伏す。張医師が往診に来る。

21日　月曜。

床に伏す。午後三時、茂牧師[1]がやって来て、開城工業科[2]の方針は朝鮮人の教育には不適切であること、また京城青年会の工業科[3]の事業も鮮人には利益がほとんどないと言って痛論し、いったいどうすれば朝鮮のキリスト教徒が生計を維持することができるようになるかを話しあっていく。

（1）茂牧師：Rev. J. R. Moose（1864–1928）。一八九九年来韓の南メソジスト宣教師。韓国名「茂ヤコブ牧師」。
（2）開城工業科：開城にある韓英書院の工業科。
（3）京城青年会工業科：朝鮮中央ＹＭＣＡの工業科。

22日　火曜。
床に伏す。

23日　水曜。曇り、寒。
家の中で起きられるようになる。病勢は昨日より少しよくなる。ブロックマン〔巴樂満〕が訪ねて来て、金貞植氏のことを話してゆく。丹羽氏〔京城日本ＹＭＣＡ総主事丹羽清次郎〕が午後四時頃来訪し金貞植氏のことを論じてゆく。ブロックマン、丹羽両氏ともに金氏の進退は東京司事部[1]の処置に一任すると言う。午前中にはブロックマン氏が、午後には丹羽氏が、私に〔朝鮮中央〕ＹＭＣＡの総務を引き受けるよう要請した。丹羽は私に総督を訪問するよう提案した。

（1）司事部：在日本朝鮮ＹＭＣＡ理事会のこと。

24日　木曜。曇り、寒。
午前中、顕英〔尹家舎音〕に送金して李琮夏[1]の田畑代金に二千円を上乗せして致昌〔異母弟〕名義で取得する契約が成立した。申勝熙〔鍾路署刑事〕が来訪したので金貞植のことを詳しく説明した。午後四時半、聖書公会に行く。また青年会理事会に出席する。処理した事務はただ恒条改事[2]の件のみ。風邪がぬけずとても辛い[3]。白楽俊[4]から手紙。直ちに返事を書く。成楽春に手紙を書く。

（1）李琮夏：本年一月三十一日に「李宗夏」なる人物が登場したが彼は弁護士とあった。ここは弁護士らしくもなく、故郷牙山の住民らしく思われるので別人か。
（2）恒条改事：この先三月二十五日にある、朝鮮中央Yの十五名の理事の中に三名の日本人名誉理事を加えることを新たに規定した条項のことと思われる。
（3）感崇〔↓祟〕未解頗覺苦悩：写真版で見ると尹致昊自身は傍線部の字を「出」の下に「宗（ソウ）」と書いて「出＋宗」としている。正しくは「出＋示」で「祟（スイ）」である。「感祟（カンスイ）」は即ち「風の祟り」で感冒・風邪のこと。
（4）白樂俊：尹致昊家の農園の管理人（舎音）たちの総責任者。続く「成楽春」も舎音の一人。

25日　金曜。晴れ、極めて寒し。
致昌の話によると、顕英は今度の購入の件に関して仲介料[1]として四〇円を彼〔致昌〕に要求したという。彼〔顕英〕は李琮夏との売買契約にあたって仲介役を買ってでたが、今度は新手のトリックか！　この業突く張りのなんたる貪欲さ！　朴鶴晃[2]が今朝私に会いに来て、一七〇円貸して欲しいと言う。私が断るや、腹を立ててさっさと帰ってしまった。劉戒相[3]が来て、旅費をくれと言うので補助として三円を渡す。

（1）國文↓口文：写真版で訂正。「口文（구문）」は日本語の「口銭」と同じ意味で「手数料」のこと。
（2）朴鶴冕（↓晃）：「朴鶴冕（박학면）」であれば、ここにただ一度だけ登場する人物であるが、写真版を見ると「朴鶴晃」と読める。「朴鶴晃（박학광）」なら、本年十一月三日、一九一七年二月三日、同九月九日、第八巻一九二一年四月二十日に登場する。ソウルYMCA職員である「朴鶴晃」にほぼまちがいない。
（3）劉戒相：石碑彫りを依頼したのがソウルに住む「劉漢春」（本年一月二十七日）という人物だった。すると劉戒相はその関係者か。

26日　土曜。温和。

午前、金麟君を弔問し香奠一〇円[1]を贈る。午後、顕英を送り全義〔忠清南道燕岐郡の地名〕に行かせて早生米を一斤当たり二銭七厘で売らせる[2]。

（1）賻儀十圓：「賻儀」は日本の香奠に当たる。

（2）送顕英往全義放稙苞毎斤二錢七里式：傍線部がよく分からない。「稙」は早生の稲、「苞」は米が入った俵のこと、「放」は売るの意味らしい。「式」は朝鮮語「씩（〜ずつ、の意）」の借音表記。

27日　日曜。温和。

宗橋礼拝例の如し。万国学生連合祈禱会開始。一人の少年が宗橋礼拝堂で伝道について述べたが、幼稚なその話の中でもとりわけワシントンを崇拝する等の説は最も幼稚な部類に属す。

28日　月曜。

今度の土曜日まで女トヤルベカラズ。心約。この前の将棋の心約を今日の午後四時から今度の日曜日の夜まで延長。心約。

29日　火曜。極めて寒し。

午後、金炳郁が来て顕英に言うことには、「昌原の朴基鉉が黄海道から帰ってきて、いわゆる貯置金執行文を履行するか示談にするかのいずれかにしようと言うので[1]、午後六時に会う約束をした」と。それで六時半に松井署長に会いに行って、どうすればいいかと聞いたところ、署長が言うには、信頼できる人を朴の許に送り、向こう側の要求と目的を仔細に探って来るようにと言うので、顕英を送ったところ、朴に会えずに帰ってきた。

七時、ハーディー牧師[2]の家で晩餐をご馳走になる。咸興のヤング氏および群山のブル氏[3]が同席する。ブル氏が天皇の御真影に敬礼することについて私の意見を求めた。ワシントンの銅像に向かって手を挙げるのと同じことで問題はないと答えた。今日の午後、コリヤー氏[4]が訪ねてくる。

（1）私和하겠다 하고：本年一月三十日および同三十一日に出てきた国債報償運動の拠出金返還問題の続きである。「私和」は訴訟において話し合いで和解すること。朴基鉉は朴祐永の子供か。

（2）河鯉牧師：ハーディー牧師（Reverend R. A. Hardie）は朝鮮語で「河鯉泳牧師」と書く。当時、ハーディー牧師の家は社稷洞にあった。cf. James Earnest Fisher *"Pioneers of Modern Korea"* (Christian Literature Society of Korea, 1977), p. 285.

（3）Mr. Young from 咸興 and Mr. Bull from 群山：ヤング（Luther Lisger Young）は一九〇六年から二七年まで咸興、城津、元山で活動したカナダ長老派宣教師。ブル（William F. Bull）は群山の永明学校の運営にあたった米国南長老派宣教師。

（4）Mr. Collyns→Collyer：国史編纂版の解読ミス。C. T. Collyer は一八九七年に来韓し松都で活動を開始した南メソジスト宣教師。

三月

1日　水曜。極めて寒し。
午後□時頃に[1]、顕英が宗橋の旅館に行って朴基鉉に会い、仲介人の金炳郁[2]の立ち会いのもと朴基鉉が直筆で書いた要求書をもらってきたというので、晩七時頃に松井署長に朴の要求書の写しを見せると、署長が言うには、明日の正午に刑事巡査と顕英が朴の居所に同行して朴を拘束して来るとのこと。

午後、丹羽を訪ねる。夜、鳳成〔次男光善〕が開城からやってきて、全〔姓〕の家屋敷と屋敷林(3)が千円で売られることになったと言った。白雲澼氏(4)がこの家屋敷を買うことを勧めた。

（1）午後時頃에→午後□時頃：写真版は□の部分が空白。
（2）居間人金炳郁：「居間人」は「仲買人」あるいは「周旋屋（ブローカー）」の意。
（3）全哥家岱園林：「全哥」の「哥」は姓に付けてその人物を軽視したニュアンスを表す接尾辞。「家岱」は家屋敷の意。
（4）白雲澼氏：「澼」は正しくは「湃」。すでに登場した尹家農園の総管理人である「白都事」のフルネーム。

2日　木曜。極めて寒し。

十一時半に、松井署長の命令で申勝熙・須々木刑事巡査・鄭巡査が顕英とともに宗橋礼拝堂そばにある旅館に朴基鉉を拘束しに行く。午後一時半、局長〔従弟尹致昕〕の公判廷に顔を出すと、参考人として致昭〔致昕の弟〕を取り調べ中だった。朴基鉉と仲介人金炳郁が鍾路警察署に勾留された。

3日　金曜。寒。

午後、丹羽〔丹羽清次郎〕に接見。その書内に曰く、「総督が明日午前十時に官邸（his official residence）で君に会いたいと言っている」とあった。

4日　土曜。寒。

午前十時、総督を訪問する。とても親切に迎えてくれて、「迷惑デアッタラウ」〔原文日本語〕と言った。ついで総督は、私が朝鮮人と外国人、また朝鮮人と日本人との間の善意と相互理解を確立するために尽力してくれるよう望むと言われた。帰路、山縣五十雄(1)を訪ねる。

（1）山縣五十雄：山縣五十雄（一八六五～一九五九）は総督府英字新聞『ソウルプレス』社長。一高卒業後、帝大英文科に進むも中退。一高時代は内村鑑三に学び、帝大では夏目漱石の教えを受けたという。一九〇三年三月に渡韓。『ソウルプレス』を経営するようになった後は、韓国キリスト教に一定の理解を示しながらも総督府を批判する外国人宣教師に対して総督府を弁護する立場をとるようになる。

5日　日曜。寒。

例の如く宗橋教会で礼拝。午後二時頃、村上唯吉氏が訪ねてきて、彼が著した『致富要訣』の翻訳を依頼された。午後は風雪。

6日　月曜。極めて寒し。

毒感〔インフルエンザ〕のためにはなはだ苦しむ。午前、ブロックマン（巴樂満）が来訪し私がYMCAの総務を引き受けるよう要請した。方台《パンテ》栄《ヨン》(1)が午前八時三十分から九時まで私と英語の勉強を始めた。

（1）方台滎→方台榮：方台栄（一八八五～？）はソウル警察北署の通訳、監獄所看守長、西部警察署警部などを歴任した親日派官吏。官吏辞職の後は『毎日申報』記者、大正親睦会などの重職を歴任する。

7日　火曜。極めて寒し。

午後四時、村上唯吉を往訪するも会わず。帰路、宇佐美長官〔総督府内務部長官宇佐美勝夫〕を往訪す。長官から朝鮮YMCAのリーダーシップをとるよう依頼される。

8日　水曜。やや暖かかった。

文姫〔三女〕が毒感のため咳がひどい。今日の正午より今度の火曜日まで女トヤルベカラズ。その間、他の女ト遊ブベカラズ、心約。[1] 善姫[2]がインフルエンザのために苦しむ。

（1） In the mean votaiboiplayavecfeum F. R.：写真版を見ると、下線部の読みに疑問が残るが、これに代わる対案はない。playavecfeum が play avec femme であるとすれば「女と遊ぶ」である。しかし直前の votaiboi が分からない。notaiboi とも読める。暫定的に、「その間、他の女ト遊ブベカラズ」と訳出した。

（2） 金姫以毒感苦痛：写真版を見ると、傍線を施した「金姫」の「姫」の前には二字あるように見えるが解読できない。いずれにしろ「金姫」と読むことには疑問が残る。当時の尹家に「～姫」という名の女性は「三女文姫（一九〇八年九月十八日生まれ）」、「四女恩姫（一九一五年十一月十一日生まれ）」、および英国留学中の異母弟致旺から預かっている「善姫（一九一二年九月二十九日生まれ）の三人がいた。「金姫」なる娘はいない。「～」に該当する漢字を一九一七年三月二日に漢字書きで登場する「善姫」と比べると本日の「～」によく似ている。以上のことから、取り敢えずこれを「善」と読んで、「善姫」としておく。

9日　木曜。風雪。

午後、母上が風邪に罹って床に伏す。[1] 四時過ぎ、[2] 村上唯吉が来訪したので、『富ノ道シルベ』を正確に翻訳してやる[3]ことにする。ヘレンから手紙がくる。

（1） 母主感患委席：「感患」は「風邪」の敬語。「委席」は床に身を委せる。

（2） 四時後（→後刻）：「後刻」の意味がよく分からない。

（3） 「富ノ道シルベ」를 純専（→純書）飜譯하여 주기로：「富ノ道シルベ」は三月五日にでてきた『致富要訣』を読み下したものか。「純書」は「直訳」という意味か。

10日　金曜。晴れるも風寒し。

母上の風邪は昨日と変わらず。張医師が来診する。午後三時、龍山に行き陸軍記念式典を参看する。[1]

夜八時、青年会労働夜学校の演奏会を聞きに行く。朝鮮の正楽[2]に朝鮮人は満足したようであるが、長々と単調な曲が続くことに米国人はウンザリしたようだ。今朝、牙山の雲山から匿名の書があり、〔その中で〕元奎漢・郭在明・李舜衡を毀謗していた[3]。

(1) 本日三月十日は陸軍記念日、即ち一九〇五年三月十日、日露戦争の奉天会戦で日本軍が勝利し奉天を占領して奉天城に入城した日である。

(2) 朝鮮正樂：朝鮮固有の伝統音楽のことらしい。

(3) 今朝自牙山雲山有醫名□□謗（→匿名書毀謗）元奎漢・郭在明・李舜衡：傍線部は写真版で訂正。

11日　土曜。

申勝熙〔鍾路署刑事〕来訪。彼は遠回しに次のようなことを言った。当局〔the authorities：総督府〕は私に会いたがっていること、また私がYMCAの仕事を引き受けることを望んでいること。そして、もし私がYMCAと当局〔the Powers that be：即ち総督府〕との間に良好な関係をもたらすことに成功したら再び貴族となる栄誉を回復することができるかも知れないと！[1] 彼はまた、総督[2]は申興雨が大いに気に入っているとも言った。最近、彼らは申に千円を渡している。アレンとリーに手紙を書く。郭在明および元奎漢にも〔手紙を書く〕。

(1) if I succeed to bring (→in bringing) about good relations betw. the Y.M.C.A. and the Powers that be, I may be restored to the honors of peerage!：下線部は尹致昊の誤り。尹致昊の英語には不定詞と動名詞の使い分けを誤っている例がしばしば見られる。申勝熙の言う the authorities に対して尹致昊が用いている Powers that be はしばしば滑稽・皮肉を込めて用いる表現である。また、「貴族となる栄誉を回復……云々」

とは、尹致昊が一〇五人事件で逮捕された際に、父雄烈から引き継いだ朝鮮貴族の「男爵位」を剝奪されたことへの言及。

（2） Allen and Lee：Allen 即ち長男の永善は現在、米国オハイオ州立大学畜産科に在籍中。Lee なる人物は同定できず。

12日 日曜。明け方に降りはじめた雪は十時頃に止む[1]。宗橋礼拝堂の礼拝例の如し。午後四時、請われるままにゲイル博士に会いに行く。博士は私がYMCAの申し出を受けるよう要請する。理由は、現在YMCAが置かれている膠着状態を打開することができる者は朝鮮に私以外にいないというものであった[2]。

（1） 暁雪至十時頓（→頃）止：傍線部は写真版で訂正。

（2） I am the only person in Korea who can get the Y.M.C.A. out of its present immovability.：immovability は「確乎不同の状態」という意味であって「身動きのできない状態」という意味はなさそうである。しかしここでは後者の意味で用いていると思う。

13日 月曜。曇り、寒。

午後一時、局長〔従弟尹致旿〕の公判を傍聴する。四時、皆とともに家に帰り『富の道』[1]を翻訳す。午後六時半、山縣五十雄の招きで江戸川屋に行き夕食。村上唯吉も同席。楽しい一時を過ごす。今日の午後、赤ん坊[2]の具合がとても悪くなる。

（1） 富ノ道：本年三月九日に出てきた『富ノ道シルベ』のことであろう。

（2） Baby：梅麗夫人との間に生まれた四女恩姫（一九一五年十一月十一日生）。

14日　火曜。晴れ、寒。

午前十時頃、山縣五十雄を訪ねる。ＹＭＣＡの申し出を受けるべきかどうかについて相談する。彼は私が引き受けるよう強力に勧める。帰路、ブロックマンを訪ね、徳富[1]を招いてＹＭＣＡで演説してもらったらどうかと提案する。ほとんど家族全員がインフルエンザに罹ってしまった。妻は今日罹った。

午後七時、恵泉館[2]に行きハリス監督[3]と食事を共にする。五つの伝道部を代表する朝鮮人およそ二十人が参席。

（1）徳富：徳富蘇峰。総督府の御用新聞、『京城日報』『毎日申報』『ソウルプレス』三紙の監督だった。
（2）畫泉舘→恵泉舘：「恵泉舘」は中部光化門前にあった飲食店。
（3）Bishop Harris：M. C. Harris (1846–1921). 一八七三年に来日、函館で伝道活動する。一時帰国するも一九〇四年に再び来日し、日本並びに朝鮮のメソジスト監督教会の監督に選出される。

15日　水曜。晴れ、冷え冷えとする。

午前八時、彰義門ちかくの山裾にある別荘に徳富を訪ねる。彼が語った様々なことの中でも特に次のことが印象的だった。

「私は十五歳の時に洗礼を受けた。しかし十八になった時、私の恩師である新島[1]の許に行って私が教会員となったことを示す証書を返上した。キリスト教の教義のある部分について良心的に信じることができなかったからである。しかしながら、私はキリスト教の精神は守りつづけることを誓った。そして今まで酒も煙草も一切口にしたことはない。三十年間、政治家としてやってきたが、待合に行ったことはないし、芸者を買ったことも一度もない。私は自分が肉体的快楽のために教会を去ったなどと他人に言われたくなかった。少年時代から私はひ弱な少年だった。しかし私が肉体的に健康になったのは人生という戦場のまっただ中に飛び込んでいってからだった。[2] 君にYMCAのために働いてもらいたいと私が希望するのは、そうすることが君にとって楽しいからではない。そうではなくて、それが君にとってきわめて困難な仕事だからだ」。

叔父〔尹英烈〕は私にYMCA〔の総務職を〕を受け入れるよう勧めた。

（1） my Pillaptor（→preceptor），新島：Pillaptor なる語は辞書になし。国史編纂版の解読ミス。写真版で確認済み。

（2） I was a wealthy（→weakly）boy but my health began to improve as soon as I got into the thick of the battle of life.：下線部は国史編纂版の解読ミス。『徳富蘇峰　蘇峰自伝』（日本図書センター、一九九七）によれば蘇峰の家は九州熊本の名家ではあったが経済的には決して裕福ではなかった。また幼児期の身体については「予が少年時代には、ほとんど三十歳以上は生存しまいと予言した者があった程、病弱であった」（同書、一二および三一一頁）とあるように虚弱な少年であった。

16日　木曜。

家で村上の『致富要訣』の翻訳に没頭する。

17日　金曜。晴れ、寒。

午前八時、ハリス監督を見送るために駅に行く。日本人、朝鮮人、米国人、多くの監督の友人が見送りに来る。午後三時、村上唯吉来訪す。

18日　土曜。晴れ、寒。

午後五時、泰和館に行き、徳富氏のために開かれた朝鮮式晩餐会に出席。阿部〔『京城日報』社長、阿部充家〕、山縣五十雄、中村(1)の諸氏が出席。朝鮮人は李商在《イサンジェ》、申興雨、呉兢善、金麟、崔炳憲《チェビョンホン》、その他。午後六時、YMCAに行き、クラーク博士(2)の話を聞く。目新しいことなし。

（1）中村：当時、『毎日申報』の監事であった中村健太郎。
（2）Dr. Clark：C. A. Clark（1878–1961）。北長老派宣教師。一九〇二～四一年にソウル、平壌で活動。

19日　日曜。晴れ、寒。

宗橋礼拝堂礼拝例の如し。英語による聖書の授業を始める。モムッサル(1)の兆候があるので早めに床に就く。宗中のカネと宗中櫃の問題で頭を悩ませる(2)。私には何の関係もないことなので、神よ！　どうかこの問題で悩まずに済むようにしてくれたまえ！

（1）malaria：本日記においては朝鮮語の「몸살（極度の疲労から来る病）」に当たる病状を malaria と表現する。
（2）The 宗中 money and box question gives me a deal of worry.：「宗中」とは姓と本貫を同じくする者の集団で、「門中」とも。「宗中櫃」とは宗中が所有する財産や折々行う先祖の祭祀に関する記録類を保管する容れ物。money and box question に関してはこの先、九月三十日を見よ。

20日　月曜。晴れ、寒。

午前十一時、裁判所に局長〔従弟尹致旿〕の公判を見に行く。午前中の審理では何の結論も出なかった。
午後一時、再び裁判所に行ったが、今月の二十七日まで延期になった。
午後四時、全省吾(1)とともに渡辺判事(2)を訪ねる。渡辺氏は、もちろん私がYMCAで働くことを歓迎するが、現在の情況はきわめて困難かつデリケートなので、私が危険を冒すことまでは望んでいないと言う。氏の話し方はとても率直かつ親切だった。午後七時、ＹＭＣＡが呉兢善博士と申興雨のために韓式晩餐会を催した。近く呉氏は日本に、申は米国に行く予定である。

（1）全省吾：日本組合教会漢陽教会の布教担任者（『総督府官報』一〇三八号参照）。

（2）Judoe（→Judge）Watanabe：京城高等法院判事渡辺暢。本年一月二十七日の訳注を参照。

21日 火曜。晴れ、寒。

午前、洪忠鉉〔本年二月七日を参照〕を訪ねる。義母〔白梅麗夫人の母〕に会って同所で昼食を食べる。午後にとても体調が悪くなった。七時三十分、申興雨を見送るために駅に行ったが、数分の差で間に合わなかった。

22日 水曜。晴れ、やや暖。

ひどい風邪。八時三十分、徳富を見送るために駅に行く。

午後、丹羽氏が会いに来る。呉牧師〔呉兢善〕の後を追って金貞植が東京に行くという。金麟が来訪す。二人でＹＭＣＡの話をする。

23日 木曜。風寒し、晴れ。

午前十時、高普学校〔小安洞にある第一高等普通学校〕の卒業式に出席。

金麟と渡瀬師が来訪。このほど儆信《キョンシン》(1)学校を卒業したという李暢雨という名の学生が訪ねてきて、日本に行くので私に旅費一〇〇円を出して欲しいと言う。私が出すことを拒否すると、急に無礼な態度になったので、叱りつけなければならないほどだった。達龍〔異母弟致昌の幼名〕が今日卒業する。

（1）儆信（→儆新）学校：傍線部は尹致昊の誤り。H. G. Underwoodが一八八六年にソウル貞洞に設立した米国北長老派のミッションスクール。

24日　金曜。風雪、午後には積雪半寸にいたる。

今日の午前九時より来週の金曜の夜まで女トヤルベカラズ。心約。午後八時、宗橋教会で行われた培花学堂〔米国南メソジスト系の女子ミッションスクール〕の卒業式に行く。午後七時、松井署長を訪ねる。私のことをどう思うか、また私がYMCAの仕事を引き受けることをどう思うか彼の考えを聞く。YMCAのことは賛成のようだった。

25日　土曜。風寒し。

午後一時[1]、丹羽、渡辺暢氏が来訪す。四時三十分、アンダーウッド博士[2]の家で開かれた理事会に行く。ア博士の体調すこぶる悪く、ソファーに横になったまま議長をつとめる。とても具合が悪そうだった。その姿に胸を打たれる。数カ月前に出された、現在の十五名の理事[3]の他に三人の顧問を加えるという動議が承認された。我々は日本人と緊密一体になって[4]やっていかなければならないとア博士は言う。

（1）At 1 a.m.（→p.m.）：国史編纂版の解読ミス。写真版で確認済み。

（2）Dr. U's home.：Dr. UはH. G. Underwood。当時、YMCAの会長。

（3）the 137（→15）directors：下線部は写真版も同じように137と見えるが、『韓国キリスト教青年会運動史』が述べる次の内容により15の誤りである。一九一五年六月七日、西大門外八角亭運動場で開催された中央Y定期大会において会長アンダーウッド以下、副会長洪鍾肅、会計ミラー、その他尹致昊・呉兢善・申興雨・朴勝鳳・呉基善・宋彦用・アヴィソン・トゥロロウプ等十五名が理事として選出された（同書、一九七頁)。因みに「三人の顧問」とは日本YMCAを代表する、丹羽清次郎・渡辺暢・松本正寛のことである。
(4) we must work in closed (→close) union with the Japanese.

26日 日曜。曇り、寒。
宗橋礼拝堂例の如し。午後二時、ハーディー博士の許に行き、私のYMCA問題に関して博士とジャーダイン氏[1]に相談する。ハーディー博士はこの役目は私には荷が重すぎるだろうと言う。
(1) Mr. Gerdie (→Gerdine):国史編纂版の解読ミス。J. L. Gerdine (1870-1950) は一九〇二年に来韓した米国南メソジスト宣教師。同年十二月、当時、徳源(元山)監理だった尹致昊は元山のハーディー医師宅で初対面する。一九一二年の一〇五人事件当時、朝鮮中央Yの総務だった。

27日 月曜。晴れ、風あり (局長の判決六カ月)[1]。
午前、松井署長から使いが来て、署の彼の所まで来いという。行ってみると、私のYMCA問題に関して上司に報告を求められていること、また隈部警務部長[2]が私に会いたがっている旨を私に告げる。午後六時、隈部の許に行く。二番目の従弟〔尹致昭〕によると、私または広業会社が保証人に立つならば漢城銀行は彼の負債を喜んで肩代わりしてくれるだろう[3]と言う。
(1) (局長判決六個月):日記帳の「天気」の欄に小文字で書き添えられている。恐らく、本日、従弟尹致旿の裁判の結果が出て、禁錮六カ月となったとの意。
(2) 隈部警務部長:総督府警務総監部警務部長隈部親信。一九一七年七月まで在職。以後、関東憲兵隊司令官に転任。
(3) the 漢城銀行 is willing to settle his debts for him on condition either I or the 廣業會社 stand-stand (→stand) security.:写真版も下線部のようになっているが、(→)のように訂正する。stand security for

someone で「〜の保証人となる」の意である。

28日　火曜。晴れ、寒。

赤ん坊〔四女恩姫〕が風と耳痛を患う。ブロックマンが会いにくる。

29日　水曜。風、寒。

赤ん坊が病気。午後六時、松井署長を訪ねる。山形大佐[1]と会う約束を取り付けてくれるよう署長に頼む。大佐は、私が牙山への旅行からソウルに戻ったら会ってくれると言っていたからである。

（1）　山形大佐：陸軍少将山形閑（一八六九〜?）。情報が少なく、謎の多い人物。この先、何度か登場。一九〇七年十月に、名古屋第三憲兵隊長から韓国駐箚第十四憲兵隊高級副官として渡韓。日韓併合直前の一九一〇年六月、明石元二郎が韓国駐箚憲兵司令官に就任すると同時に韓国駐箚憲兵司令部付となり翌一九一一年十一月、陸軍憲兵大佐に昇進。大江志乃夫によれば、「明石が一九一四年四月に朝鮮駐箚憲兵司令官から参謀次長に転じたあとも朝鮮駐箚憲兵司令部付大佐として立花小一郎、古海厳潮の二代の憲兵司令官を補佐し」た人物である。併合直前から一九一四年四月まで、総督寺内→警務総監部総長明石元二郎→警務総監部高等警察課課長山形閑→高等警察課警視国友尚謙というラインがあり、尹致昊は常時、警務総監部の山形閑と国友尚謙の監視下にあって重要な行動に関して両人の了承を得ることが条件だったようである。謎の多いこの人物に関しては大江志乃夫「山県系と植民地武断統治」（岩波講座『近代日本と植民地4　統合と支配の論理』一九九三、所収）、および『朝鮮紳士名鑑』を参照。

30日　木曜。風寒し。

午後三時、済衆院の宋彦用[1]と開城の金容観氏の娘・恵卿が貞洞第一礼拝堂で結婚式を挙行したが、我々夫婦が請帖主人[2]になる。

（1） 濟衆院宋彦開（→宋彦用）：写真版で見ると傍線部は「宋彦開」と読めないこともないが、やはり「宋彦用」であろう。宋彦用はメソジストでYMCAの幹部である。「濟衆院」とはセブランス病院の前身のことで、この当時、既にセブランス病院となっていた。
（2） 請帖主人：「請帖」は結婚通知書。「請帖主人」は結婚式の招待状を出す人、即ち仲人役。

31日　金曜。風寒し。
午前八時半の列車で郷里に行こうと思ったが、結局、だいぶ遅れて正午発の列車に乗って平澤をめざし、午後三時半に平澤到着。六時半頃に新村の本邸に到着。

四月

1日　土曜。風寒し。
澄んだ田舎の空気に包まれてうっとりした気分になる。とても疲れた。ほとんど一日中寝たきり。
2日　日曜。晴れ、やや暖かい。
散歩がてら松山まで李議官〔七十四歳の老人〕に会いに行く。不在。帰宅した時にはすっかり疲れはてて腹ペコだった。
3日　月曜。風あり、寒。
午前十時、浚川(1)に墓参に行く。三番目の従弟〔尹致晟〕が同行する。従弟は私が林喆栄《イムチョリョン》(2)に하오《ハオ》体(3)を使うことに反対である。彼の言うとおりだ！　林《イム》は年齢も高齢であるばかりか、この地方では最も分別もあり裕福な者の一人である。彼はその人柄により社会的に誰からも尊敬されるような現在の地位に

到達した人物である。そういう人物に対して目下に対して用いる言葉を使うのは確かに恥ずべきことである。それに相手が平民階級（ssangnom）に属するという理由だけで両班が해라《ヘラ》(4)体を使用できるような時代は去った。

（1）浚川：故郷・牙山郡新村里近くの地名と思われる。

（2）Im Chul Yung：本巻一九一八年三月十四日に「林喆榮」と漢字書きで登場する。

（3）하오体：하오は文末にくる終止の一形式で、軽微の敬意を表すのに用いる言葉づかい。これでは不十分でもっと敬意度の高い敬語を用いる必要があるということだろう。

（4）해라体：해라は動詞の命令形で相手に「行け」、「来い」というように命令調で話す終止の一形式。

4日　火曜。風寒し。

午前、道谷に墓参りに行く。午頃、灑雨《サイウ》。

5日　水曜。風寒きこと冬の如し。

午前八時頃、龍穴里に発向し、永祚《ヨンジョ》〔新村の小作人・金永祚〕を訪ねる。昼食を食べ、公須洞に行き、郭在明〔尹家の農園管理人〕としばし話をする。甘酒を飲んでから直ちに銅山を訪ね、学堂〔開化期における学校を意味する言葉〕を視察し金一〇円を与えて学堂の修理費として使うようにさせる。午後三時頃、〔温陽〕温泉に向けて発つ。鳴厳里《ミョンオムニ》経由で七時頃、温泉旅館に到着する。たまたま郡守に逢い成弘基を郷校《ヒャンギョ》〔郡ごとに設けられた公立学校〕の直員〔宿直員〕とすることを托す。

6日　木曜。晴和。

朝食後、温陽邑に行って〔父雄烈の〕墓参し、叔母に拝謁す。十二時半頃、天安駅に向け出発し三時十五分の列車で京城に発向、七時半頃帰宅す。諸事、変わりなし。ただ乳児〔四女恩姫〕の耳痛はいまだ去らず。

7日 金曜。雨。

雨のない春のこの時期に恵みの雨が降り、万物に喜色有り。午前、ブロックマン来訪。私に総務職を引き受けるよう勧める。山形〔警務総監部高等警察課課長山形閑〕、国友〔同高等警察課警視国友尚謙〕に会って相談した後に返事をすると伝える。その後、私が国友と会見できるよう取りはからってくれた山縣五十雄を訪ねる。次いで国友を訪ね、YMCA総務を引き受けることに関して彼の意見を求める。国友は、自分としては引き受けろとも引き受けるなとも言えないが、自分も警察も私〔尹致昊〕がYMCAに入って朝鮮の青年たちのために努力することを望んでいると言った。

8日 土曜。雨。

午前八時、松井署長を訪ね、YMCA総務を引き受けることに決心したことを伝える。次いでブロックマン〔朝鮮中央Y現総務〕を訪ね、適当な人物が見つかるまで三年間だけ働くという条件で引き受けることにしたと伝える。午後二時、ア博士〔YMCA会長H・G・アンダーウッド〕の家で開かれた理事会に出席。渡辺〔暢〕判事、丹羽〔清次郎〕、松本[1]の三人が名誉理事として出席する——明らかに親日的方向へ一歩踏み出した証拠である。私は総務に選出された。神よ、キリストのためにこの仕事に成功することができるようお助けください、アーメン。第一銀行を通じて達龍〔異母弟尹致昌の幼名〕に一〇〇円送る。午前十時、妻とともに耳の治療のために赤ん坊を済衆院〔セブランス病院のこと〕に連れて行く。

（1） 松本：松本正寛。一八七二年、高知県生。中央大学卒業後、判・検事および弁護士試験に合格して一時、東京で弁護士業を開業。その後岡山、高知、釜山等の裁判所で判事を務めた後、一九一三年に京城大和町に移住して同地で弁護士業を開業する。『在朝鮮内地人紳士名鑑』、および『韓国キリスト教青年会運動史』一九五～九七頁を参照。

9日 日曜。朝から晩まで本格的な恵みの雨。
朝晩、宗橋礼拝堂に出席すること例の如し。

10日 月曜。曇り、風。
午前十時、耳の治療のため妻とともにグレース〔四女恩姫の洗礼名〕をセブランス病院に連れて行く。

11日 火曜。晴和。
午前、ＹＭＣＡに行く。午後二時、ＹＭＣＡの事務局員に対して簡単な話をする。新たに三つの委員会を任命するよう提案。⑴建物内をいかにすれば清潔に保てるかを調査すること。⑵建物内でいかに静寂を保てるか。⑶来訪者に気軽に来てもらうためにはどうすればいいか。
四時二十分の列車で松都〔現北朝鮮の開城〕に来る。ああ、田舎の新鮮な空気のなんと美味しいことか！ そして田舎の友人たちの励ましのなんと快いことか！ ここに来た理由は何冊か読みたい本があったこと、そしてローラ夫婦[1]のために購入した新たな土地を実見するため。

（1） Laura and her husband：「ローラ」は長女鳳姫（一八九四年生まれ）の洗礼名。尹致昊が一〇五人事件で収監中の一九一四年四月十日頃、金兢善と結婚した〔金永羲『佐翁尹致昊先生略傳』六〇七頁〕。

12日 水曜。晴れ。

王牧師[1]を訪問し、二時間ほど〔韓英書院内を〕視察する。金聖烈〔韓英書院職員か〕の言うところによれば、ディール氏[2]は手織機をバカみたいに安い値段で売り払ってしまったという。それから男子学生たちは彼らの家庭ではとても買えないような高価な織物を自動機織り機で織ることを学んでいると。チャペルで祈禱会を司式する。

（1）王牧師：韓英書院校長のワッソン（A. W. Wasson：韓国名・王永徳）。一九〇五年に来韓した米国南メソジストの宣教師。一九一四年九月一日より七年間、第三代韓英書院院長を務める。

（2）Mr. Dual（→Deal）：国史編纂版の解読ミス。Carl H. Deal のこと。一九一五年、韓英書院実業部の責任者として米国から招聘した米国南メソジスト宣教師。

13日　木曜。晴れ。

午前五時四十分の列車で松都を発つ。七時三十分頃にソウル着。午後二時[1]、YMCAに行き事務職員と建物を清潔・静粛に保つための方法について話し合いを持つ。

（1）at p.m.（→at 2 p.m.）：国史編纂版の解読ミス。写真版で確認済み。

14日　金曜。晴れ。

午後七時三十分、朝鮮と日本の両YMCA主催の下、コンサートが催される。山下嬢〔未詳〕は花形歌手（the star singer）である。演目が長すぎる。昨日、松都を発つ時、鳳城〔次男光善十八歳の幼名〕が寂しそうな顔をしていたのでこのコンサートに招待したところ見に来ていた。

15日　土曜。晴れ。

青年会に出勤。午後七時三十分、山下嬢のコンサート。昨日より多くの観客。ローラがささやかな新居〔四月十一日を参照〕に移る。

16日　日曜。小雨。しばらく続いていた晴天が止む。宗橋礼拝堂に参拝すること例の如し。午後四時、ＹＭＣＡの講堂で演説する。講堂は入りきれないほどの満員。〔二〇五人事件で収監釈放後、改めて〕私がＹＭＣＡに加わることになったことが人々の関心を呼んだせいらしい。

17日　月曜。晴れ。鳳成、松都に帰る。ヘレン〔次女龍姫の洗礼名。現在米国留学中〕に手紙。

18日　火曜。曇り、雨。青年会に出勤すること昨日の如し。

19日　水曜。終日雨。青年会に出勤すること昨日の如し。

＊〔20日は空欄〕

21日　金曜。青年会の事務を執ること昨日の如し。

22日　土曜。晴れ。青年会の事務を執ること昨日の如し。

23日　日曜。雨。

午前中、宇佐美閣下〔総督府内務部長官宇佐美勝夫〕が訪ねて来る。

24日　月曜。晴れ。

青年会の事務を執ること昨日の如し。

25日　火曜。

青年会の事務を執ること昨日の如し。

26日　水曜。

青年会の事務を執ること昨日の如し。致旺(1)に一八〇ポンド送金してくれるようヒュー・ミラー氏(2)に依頼。

（1）致旺：異母弟。産婦人科医師となるため、現在、英国のグラスゴー大学に留学中。

（2）Mr. Hugh Miller：Hugh Miller（1872–1957）。韓国名「閔休」。一八九九年に来韓した英国聖書協会の職員。一九三七年までソウルで活動。

27日　木曜。晴れ。

青年会の事務を執ること昨日の如し。

28日　金曜。曇りまたは晴れ。

青年会の事務を執ること昨日の如し。

29日　土曜。曇り、湿度高し。時々小雨。

午前青年会。十二時、承洞の礼拝堂(1)に行き、李用根氏(2)の妹さんの婚礼に出席。二時、母上および家族に付き添って春塘台〔昌慶宮内にある建物〕に花見に行く。五時頃、帰宅。午後九時二十分の列車でメアリ・アッビ[3]とともに松都に行く。松都の者はみな元気。

（1）承洞禮拝堂：現在の勝洞教会。因みに「承洞」と「勝洞」は韓国語で同じ発音（승동）である。
（2）李用根氏：ＹＭＣＡ中学科の一九一〇年第二回卒業生（『韓国キリスト教青年会運動史』二〇四～〇五頁）。この先六月二十七日に、ＹＭＣＡ内の反日派であるとある。
（3）Mary Abe：写真版も同じであるが、正しくはMary Abbeである。AbbeはAbigailの愛称。米国留学中の尹致昊を精神的・経済的に支えてくれたホス博士の夫人（Abibail Hoss）のことを当時の日記においてAbbieと呼んでいた。尹致昊は子供たちの洗礼名に親しかった人の名前を使用している。Maryは三女・文姫の洗礼名であるが、そのMaryの後にかつて母の如く、恋人の如く慕っていたホス夫人のファーストネームを付けて日常、メアリアッビと呼ぶことにより夫人を思いだす縁としたのではないか。

30日　日曜。曇り。

〔松都の〕北部礼拝堂に参拝。クラム氏[1]の家で昼食。昼食後、宣教師の集まりに出席し、『マタイ伝』第十四章十三～三十節について演説する。

（1）Mr. Cram：W. G. Cram（1875–1969）. 一九〇二年に来韓した米国南メソジスト宣教師。韓国名、「奇義男（博士）」。尹致昊が一〇五人事件で逮捕投獄された後、韓英書院第二代院長となる。

五月

1日　月曜。時々雨。

四時に起床し、始発列車でソウルに来る。例の如くＹＭＣＡへ。

2日　火曜。晴天、寒。

例の如くYMCAへ。李主事〔李鍾元：任実の小作管理人〕から手紙がくる。午後八時、クーンズ夫人(1)がヨーロッパ戦線の戦闘の様子について講演する。幻灯の説明付き。

（1）Mrs. Koons：夫のクーンズ E. W. Koons（1880-1947）は一九〇三年に来韓した米国北長老派宣教師。一九一三年にソウル儆新学校第八代校長に就任。

3日　水曜。涼。

例の如くYMCAへ。李主事、劉庇仁《ユビイン》(1)に手紙を書く。開畓費(2)として三〇〇円を送る。

（1）劉庇仁：尹致昊が天安郡守だった当時の郡庁職員で、その後尹家の使用人となる。

（2）開畓費：「畓（タプ）」は水田を表す韓国固有の漢字。水田開墾費用。

4日　木曜。晴れ。

午前十時三十分、神学科〔YMCA学館の神学科〕の生徒に対して、「神は聖書を敬う者および聖書を敬う行為を称え給う」ということをテーマに話をする。

5日　金曜。晴れ。

献堂式(1)の準備のため奔走する。

（1）dedication：キリスト教関係建築物（YMCA体育館）の落成式。

6日　土曜。雨。

献堂式のため体育館その他の飾り付けの準備に奔走する。午後三時、体育館の献堂式、および総務就任式が行われる。総督代理として宇佐美閣下が出席。朝鮮人貴族の出席は李夏栄子爵〔大韓帝国時代の外部大臣経験者〕と李基相男爵の二人だけ。[1]

(1) Baron Yi Kui Sung：朝鮮貴族名簿の中にYi Kui Sungに該当する人物はいない。李基相は大韓帝国時代に禮山郡守、英宮造営監督官などを歴任した人物。

7日 日曜。大風。

例の如く宗橋礼拝堂で礼拝。午後一時、ブロックマン宅で昼食。フェルプス氏[1]が同席。すっかり彼が気に入ってしまった。日本YMCAには優秀な人物がいるようだ。

(1) Mr. Philips (→Phelps)：下線部は写真版で訂正。当時、京都YMCAの外国人幹事だったG. S. Phelps。韓国Yの屋内体育館落成式（献堂式）に彼が出席したことは『韓国キリスト教青年会運動史』の一九五〜九六頁にみえる。

8日 月曜。晴れ、寒。風。

午前十時、YMCAの応接室でフェルプスと雑談。彼に次のように言った。反日的な態度や政策をとることは今度の私の仕事にとって命取りとなるだろうこと。YMCAはそのあらゆる行事を何らかの形の殖産教育に捧げるべきこと。私の親日的な態度は多くの朝鮮人をYMCAから遠ざけるだろうこと。フェルプス氏は心から私の考えを支持してくれるとともに、三年間の契約を守るようにと助言した。問題が当局との難しい関係に触れるので裏庭に出た。

朝鮮ホテルで昼食。ホスト役は宇佐美氏、ゲストはフェルプス、丹羽、ブロックマン、[1]金麟、それに私。ブロックマンは金が同席していることが気に入らず、後になってからハッキリ丹羽にそう伝えた。[2]ブロックマンと丹羽と私の三人で写真を撮る。三時三十分、寺内伯を訪ねて礼を言う。寺内伯は私を親切にもてなしてくれて援助を約束した。[3]

（1）Brock：Brockman（Frank Marion Brockman）の省略。YMCA総務尹致昊の前任者。

（2）金麟は尹致昊が一〇五人事件で服役中に起った「維新会事件」の中心となった人物で、皇城基督教青年会の主導権を宣教師から奪い、日本勢力を導入することを企図して失敗した。この事件の結果、「皇城基督教青年会」は「朝鮮中央基督教青年会」と改称することになった。当時のY総務はジレットで、ブロックマンはその後任である。第六巻巻末の「訳者解説」第Ⅱ部「空白の九年半」を参照。

（3）He received me kindly ……（→ & promised help.）：国史編纂版は下線部を「……」にしているが、写真版にはハッキリ、promised help. と書かれている。

9日 火曜。晴れ、涼。

例の如くYMCA。午後四時、趙重応[1]を訪ねる。どうしたらYMCAを最善に活用できるかについて長時間話しあう。

（1）趙重應：大韓帝国時代に農商工部大臣、法部大臣等を歴任した親日派の閣僚。キリスト教徒ではないが日本組合教会と接触があり、両班の中では比較的にキリスト教に理解があったらしい。

10日 水曜。晴れ。

例の如くYMCA。

11日 木曜。晴れ、すばらしい天気。

午前、ブロックマン氏に六〇〇円の小切手を渡し、アレン〔在米中の長男永善〕に送ってもらうよう依頼。クラム氏から、私が松都の家を建てるために伝道部から借りた借金の残りを返すよう督促する手紙をもらう。私が服役中、二番目の従弟〔尹致昭〕が私の家のことを見てくれたのだが、その間預けておいた三万円を彼は全部使い果たしてしまって、借金の方は返済してくれなかったのだ。どうやって今すぐに四二〇〇円のカネを工面できるか、大問題である。神学科の学生たちにイエスが人類に対して果たした偉大な貢献について話をする。F・M・ブロックマン(1)が上海に向けてソウルを発つ。

（1）T. M.（→F. M.）Brockman：国史編纂版の解読ミス。

12日　金曜。晴れ、すばらしい天気。

アレンに手紙を書く。またクラムに今月末までに二千円を払うことを約束した手紙を書く。午後七時、中国語教師たちの招きにより、李商在、金一善(1)、崔相浩の諸氏とともに第一楼〔鍾路二丁目にあった中国料理店〕に行く。食事は三時間ほど続いた。金日鎬氏に会う。

（1）金一善はYMCA社会部書記。崔相浩は同じく教育部書記。

13日　土曜。晴れ、すばらしい天気。

致旺〔在英国〕から四月二十日付の手紙をもらう。午前十時、李商在、崔相浩、金一善とともに清涼館〔在ソウル市街清涼里〕に行き、メソジストの牧師たちと静かな昼食。招待されたゲストはほとんど全員出席。昼食後、彼らに向かって次のことを述べる。YMCAが成功するか否かはひとえに教会にかかっていること、また教会は神の仕事を実行するためにYMCAを利用すべきこと。

午後七時、労働学校父兄懇談会に出席する。

14日　日曜。雨。

宗橋礼拝堂で礼拝。『マタイ伝』第十四章十三〜二十一節について話す。

15日　月曜。雨が降ったり止んだり。

午後四時三十分、任命委員会（the committee on nomination）の報告を聞くために〔YMCA〕理事会を開く。バーンハート氏[1]の指揮下に男子部（Boys' Dept.）が開設される。

（1）Mr. Barnhart : Byron P. Barnhart. 一九一六年に来韓したソウルYMCA職員。

16日　火曜。一日中雨。

例の如くYMCA。午後、風呂を試しに使ってみる。[1] 問題なし。

（1）YMCAの屋内体育館に入浴施設を設けた。

17日　水曜。晴れ。

例の如くYMCA。午後五時三十分、宇佐美〔総督府内務部長官〕を訪ねる。

18日　木曜。雨。

例の如くYMCA。米国人、朝鮮人、日本人の男子学生たちと共に済物浦に小旅行したキャンドラー〔次男光善〕がソウルに帰ってくる。不知火ホテルに目崎〔未詳〕を訪ねる。彼とともに夕食。元山の朴高原が来訪。韓式夕飯でもてなす。

19日　金曜。晴れ、涼。

例の如くYMCA。

20日　土曜。雨。

午後三時から清涼寺で開かれたいわゆる歓迎会[1]のためYMCA職員が繰り出す。韓式夕飯を食べる。

李世植[2]来参。私はほとんど居眠りをしているか李世植と将棋をうっていた。午後七時に帰宅。

（1）十八日に登場した「目崎」なる日本人は恐らく何らかの目的を持った一行の一員として朝鮮を訪れたのではないか。その歓迎会か。

（2）李世植（↓植）：国史編纂版の解読ミス。金玉均暗殺事件に加担した「李世植」と同一人物。

21日　日曜。雨、のち晴れ。

例の如く宗橋礼拝堂。昼食後、ここ数日、母が行っている武渓洞[1]に行く。妻と子供たちも同行する。

（1）武演洞↓武渓洞：国史編纂版の解読ミス。鍾路区付岩洞の彰義門外にあった。当時、「桃源郷」と呼ばれた都会の中のオアシス。本巻一九一七年七月二十六日を参照。後に尹致昊はここに「傅巌亭」という別荘を持つことになる。

22日　月曜。曇り、涼。

例の如くＹＭＣＡ。

23日　火曜。晴れ。

例の如くＹＭＣＡ。

24日　水曜。雨。

例の如くＹＭＣＡ。宗橋礼拝堂で礼拝。堂会が長すぎる。

25日　木曜。晴れ。

例の如くＹＭＣＡ。午前八時、ＹＭＣＡに入りきれないほど沢山の人々に向かって『中央青年会の希望』と題して演説する。ＹＭＣＡを支持してくれるよう聴衆の公共精神に訴える。

「諸君がこの建物を正しく利用するならば、諸君からこの建物を取り上げることができる者は世界中に誰もいません」。

26日　金曜。晴れ。

例の如くYMCA。七時、村上唯吉の招きにより江戸川〔料亭江戸川屋〕に行く。ゲストは山縣五十雄、渡瀬常吉、金麟、および私。食事はスキヤキがでる。毎月、第四金曜日、六時半にお話の会を持つことにする。

27日　土曜。晴れ。

午前十時、金麟とともに趙重応を訪ねる。趙は渡瀬にも来るようにと言った。そして例の如く趙は持論をまくしたてはじめた。とりわけ、彼は次のようなことを言った。「儒教は朝鮮人を救済することができない。なぜなら儒教には愛というものがない。人々を猟官運動と怠惰に導くだけだ。そこへゆくとキリスト教は普遍的な理想と、父なる神の愛によってすぐれた人物を生み出すことができる(1)」。

午後六時、丹羽氏の家で行われた日本Yの理事会に出る。同所で夕食。

(1) Christianity with its ideals of universal love and Fatherhood of God can make character.

28日　日曜。午前中晴れ、午後雨。

宗橋礼拝堂例の如し。午後、青年会福音会に参席。

阿部社長〔京城日報社社長阿部充家〕を訪ねる。彼は私に、ときおり総督を訪ねるようにしたらどうか、また総督がソウルを発ったり日本から帰ってくる時には餞別の会や歓迎の会に出るようにしたらどうかと勧める。

29日　月曜。雨。

青年会例の如し。午後七時、会員募集のための晩餐会。ハーン博士(1)が出席。最も寛大な労働学校の支持者の一人である。

（1）　Dr. Hahn：David E. Hahn. 韓国名、「韓大偉」、あるいは「韓大衛」。一九〇六年に米国から来韓した韓国初の西洋人歯科医。大の韓国人びいきで三・一運動の際は上海臨時政府まで出向いて日本の残虐な弾圧を報告した。『現代史資料26』一六七〜六九頁を参照。

30日　火曜。晴れ。

例の如くＹＭＣＡ。午後八時、韓相龍氏(1)が、最近見てきた台湾についてとてもためになる面白い話をする。

（1）　韓相龍（一八八〇〜一九四七）は総督府時代の官僚兼金融人・企業家。朝鮮総督府中枢院参議および顧問を歴任。朴栄喆とならんで代表的な親日派である。

31日　水曜。晴れ。

例の如くＹＭＣＡ。午後九時二十分、頭が割れるように痛いので、ちょっと休むために松都に行く。山縣五十雄氏〔ソウルプレス主筆〕と阿部充家氏〔京城日報社長〕が、明日、松都の私の家にきてくれると約束してくれた。

六月

1日　木曜。晴れ。

新鮮な田舎の空気、小鳥のさえずり声に周囲の美しい景色――これら全てのおかげで昨日一日中悩まされていた頭の鈍痛はすっかり吹き飛んでしまった。

午前十一時、山縣氏、阿部、それに方台栄がやってくる。みな私の隠れ家を気に入ってくれたようだ。彼らは私の朝鮮式昼食に付きあってくれた。四時、招待しておいたお茶の席にワッソン師、クラム氏、佐村氏(1)を招待する。午後五時四十分の列車でソウルに帰る。金剛山の幻灯会に間に合うようにソウルに着くことができた。文姫〔尹致昊三女、当時七歳〕が病気になる。

(1) Rev. Wasson and Mr. Cram and Mr. 佐村：ともに韓英書院の職員。佐村に関しては一九一六年十二月六日の警高機発第五五三号「不穏者発見処分の件（京畿道警務部長報告）」に、「韓英書院には佐村信平、好寿敦女塾には中村ハル教師たりしが中村ハルは既に神奈川県横浜に帰還し、佐村は現に就職中なるが鮮語を解せざるを以て生徒等が唱歌せるを覚知せざりしと弁解せるも本件発覚するや同人は校長ワッソンを唆して…」、とある（『現代史資料25』一三～一四頁）。

2日　金曜。晴れ。

例の如くＹＭＣＡ。午後六時、妻、メアリ・アッビ〔Mary Abbe：三女文姫〕、赤ん坊〔四女恩姫〕、善姫、善姫の母親(1)とともに清涼里に行く。清涼館で夕食。一円六〇銭。

(1) 当時、異母弟・致旺が英国留学中のため、娘の善姫とその母親が尹家に居候していた。

3日　土曜。晴れ。

例の如くＹＭＣＡ。午後五時五分の列車で仁川に行く。董錫基《トンソッキ》(1)が駅まで出迎えに来て彼の家まで案内してくれる。小ぎれいな彼の牧師館と、チャーミングな夫人に大満足。朝鮮式食事さえなければ、まるで米国の家庭にいるような気分。ところで、列車の中で徐相壽氏の息子の徐丙儀に会う。立派な若者に成長していた。

午後八時、エプワース・リーグ(2)の人たちに青年の責任についてという題で話をする。朝鮮の青年は一生懸命勉強し誠実に努めなければならないという内容。崔炳鉉(3)と金弘秀氏(4)に会う。

（1）董錫基（→董錫基）：傍線部は国史編纂版の解読ミス。「董錫琪」が正しい。董錫琪（一八八一〜一九七一）は一九〇四年にハワイに移民、該地で北メソジストに入信、その後ノースウェスタン大学および神学校を卒業し牧師となる。一九一三年に帰国後、華城市南陽洞の南陽監理教会第八代牧師となり、三・一運動に参加する。『現代史資料25』二八四頁下段を参照。

（2）the Epworth League：一八八九年に米国メソジストにより青年の知的・活動的な敬虔さを養成することを目的に設立された活動団体。韓国では一八九七年にソウル達城教会（後の尚洞教会：長老派）内にジョーンズ（G. H. Jones）宣教師により設立された。尚洞青年会の前身である。

（3）崔炳鉉：傍線部はエモリー大学デジタルライブラリーで見ると隣の字とかぶっていてハッキリと判別しにくいが、なんとなく「鉉」と読める。しかし、ここはメソジスト系のエプワース・リーグの集まりであることを考えると貞洞教会（北メソジスト）の牧師である「崔炳憲」である可能性の方が高い。本巻一九一八年八月四日にも「崔炳鉉」なる人物が登場するが、これまた「崔炳憲」の可能性が高い。尹致昊の勘違いと思われる。

（4）Mr. 金弘秀：一八九五年十一月二十八日に起ったいわゆる「春生門事件」に尹雄烈に従って参加した人物。事件が失敗に終わると上海に逃亡した尹雄烈に同行した。後に京畿道竹山郡守などを歴任した。第四巻一八九六年三月十五日を参照。

4日　日曜。晴れ。

董氏（Mr. Dong）の教会に集まった会衆に『マタイ伝』の第十四章十七節[1]について話をする。午後十二時四十五分の列車でソウルに帰る。夜、宗橋礼拝堂で礼拝する。

（1）Matt. 14—17：エモリー大学デジタルライブラリーで見ると、Matt. 14:7と読める。

5日　月曜。午前大風、塵、大雨。

例の如くＹＭＣＡ。

6日　火曜。晴れ。

例の如くＹＭＣＡ。午後四時、妻、子供たちとともにハーディー夫人を訪ねる。不在。しかし博士と娘たちに会う。午後八時三十分、ソウル市内にある教会の会員たちに「教会と青年会の関係」と題して演説する。

7日　水曜。晴れ。

例の如くＹＭＣＡ。例の如く宗橋礼拝堂で祈禱会。袁世凱死すとの報あり[1]。

（1）初代駐韓米国公使フートの通訳だった頃（一八八三年）、尹致昊は公使と共に袁に会ったことが数回ある。

8日　木曜。昼晴れ、夜雨。

例の如くＹＭＣＡ。七時三十分、金一善および文姫[1]とともに東幕礼拝堂〔在仁川〕に行き、閔休および班禹巨両氏のために設けられた餞別会で演説する[2]。

今朝、金麟〔Ｙ副総務〕より電話があり、趙重応氏が最近明治神宮副会長になって、ＹＭＣＡは明治神宮に寄付すべきだと言っていると言った。この件につき、崔相浩〔Y教育部職員〕および金一善〔Y社会部書記〕と相談する。YMCAがそんなことをしたら、宣教師たちも朝鮮の教会も正面きってYMCAに反対するようになるだろうということで皆意見が一致した。それはYMCAの立場を非常にまずいものにするだろう。いや、そうなるに決まっている。そこで私は金麟に次のように伝えた。問題が明治記念碑であるとか単なる記念建築物なら寄付することもいいだろうが、神社に対してそのようなことはできないと。K〔金麟〕も堕落したものだ。

（1）Messrs. 閔休 and 班禹豆（→巨）:「閔休」は Hugh Miller の韓国名、「班禹豆」は「班禹巨」の解読ミス。「班禹巨」は Bonwick（ボンウィック）の漢字表記。一九〇八年に来韓した救世軍宣教師、Gerald William Bonwick (1872-1954) のこと。一九一〇年に朝鮮耶蘇教書会の最初の有給総務となり、一九三八年まで活動する。

（2）At 7:30 with 金一善 and 文姫 went to 東幕 Chapel to make a speech at the 餞別會. Gotten up for Messers, 閔休 and 班禹豆.: 国史編纂版は餞別會の後で切って二つの文としているが、切らずに Gotten up を gotten up と小文字にして、先行する餞別會に対する修飾句として読み直す。get up ～ for... で、「…のために～をお膳立てする」の意。

9日　金曜。晴れ。

例の如くYMCA。

10日　土曜。晴れ。

例の如くYMCA。メアリ〔文姫〕を歯医者に連れてゆく[1]。二時間ちかく待たされる。林権助氏[2]に会うために朝鮮ホテルに行くも、会えず。文姫とともに村上唯吉を訪ねる。
（1） Took M. A. Y.（→MAY）to a dentist.：MAYは初出である。後段に「文姫とともに村上唯吉を訪ねる」とあること、更にこの先十二月三十日に「メアリを中村歯科医に連れて行く」とあることからして三女文姫（Mary Abbe）にほぼ間違いない。するとMAY Maryの略か、あるいはMary Abbe Yunの略であろう。
（2） 林権助代（→氏）：国史編纂版の解読ミス。元、駐韓日本公使（在職一九〇〇〜〇六年）。
11日　日曜。晴れ。
宗橋礼拝堂礼拝例の如し。今朝、恩姫が洗礼を受ける。洪〔鍾粛〕牧師が司式する。午後八時、済衆院〔セブランス病院〕に行き、会衆に演説する。
12日　月曜。晴れ。
例の如くYMCA。八時に会員募集委員に軽食を出す。三百二十五名の新会員を確保。目標を二十五名オーバー。
13日　火曜。午後三時より大雨。
例の如くYMCA。午後六時、松井警察署長を訪ねる。今度の日曜日に松都の家に招待したところ、快く応ずる。
14日　水曜。終日終夜大雨。
例の如くYMCA。午前九時、局長〔従弟尹致旿〕が執行猶予付きで釈放される。ハーディー夫人を訪ねる。五時、局長に会いに行く。元気そうだった。経済面では相変わらずのようにみえる。
15日　木曜。午前に昨日同様の大雨、午後は晴れ。

例の如くYMCA。午後二時、委員会を開く。特になし。

16日 金曜。晴れ。

例の如くYMCA。午後九時三十分、メアリ・アッビ〔三女文姫〕を連れて松都行きの列車に乗る。ここ数日降り続いた激しい雨のために、釜山からの列車が到着するのが遅れ、龍山駅で一時間以上待たされた。午後一時近くなってようやく松都に着く。

17日 土曜。晴れ。

山々に囲まれた田舎の家は新鮮な空気と静けさがいい。午前十一時、村上唯吉氏、松井信助〔鍾路署署長〕および申勝熙〔鍾路署刑事〕が来る。彼らを〔韓英書院の〕工業科と本校舎に案内する。村上はたまたま校舎にいた生徒になかなかいい話をしてくれる。三人とも珍しいものを見て喜んでくれたようだ。夜、松井は友人の家に行き、村上と申は私の家に泊まった。

18日 日曜。晴れ。

朝食後、申はソウルに帰る。村上が北部〔礼拝堂の〕会衆に有益な話をしてくれる。木陰で楽しく昼食をとる。朴宇鉉氏(1)が村上を訪ねてきて、開和館(2)での夕食に付き合ってくれるよう私たち二人を招待した。日本監理教の宣教師であるスミス氏(3)が佐村〔信平・韓英書院日本人教師〕氏とともに私たちに会いに来た。村上が開城学堂(4)の生徒に良い話をした。

(1) 朴宇鉉氏：開城郡守、松都陶器株式会社社長などを歴任した開城の巨商。キリスト教徒ではなさそう。

(2) 開和館：開城（松都）にある有名な旅館で、一九〇九年一月二十七日から二月三日にかけて純宗が西北地方を西巡した際に扈従した統監伊藤博文が二月二日に逗留した旅館である。『統監府文書9』（大韓民国文

教部国史編纂委員会、一九九九）三七九頁を参照。

（3）Mr. Smith：『梨花百年史』（梨花女子高等学校、一九九四）一三六頁に、一九一四年三月に行われた梨花学堂大学部第一回卒業式に「監理教日本地域の総務であったF. H. Smithが祝辞」を述べたとある。

（4）一九〇一年に、浄土宗が布教を目的に開城に設立した日本語学校。日本公使館の援助と地元韓国人有志の賛助を得ていた。設立者および主任教師は日本人であったが名誉校長と監督は韓国人であった。監督の一人、李健赫は開城の名士で開城教育総会の会長であったが、彼は尹致昊の母方の叔父にあたる。『文藝言語研究　言語篇』第十六巻（一九八九）所収の、稲葉継雄「浄土宗の旧韓国における教育活動――日本語教育を中心として」を参照。

19日　月曜。晴れ。

四時起床。村上とともに午前五時四十八分の列車でソウルに戻る。例の如くYMCA。午後八時、月例会。吉弟[1]から手紙。

（1）吉弟：「吉龍弟」の略。「吉龍」は異母弟致旺の幼名。現在、英国のクエーカーの学校に留学中。

20日　火曜。晴れ。

昨夜、F・M・ブロックマン氏[1]が上海から帰ってくる。例の如くYMCA。午前十時、朝鮮YMCAの仕事の困難さその他についてヒュー・ミラー氏と長時間話をする。午後三時、京城ホテルに行き、副業興振会を発足させるために富田儀作[2]その他が呼びかけた会議に出席。出席者は、山縣五十雄、村上唯吉、沃溝農園の山崎、益山農園の穂坂、東幕の高、龍仁の呉、朝鮮新聞社の萩谷[3]。

（1）Mr. T. M. B.（→F. M. B.）：国史編纂版の解読ミス。F. M. Brockmanの略。

（2）富田儀作：富田儀作（一八五八～一九三〇）は実業家。一八九八年に渡韓し、さまざまな事業を展開するとともに仁川の日本人居留民団団長などを務め、生涯、朝鮮で過ごす。
（3） 萩谷：萩谷籌夫（はぎたに・かずお：一八六九～一九三五）は一八八九年に仁川の『朝鮮新報』に入社。〇八年、『朝鮮新報』と『朝鮮タイムス』を合併して朝鮮新聞社を創立、社長となる。

21日 水曜。極めて暑し。蒸すような暑さ。
例の如くYMCA。午後八時三十分、新入会員懇談会。吉弟に手紙を書く。

22日 木曜。晴れ。
例の如くYMCA。

23日 金曜。
例の如くYMCA。午後五時三十分、金曜会[1]のスキヤキを食べるためにパゴダ公園食堂に行く。山縣五十雄、渡瀬、村上、金麟、崔相浩、および私。
夕食後、新入会員の懇親会に出席するためYMCAに戻る。山縣氏の話はよかった。山縣は労働夜学校（Free Night School）にとても満足していた。
（1） 本年五月二十六日を参照。

24日 土曜。晴れ。
例の如くYMCA。十二時三十分、きうえや[1]で昼食。ヒュー・ミラー師のために計画されたお別れ会に出席するためホッブズ夫人の家[2]に行く。
（1） キウエヤ→きうえや：写真版はひらがなの「きうえや」と読める。尹致昊が「植木屋」を「きうえや」と勘違いした可能性はないか。

（2） Mrs. Hoff's（→ Hobbs）：写真版で訂正した尹致昊自身の綴りも誤りで、正しくは Mrs. Hobbs' である。夫の Thomas Hobbs（1880-?）は一九一〇年に来韓した救世軍宣教師で、英国聖書公会、YMCA等で一九四一年まで活動。ヒュー・ミラーは英国聖書公会の幹部で、このほど賜暇休暇で一時帰国することになったため、お別れ会を催すことになった。Hobbs に関してはこの先、七月三日を参照。

25日　日曜。雨。

午後四時三十分、玄楯《ヒョンスン》[1]が福音会で強烈な説教を行う。

（1） 玄楯（一八八〇～一九六八）は三・一独立運動で臨時政府に参加することになる北メソジストの牧師。

26日　月曜。曇りで暑かった（陰熱）。

例の如くYMCA。午後四時、大講堂で総会が開かれる。〔日本人〕名誉理事に関する議題[1]に対して一部の会員の間から猛烈な反発が起こった。なんとか説明しようとしたが、私の説明はただ反対者の感情に油を注ぐばかりのようだった。彼らが反対する表向きの理由はそれが規約に反するというものだったが、結局は反日感情の表れである。

（1） YMCA理事会に新たに名誉理事として三名の日本人（渡辺暢・丹羽清次郎・松本正寛）を加えたこと。四月八日を参照。

27日　火曜。雨。

例の如くYMCA。F・M・ブロックマン（F. M. B.）とともに総督を訪問し、元帥に任命された祝辞を述べる[1]。総督は快く私たちとの接見に応じ、私たちが殖産（技能）教育を重視するよう力説された[2]。八時三十分、田中半次郎[3]が病原菌の媒介主としての蠅についてすばらしい講義をしてくれる。労働夜学校（Free Night School）の生徒全員が出席した。なのに何故、学館〔YMCA中学科〕の人々は職員も生徒もYMCAの行事に関心を示さないのか。金麟によると、昨日の事態は徐丙肇、李明遠、金永済に唆されて起こったことだという。ブロックマンはさもありなんという考えだった。バーンハート（Barnhart）によれば、これらの連中が李用根〔YMCA内の反日派〕といっしょにいるところを目撃したが、李が彼らをけしかけていたという。[4]

（1）寺内正毅は一九一六年六月二十四日、元帥に任ぜられた。
（2）The G. G. gave us a cordial interview and in order（→insisted）that we should emphasize industrial（hand-craft）education in our work.：下線部の訂正は写真版で確認済み。G. G. は Governor General の略。
（3）田中光次郎（→半次郎）：写真版では「半次郎」と読める。当時、清州慈恵医院医官だった陸軍一等軍医田中半次郎であろう。韓国史データベースの「職員録資料」を参照。
（4）Kim In tells me that yesterday's scene was intigated（→instigated）by 徐丙肇, 李明遠, 金永濟. Brockman thinks as much（ここにピリオドをつけて終止する）Darnheart（→Barnhart）says he saw these men with 李用根, putting the peoples（→people）onto it.：下線部は写真版で訂正。

28日　水曜。雨。

例の如くYMCA。午後四時三十分、京城青年会に出かけて、坂出[1]の欧米視察談を聞く。九時、日本から帰ってきた致昌〔異母弟〕を停車場に迎えに行く。宿直のためYMCAに行く。

（1）坂出：坂出鳴海（一八七六～一九二八）。東京帝大工科大土木工学科卒。一九〇六年四月、韓国政府に傭聘され朝鮮の土木事務に従事。一九一七年現在、朝鮮総督府の技師。後に総督府土木局工務課長を経て朝鮮鉄道取締役となる。

29日　木曜。ときおり雨、蒸し暑し。
例の如くYMCA。午前九時、慶南教会[1]に行き、弓削課長〔総督府学務課長弓削幸太郎〕の教育に関する話を聞く。

（1）慶南教会：日本組合教会がソウルに設立した教会。この他にソウルには日本組合教会により京城教会・漢陽教会・漢城教会・城西教会・茨城教会等が設立された（新教出版社『日韓キリスト教関係史Ⅰ』二〇二～〇三頁）。この先、「慶南教会」には村上唯吉、宇佐美勝夫、松永京畿道長官といった日本人、でなければ李完用、趙重応といった親日派朝鮮人がいつも関係しており、本年十二月七日には尹致昊がこの教会に村上唯吉を訪ねている。

30日　金曜。蒸し暑し。
例の如くYMCA。ブロックマン、丹羽とともに江戸川で昼食。昼食をとりながらの定期談話会〔金曜会〕の始まりである。赤ん坊が生まれたローラ[1]〔長女鳳姫〕の所を訪ねる。午後八時三十分、新入会懇親会[2]。帰宅したときはクタクタだった。

（1）長女鳳姫（ローラ）と夫金競善との間に六月、長男益国が生まれた。
（2）新入會懇談会→懇親会：傍線部は写真版で訂正。「新入會員懇親会」の意味であろう。

七月

1日　土曜。雨、蒸し暑し。朝は雨、晩は晴れ。
例の如くYMCA。午後四時、労働課の講師[1]を接待するために清涼寺に行く。妻、メアリ・アッビ

〔三女文姫〕および庶母[2]が同行。静かに夕食。李商在、崔相浩の諸氏が参席。

（1） 労動（→働）課講師：傍線部は写真版で訂正。「働」の字は国字で韓国語にはない字である。親日家の尹致昊にとっては親しみがある字でも国史編纂委員にとっては誤字としか思われなかったのかも知れない。

（2） surmo：写真版も同じであるが、尹致昊の勘違いで正しくは suhmo である。「庶母」の朝鮮語発音「서모」を英語で表記した。異母弟（致旺・致昌）の母親、すなわち父雄烈の側室、金海金氏（金貞淳）のこと。本巻一九一七年一月十七日に漢字で「庶母」として登場する。当時、孫娘・善姫（致旺の長女）とともに尹致昊家に同居していた。

2日　日曜。晴れ。

例の如くYMCA。宗橋礼拝堂での礼拝例の如し。四時、玄楯がYMCAで説教。福音会（Gospel Meeting）。

3日　月曜。晴れ。

例の如くYMCA。午後四時三十分に理事会が会館に入る。[1] 各種委員会の議長が選出される。ホッブズ氏（Mr. Hobbs）がアンダーウッド博士の部屋で選出される。[2] 午前十二時、李世植氏の家で昼食。彼の息子はとても賢い十三歳の若者である。[3]

（1） 4:30 p.m. the B of D. went in the building.：the B of D. は the Board of Directors の略。理事会の事務室が新たなYMCA会館に移動したとの意。

（2） Mr. Hobbs elected in the room of Dr. Underwood.：アンダーウッドは非常に健康状態がすぐれず、自宅で仕事をしていた。救世軍の Thomas Hobbs が今回YMCAの理事に選出された。

（3） Found his boy a very bright (lad of 13).：国史編纂版は… bright. で終わっているが、写真版を見ると、

その後、改行して（　　）内の語句が続いている。

4日　火曜。雨。

例の如くＹＭＣＡ。東京から来たサッカーチームに長春館で朝鮮式夕食をふるまう。[1]ＹＭＣＡのサッカーチームも同席。警察が、東京から来た朝鮮のサッカーチームが試合することを禁止した理由は彼らの〝ハイカラ〟さがソウルの青年たちにとって悪い見本となることを恐れたためと思う。[2]たしかに東京からやってきた朝鮮の若者たちは学生の割には着ているものが派手である。今日の朝鮮の貧しさを考えればなおさらのことである。

（1）Entertained the football team from 東京（ここに、in 長春館 を補う）to Korean supper.：写真版で補正。「長春館」は敦義洞にあるソウル屈指の西洋料理店で、「明月館の支店」と呼ばれた。

（2）Understand that（ここに the reason を補う）the police has prohibited the Korean football team from playing on the ground（ここに is を補う）that their "High-kara" ism might set as bad example to the young men of Seoul.：（　　）内の補正は尹致昊の誤りを正したもの。

5日　水曜。晴れ。

例の如くＹＭＣＡ。ヒュー・ミラー氏が午前八時三十分の列車でソウルから帰国の途に就いた。Ｆ・Ｍ・ブロックマン〔T. M. B.→F. M. B.〕と李商在は夏令会〔一種の夏季セミナー〕を開催・取り仕切るため、今朝九時十分の列車で平壌に発つ。

6日　木曜。晴れ。

例の如くＹＭＣＡ。午前十時、官邸に宇佐美を訪ねる。東京の呉〔兢善〕牧師の後継者を探すよう依頼される。[1]

（1）呉兢善は一九一六年に一年間、東京帝国大学医学部で皮膚泌尿器科を専攻するために渡日した〔帰国後はセブランス医学専門学校に皮膚科を開設し科長兼主任教授となる〕。彼の不在中、中央Yの理事を代行する者を選べということか。

7日　金曜。曇り、蒸し暑し。

呉牧師の後継者探しのためにスミス師〔Rev. Smith：メソジスト日本地域の総務F・H・スミス〕とクーンズ氏〔儆新学校校長Edwin W. Koons〕を訪ねる。しかしこの件に関してはなんの手掛かりも得られなかった。例の如くYMCA。アレンから手紙が来る。

8日　土曜。雨、蒸し暑し。

例の如くYMCA。ソウルのランドン保険会社と済物浦のベネット会社に保険の掛け金を払う。[1] おかげで午前九時四十分の列車で平壌に行く予定を変更せざるをえなくなった。午後四時二十分の列車で松都に行く。

（1）Paid Rondon I Co. of Seoul and Benett Co. of Chemulpo premiums on insurances.：Rondon I Co. は Rondon Insurance Corporation の略。英国初の保険会社。

9日　日曜。にわか雨が多い一日（Showery）。

昨夜は南京虫とその殺虫剤（빈대 and 빈대약）のせいでよく眠れなかった。一日中、寝てすごす。午後八時、教会に行く。疲れて熱がある。

10日　月曜。晴れ。

午前十一時の列車で平壌に行く。午後四時着。李炳斗が出迎えに来る。当地のメソジストたちが我々ソウルYMCAの者のために食事を準備して待ってくれている舟に直行する。午後七時まで舟で過ごした後、神学校〔平壌神学校〕に行く。満員の聴衆。とても疲れて気分が悪く、話をする気にもなれなかった。寄宿舎の南京虫から避難するため、玄楯、洪鍾求、金河鍾および私は舟に行って寝る。とても残念なことに、私が平壌で会いたかった唯一の人、ホール夫人[1]は平壌を留守にしていて会えなかった。

（1） Mrs. Hall : Rosetta Sherwood Hall（1865–1951）のこと。一八九二年に来韓したカナダメソジストの医療宣教師。夫のW・J・ホールの死後、一時帰国し再び来韓。多くの婦人病院、看護学校、韓国初の盲学校などを設立。また英語の点字を改革して初の韓国式点字を考案する。

11日　火曜。晴れ。

車履錫[1]が朝食（温麵）を運んで来てくれた。九時、一行全員、集会に行ったが、私はひとり十二時まで舟にとどまる。一時三十分、平壌発。午後七時三十分、ソウル着。

（1） 車履錫：一〇五人事件に連座した「車利錫」（大成学校教員）と同一人物か？ 発音はともに차리석である。だとすれば、尹致昊とは一九〇九年以来の知り合いである。

12日　水曜。晴れ。

例の如くYMCA。村上〔唯吉〕を訪ねる。

13日　木曜。晴れ。

例の如くYMCA。

14日　金曜。雨、にわか雨。
例の如くＹＭＣＡ。体調が悪い。正午に帰宅してすぐ床にもぐる。

15日　土曜。晴れ。
家で床に伏す。趙〔重応〕子爵の昼食会に行けなかった。

16日　日曜。晴れ。
家で床に伏す。

17日　月曜。晴れ。
家で床に伏す。

18日　火曜。晴れ。
病気がややよくなってきたので、家の中でだけ起きて様子をみる〔病有差適在家調攝〕。赤ん坊〔四女恩姫〕が病気になる。

19日　水曜。殆ど一日中大雨。
四時、ＹＭＣＡに行き、ブロックマンとともに松井信助〔鍾路署署長〕を訪れ、我々の感謝の気持ちとして夜市場《やしじょう》基金(1)に寄付することを申し出る。労働学校の終業式。阿部〔充家〕の話あり。妻が病気。赤ん坊も病気。ハーディー夫人とミス・ピードゥン〔Miss Peden：未詳〕に手紙を書く。

(1)　the Night Market Fund：この先、二十一日にあるように鍾路の夜市場を開設するための資金。

20日　木曜。雨。

例の如くYMCA。妻の病気がまだよくならないのに、赤ん坊の恩姫が落ち着きがないので妻も落ち着いて休むことができない。私も眠れない。午後七時、朝鮮ホテルで行われた日露協約(1)祝賀会に出席する。会費、二円五〇銭。朝鮮人が座っているテーブルだけ、ろくな料理も運ばれてこない。中には全然、料理がまわってこないテーブルもある。朝鮮人はひどい料理に高いカネだけを払わされている。

(1) 日露協約：日露戦争後の一九〇七年七月に第一次条約が締結され、今回は一九一六年七月三日に第四次条約が調印された。日本は外モンゴルにおけるロシアの権益を認め、ロシアは日本の朝鮮における権益を認めた。しかし翌年のロシア革命勃発に伴いソヴィエト連邦政府が一方的に破棄した。

21日 金曜。雨。

昨夜、赤ん坊の病気がとてもひどかった。趙重応の招待で、明月館で昼食。ゲストは李商在、兪星濬、金麟および私。趙は宣教師反対の演説をぶった。鍾路の夜市が今日、正式に発足。

22日 土曜。曇り。

午前中は寝たまま。午後はほとんど従弟の局長〔尹致昨〕と過ごす。鄭孝媛〔未詳〕が同席する。彼女は性格的に魅力のある人ではないが、漢詩を作る才能がある。松井署長を訪ねる。

23日 日曜。一日中雨。

宗橋礼拝堂礼拝例の如し。赤ん坊〔四女恩姫〕の病気相変わらず。メアリ・アッピ〔三女文姫〕とともに洪議官〔洪忠鉉：本年二月七日を参照〕の家で昼食。

24日 月曜。暑さ厳し。

御前場(1)に行く準備をする。

（1）Got ready for trip to 温泉場（→御前場）：写真版は「温泉場」ではなく明らかに「御前場」となっている。国史編纂版解読者が勝手に憶測して読み替えたものであろう。しかし「御前場」も尹致昊が耳慣れない「御殿場（ごてんば）」を「御前場（ごぜんば）」と聞き違えたもので、正しくは「御殿場」である。この先、一九一八年七月二十四日では「御前場」と正しく解読しており、更に一九一九年六月二十日には the Gotemba meeting と正しい発音がある。この「御前場」の解釈については、次の二十五日の記事により、日本の地名であることが分かる。そして以後、七月二十六日から八月十五日までが空白になっていることから、この間、尹致昊は日本の「御殿場」に旅行にでたものと思われる。奈良常五郎『日本YMCA史』（日本YMCA同盟、一九五九）一四八頁によれば一九一六年七月二十三、二十四の両日、静岡県御殿場の「東山荘夏季学校本館」で開催された第五回日本YMCA同盟総会に十二名の朝鮮Y連合代表が出席した。同総会においては朝鮮Y連合会の日本Y同盟への加入問題が議題として討議された結果、承認されたほか、アンダーウッドが尹致昊の通訳により過去三ヵ年における朝鮮Yの状況を報告したとある。しかし尹致昊がソウルを発ったのは二十五日で、これでは二十三、二十四日に開催された東山での日本Y同盟総会に出席できない。奈良の記録に勘違いがあるのでなければ、尹致昊が日記をまとめ書きしたため記憶錯誤が生じた可能性がある。

25日　火曜。暑さ厳し。

午前八時三十分、日本に向けてソウルを発つ。(1)

（1）次の二十六日から八月十五日までが空欄になっているところをみると、この三週間ほどの間に静岡県御殿場の東山荘夏季学校本館に出かけたらしい。

八月

16日　水曜。快晴、暑。

今朝、義州宅[1]がやってきて四〇〇円を融通してくれと言った。彼女の要求に応じるわけにはいかない。午前十時三十分、松都の家を出て、午前十一時十分の列車でソウルに帰る。中国旅行の帰路、神戸からやってきたオクスフォード氏[2]に会う。午後二時三十分、到着。ありがたいことに家族は全員無事だった。

（1）義州집：집は「家・宅」の意味であるが、「地名を表す名詞＋집」の形で「～出身の側室・妾」の意を表す。母方の叔父・李健赫（別名李通津 or 李東振）の側室である。

（2）Mr. Oxford : James Samuel Oxford（1880-1943）のこと。米国南メソジスト監督教会派遣の宣教師で一九一〇年に来日、神戸パルモア英学院に赴任、一二年には同学院院長に就任した。

17日　木曜。暑さ厳し。

午後三時、ブロックマンを訪ね〔ＹＭＣＡ〕工業課について長時間話しあう。

18日　金曜。暑さ厳し。

今朝、金顕英〔尹家使用人〕が五〇〇円貸してくれと言ってきた。この男の欲張りには本当にキリがない。午前十時、ＹＭＣＡに行く。豊永技師[1]を訪ねる。工業課の様子をチェックして、どのように改善すればいいか助言してもらえるように彼の部下のうちの専門家を派遣してくれるよう依頼する。

（1）豊永技師：本年一月十三日の訳注を参照。

19日　土曜。暑さ厳し。

例の如くＹＭＣＡ。

20日　日曜。暑さ厳し。

宗橋礼拝堂で礼拝。午後四時、好地由太郎(1)が彼の獄中での体験談（『鉄窓二十三年』）を聴衆にむかって話してくれる。まるで夢のようなお話だった。皆、お話を楽しむことができた。そして神の偉大さと慈悲を称えた。

（1）　好地由太郎：こうち・よしたろう（一八六五〜？）。千葉県生まれ。十歳で母を失い、父の借金の抵当として農家に引き取られ奴隷のような生活を体験。十四歳で姉の嫁ぎ先である好地家の養子となる。商店に奉公するが一八八二年、女主人を殺し放火した罪で逮捕され死刑になるべきところを未成年故に無期懲役となる。その後脱走を企て、八七年一月北海道空知集治監に送られる。東京の鍛冶橋監獄にいたとき安川亨より聖書を贈られたものの無学のため読めなかったが、冤罪で入獄していた同房の青年の祈る姿に心を動かされ八九年一月、集治監内で神秘的体験をして求道。空知集治監時代、同所の教誨師であった留岡幸助の導きもあり模範囚となり、明治天皇の特別恩赦で一九〇四年に出獄。東京巣鴨で「家庭学校」を経営していた留岡の許にも行き再会する。のち浅草伝道館で働き、聖城団を組織して全国伝道に携わる。高瀬善夫『一路白頭ニ到ル―留岡幸助の生涯―』（岩波書店、一九八四）を参照。

21日　月曜。暑さ厳し。

例の如くＹＭＣＡ。

22日　火曜。暑さ厳し。

例の如くＹＭＣＡ。午後二時から豊永氏の部下が工業課をチェックしてくれた。

23日　水曜。暑さ厳し。

例の如くＹＭＣＡ。十二時三十分、宇佐美〔内務部長官宇佐美勝夫〕の招待で朝鮮ホテルに行く。出席者は宇佐美、中興雨、秋山参書官〔総督府参事官秋山雅之介〕、高石柱[1]、梁柱三、宋彦用、弓削学務課長〔総督府学務課長弓削幸太郎〕、白象奎[2]、呉兢善および私。他に、山縣五十雄、阿部〔京城日報社長阿部充家〕および日本人通訳、その他数名。昼食後、申、梁、高が話をするよう指名される。午後六時から、好地〔由太郎〕を接待するため江戸川〔料亭〕に行く。好地は『鉄窓二十三年』について満場の人々に話をする。

（1）　高石柱：大正五年六月二十三日付で在ホノルル総領事諸井六郎が外務大臣石井菊次郎に宛てた公文「朝鮮人高石柱の帰国に関する件」（韓国史データベース中「韓国独立運動資料」所収）によれば、高石柱は全羅北道益山郡出身で、朝鮮人学校教師として既に十余年にわたりハワイに在住する現在五十二歳の人物である。最近、久しぶりに家族訪問かたがた往復以一年余りの予定で帰国することを本官に申し出てきた。彼はハワイ在留の朝鮮人中にあって比較的穏健で着実な人物として相応の信用がある。一方、当地朝鮮人の中には一度帰国すれば二度とハワイに戻ることはできないなどと朝鮮総督府に対してあらぬ偏見を抱いている者が少なくない。そこで高石柱のような人物を帰国させて総督府の仁政を直接に見聞させてハワイに戻った後にその報告をさせることが総督府にとって有益と考えて自分は彼に宇佐美内務部長官宛ての紹介状を書いてやった。今後も高のような人物が現れた場合には紹介状を書いてやるので、その人物が紹介状を持って総督府を訪問したら相応の便宜をはかって欲しい。以上が諸井総領事の公文の概要である。今回の会合は、これを承けて宇佐美長官が主催したものと思われる。因みに、第六巻において尹致昊がハワイ視察旅行をした一九〇五年九月八日から十月三日までの一ヵ月弱の間の日記に、「高石柱」なる人物は登場していない。
（2）白象奎：白象圭（一八八三～一九五五）。米国ブラウン大学で英文学を専攻して卒業。帰国後、一九二四年から普成専門で英語英文学および経済学、論理学を講義。中央Y会員。

24日　木曜。暑さ厳し。

例の如くYMCA。ブロックマンと協議（三ヵ月にわたる慎重審議）のすえ、職務遂行不能の理由で徐炳肇《ソピョンジョ》を解雇し、代わりに李命遠[1]を工業部から引き抜くことに決定。石塚農商局長[2]を訪ね、どうすれば温陽の山を日本人鉱山師に取られないようにすることができるかを聞く[3]。彼によれば、現行の鉱山開発規制の下では打つ手はないが、その鉱山開発事業がすぐ近くにある私の父の墓に接近しないように依頼する手紙を彼〔石塚〕に書くよう指示した。午後二時、ブロックマンその他とドイツ宣教師を訪問する。

（1）李命遠：洪愛施徳（ホン・エスタ）と一九三五年に結婚してYMCAの幹部となる人物。
（2）総督府農商部局長石塚英蔵。彼が井上馨公使の下、朝鮮政府の内閣顧問であった一八九五年に尹致昊は何度か彼と面談している。
（3）一九一一年に総督府が公布した「土地収用令」により、総督府が公益事業のために必要と認めれば、強制的に個人の土地を収容できるようになった。

25日　金曜。暑さ厳し。

例の如くYMCA。申興雨を訪ねるも不在。梁柱三、白象奎を訪ねる。山形大佐〔警務総監部高等警察課長山形閑〕を訪ねる。

26日　土曜。暑さ厳し。

例の如くYMCA。李命遠〔YMCA内の反日派〕を解雇すべきか、それとも留任させるべきかに関してF・M・ブロックマン〔T. M. B.→F. M. B.〕と長時間話しあう。YMCAのためには彼を解雇すべきと決定する。なぜなら彼が私に対して反対の態度をとる以上、YMCAの再組織も秩序の維持も不可能だからである。兪星濬を訪ねる。李命遠に解雇を通告する手紙を書く。午後九時、ソウルに帰ってくる金貞植を駅に出迎えに行く。

27日　日曜。暑さ厳し。

今朝、楊花津にある愛妻〔前妻馬秀珍夫人〕の墓に参る。駅食堂(1)で昼食。午後二時からYMCA。C・C・フィッシャー博士から一四、一五、一六の三年間にヘレン〔米国留学中の次女龍姫〕のために使ったカネ、五一七ドルの支払いを督促する手紙が来る。去年の春、私は博士にヘレンを預けたためにかかった諸費用の明細書を送るように頼んだ。あの時、何故返事をくれなかったのか？　借金がこんなに巨額になるまで何故そのままにしておいたのか？(2)　彼のやり方は不親切すぎる。

（1）Station restaurant：「南大門駅にある食堂」の意の固有名詞。「南大門駅」は一九二三年に「ソウル駅」と改称する。

（2）Received a letter from Dr. C. C. Fisher telling me that I owe him $517 gold on <u>accept</u>（→ acc'nt）of Helen during last 3 years '14', '15', '16'. I wrote him spring last year asking him to give me a statement of Helen's <u>accept</u>（→ acc'nt）. Why didn't he write me then, why should he wait until <u>the bal.</u> due him should grow to such large figures?：下線を付した、<u>the bal.</u> は the balance の略。またカッコ内に訂正した

acc'nt は account の略。次女龍姫（洗礼名 Helen）は一九一一年にハーディー宣教師夫人に連れられて渡米、ケンタッキー州ミラーズバーグで米国南メソジストに属する C. C. Fisher が経営する Millersburg Female School に入学した。C. C. Fisher は一九二〇年代から一九三四年にかけて延禧専門で教授を務めることになる J. E. Fisher の実父である。cf. James Earnest Fisher, *"Pioneers of Modern Korea"* (Christian Literature Society of Korea, 1977), pp. 283-284.

28日　月曜。暑さ厳し。

例の如くYMCA。午後九時三十分、明日の妻の誕生日(1)に彼女とともに過ごすため松都に行く。到着した時はほとんど夜中の十二時近くなっていた。

（1）白梅麗夫人の誕生日は旧暦七月三十日。明日、西暦一九一六年八月二十九日は旧暦八月一日である。一日ズレている。

29日　火曜。暑さ厳し。

妻の誕生日。楽しい時を過ごす。午後五時四十八分の列車でソウルに向けて発つ。

30日　水曜。曇り、時々にわか雨。

例の如くYMCA。朴勝喆《パクスンチョル》(1)ともう一人の若者がやってきてYMCA中学科の用具を購入するため寄付してくれと言う。朴が言うには、この用具は必要な者に貸し出すが、使用されていない時には管理者が自由にできるものとするという。我々はそのような条件付きの出金には応じられないと返事をする。

（1）朴勝喆は初代駐米韓国公使朴定陽の息子である。当時、YMCA学館（中学校）の同窓会長であり、一九三〇年代に結成される興業倶楽部の会員となる人物である。『韓国キリスト教青年会運動史』を参照。

31日　木曜。快晴、暑。

例の如くＹＭＣＡ。渡辺暢〔京城高等法院院長。キリスト教徒〕を訪ね江原素六[1]をどのように接待すればいいかについて話しあう。

（1）江原素六は明治期の政治家（衆議院議員・貴族院議員）・教育家（東洋英和学校校長）。一八七八年に受洗してカナダ・メソジストとなる。当時、白十字会会長、日本メソジスト教会日曜学校局長だった。

九月

1日　金曜。午前中は涼し。

例の如くＹＭＣＡ。崔相浩（Choi S. H.）とともにパゴダ公園で昼食。Ｙ校舎は正式に秋季授業に入る。[1]神よ、我らに祝福を！

（1）The building formally enters on its work for the Fall term.

2日　土曜。快晴。

例の如くＹＭＣＡ。妻と子供たちが松都より帰る。

3日　日曜。大雨。

宗橋礼拝堂例の如し。

4日　月曜。曇り。

例の如くＹＭＣＡ。第一土曜日に妻と子供たちが松都からソウルに帰ってきてくれたのでとても嬉しい。

5日　火曜。曇り。
例の如くYMCA。玄彰運(1)が辞任する。
（1）三・一独立運動後に上海臨時政府の要員となる人物である。

6日　水曜。一日中雨。
例の如くYMCA。

7日　木曜。一日中雨。
例の如くYMCA。江原〔素六〕の歓迎会のことについて話しあうために丹羽〔清次郎〕を訪れる。妻が朴容南医師(1)の手で臂腫の手術をしてもらう。
（1）Dr. 박용남：本巻一九一七年七月十一日に登場する「朴容男医師」と同一人物と思われる。「容南」と「容男」はハングルでともに용남である。

8日　金曜。曇り。
例の如くYMCA。午後九時、江原素六氏到着。

9日　土曜。午前曇り、午後大雨。
例の如くYMCA。正午(1)、朝鮮ホテルで江原素六および日鮮両YMCAの理事を接待する。経費、一○四円四○銭！
日本長老教会において日韓教友親睦会。YMCAで江原が体育文化（Physical Culture）について講演。
（1）At 12m.：12m. は本日記において「正午」の意味で用いられている。

10日　日曜。曇り。午前大雨。
宗橋礼拝堂例の如し。午後四時、福音会。例の如くＹＭＣＡ。

11日　月曜。快晴、涼。
例の如くＹＭＣＡ。米国から来るミス・ベル・ベネットとミス・ヘッド[1]を出迎えるために駅に行く。

（1）Miss Belle Bennett and Miss Head.：一九一六年は米国南メソジスト監督教会が韓国に宣教部を発足させた一八九六年より数えて二十周年に当たるため、米国より婦人宣教会議会長の Belle H. Bennett と宣教部婦人部書記である Mabel Head が来韓した。朝鮮南監理教会伝道局『朝鮮南監理教会　三十年紀念報』（一九三〇）を参照。

12日　火曜。快晴のち曇り。
例の如くＹＭＣＡ。ミス・ベネットおよびミス・ヘッドに敬意を表して催すことになったティー・パーティーのことについて相談するためハーディー氏を訪ねる。

13日　水曜。快晴。
例の如くＹＭＣＡ。午前九時より南メソジスト宣教者会議が始まる[1]。

（1）The SO In E.（→So. M. E.）Mission Conference began at 9 a.m.：下線部は写真版で訂正。So. M. E. は、South Methodist Episcopal の省略。

14日　木曜。快晴。
例の如くＹＭＣＡ。午前中、年会[1]に出席。ミス・ベネットおよびミス・ヘッドが会議で紹介される。

（1）Ann. Conference：(South Methodist Episcopal Church Mission) Annual Conference の略。

15日　金曜。暖かかった。
例の如くYMCA。宇佐美氏から彼の執務室まで会いに来るようにという連絡があった。執務室でM・Sのことを話す。(1)
（1）　Spoke of M. S. in the place.：写真版も同じに見えるがM. S. が分からない。Mission School の略か？とすれば韓英書院のことについて話したということか。
16日　土曜。暖、曇り。午後雨。
例の如くYMCA。午後八時三十分、姜助遠《カンジョウォン》(1)〔開城北部礼拝堂牧師〕が会館の私の所に会いに来て、こんなことを言った。伝道研究会の洪牧師が同会の会計係として、米国に脱出したある青年に会のカネ七〇〇円を貸してしまった、この秘密はバレる恐れがある、洪に恥をかかせないようにするために誰かがこのカネの保証人になる必要がある。そこで私に是非、七〇〇円を返済する保証人になって欲しいというのである。姜は更に、もし私が保証人になってくれるならば、月々三円ずつ十カ月にわたって個人的に拠出してもよいという者たちが二十人ほどいると付け加えた。私はそのようなことに対して保証人になることはできないと断った。
（1）　Hong Moksa：YMCA職員の洪鍾粛か。
17日　日曜。晴れ。
例の如くYMCA。宗橋礼拝堂は入りきれないほどの超満員。ミス・ベネットとミス・ヘッドが聴衆に話をする。私が通訳。
18日　月曜。晴れ。

例の如くYMCA。午後四時、ミス・ベル・ベネットおよびミス・ヘッドに敬意を表して朝鮮ホテルでティー・パーティーを催す。招待客八十四名が出席。会費、一人あたり七五銭。

19日　火曜。晴れ。

例の如くYMCA。我が家で家庭祈禱会。今日の午後、ミス・マイヤーズ[1]がミス・ヘッドおよびミス・ベネットのために歓迎会を開く。

（1） Miss Meyers（→ Myers）：下線部は尹致昊の誤り。Miss Mary D. Myersは一九〇六年十月に来韓した南メソジスト女性宣教師。後に英文で尹致昊の伝記を書こうとするほど（結局、断念する）尹致昊とは親しい関係にある。

20日　水曜。晴れ。

例の如くYMCA。宗橋礼拝堂の三日礼拝、例の如し。

21日　木曜。晴れ、午後雨。

例の如くYMCA。父の命日の祭祀を執り行う[1]。

（1） 父尹雄烈は一九一一年九月二十一日没。

22日　金曜。曇り。

例の如くYMCA。〔鍾路の〕夜市伝道会、参会者ほとんどなし。

23日　土曜。しばしばにわか雨。

午前八時三十分の列車で温陽に発つ。午後一時十五分着。咸悦[1]の家で昼食。墓参後、午後四時に温陽を発つ。午後六時四十分の列車でソウルに戻る。

（1）威悦's house：。李威悦は温陽面にある父尹雄烈の墓所の墓守。温陽の叔母（尹雄烈の実妹）の息子に当たる。

24日　日曜。雨。うっとうしい一日。

宗橋礼拝堂とYMCA福音会、例の如し。

25日　月曜。曇り、涼。

例の如くYMCA。李承薫〔李昇薫のこと〕が事務室に来訪し、〔YMCA〕学館に在学中の彼の息子のことを私に託す。鳳成〔次男光善〕が松都に帰る。方台栄氏〔西部警察署警部〕が来訪し、コレラに関する講演を行ってはどうかと言う。

26日　火曜。快晴。

例の如くYMCA。五時三十分、F・M・ブロックマンと共にアヴィソン博士を訪ね、YMCAの教育政策改良につき話しあう。

27日　水曜。快晴。

例のごとくYMCA。四時、英国のケズウィック運動の指導者であるインウッド氏[1]によって開催される予定の礼拝の準備をするため外国人牧師が集まる。午後八時、劉秉珌《ユビョンピル》博士[2]がコレラに関するお話をした。とても好評でおもしろく、聞き手も真剣に聞いていた。

（1）Rev. Inwood of the Reswick（→Keswick）movement of England.：下線部は写真版で訂正。Charles Inwood（1851–1928）はアイルランド、ベルファストのメソジスト牧師。インド、中国等を巡回して覚醒運動を起こした。Keswick movement については英語 Wiki の Higher Life movement の項を参照。

（2） Dr. 劉秉珌：劉秉珌（生没年未詳）は大韓帝国末期に近代医学の基礎を築いた医者。一九〇二年、官立医学校第一回卒業生。

28日　木曜。快晴。

例の如くYMCA。午後一時、京城ホテルに行き、朝鮮副業振興会に出席する。時間どおりに来た者は誰もいなかったので、午後三時頃に退出した。

29日　金曜。快晴、涼。

例の如くYMCA。四時三十分、英聖書公会で理事会がある。(1) 予想と不安に反して、いかなる軋轢もなくスムーズにいった。午後八時、超満員の女性たちに洪陽厚〔未詳〕がコレラの話をした。パゴダ公園でスキヤキ会〔金曜日の恒例〕。

（1） the Board of Directors met at the 美英聖書公會（→英聖書公會）：写真版には明らかに「英聖書公會」と書かれている。なぜ「美英聖書公會」などと読んだのか分からない。英国聖書公会（B. F. B. S. = British and Foreign Bible Society）のこと。

30日　土曜。曇り、涼。

例の如くYMCA。午前十一時、尹迥求《ユンヒョング》(1)の家に行き、宗会に出席する。問題は以下の如し。(2)

⑴私の父に送られたという宗中櫃が行方不明になっていること。(3)

⑵父が族譜を作るために準備しておいた紙を、去年私が帰ってきた時、(4) その使用目的を知らずに私が売り払ってしまったこと。

⑶当時、父が管理当番になっていた宗中の金の残金〔の額がいくらであるか〕。(5)

吉龍〔異母弟致旺〕に宗中櫃のことを問い合わせる手紙を書く。午後八時、申興雨が少年部ですばらしい話をする。祭器と祭床その他を新村に送る。兪鎮昌により祖母の記念日[6]。

（1）尹廻求→尹迥求：「尹廻求（ユン・ヘグ）」ではなく、「尹迥求（ユン・ヒョング）」である。『純宗実録』隆熙元年十月九日参照。
（2）この問題に関しては本年三月十九日を参照。
（3）The 宗中櫃 which is said to have been sent to my father ismis sing（→is missing）.
（4）The paper which father had bought for 族譜的用（→所用）and which I, when I returned home last spring,：下線部は写真版で訂正。「去年私が帰ってきた時」とは、尹致昊が京城刑務所から出所して家に帰って来た時のこと。
（5）And the balance of money of the 宗中 of which my father was then custodian......（→custodian.）：最後が「……」となっているがピリオドで終わり。
（6）Grandmother's 記念日 by 兪鎮昌：兪鎮昌は故郷新村の住民。本巻一九一七年十二月十八日を参照。全体として何を言わんとしているか不明。

十月

1日　日曜。曇り、涼。
宗橋礼拝堂例の如し。YMCA福音会、例の如し。
2日　月曜。快晴。
例の如くYMCA。四時から五時にかけて職員査経会[1]が始まる。午後五時、宗橋教会の人々によって催された洪〔鍾粛〕牧師の餞別会に出席するため金谷園に行く。八時、月例会を開くも定足数に充たず成立せず。不満を抱く人々が色々な問題に関して参加者に問題を投げかけたが、結局、沈黙せざるをえなかった。

（1）（職員）査経会：一定期間、キリスト教徒が聖書に関する学習をしたり、講義を聞くための集会。

3日　火曜。快晴。

例の如くYMCA。午後四時三十分、ミス・スミス[1]を訪ね、次の三点を提案する。(1)彼女の小学校で児童たちに教える学科数を減らすこと。(2)児童の教育のために教育のあるしっかりした男性教師を採用すること。(3)弁当を持ってきた児童も教師の監督下に食事することができるよう、食堂およびテーブルを配置すること。

夜、金顕英〔尹家の使用人〕とともに譜所と中に入っている文譜を見るために尹迥求の家に行ったが尹迥求[2]は外出中だった。

（1）Miss Smith：培花小学校校長Miss Bertha Smith。一九〇八年に来韓した南メソジスト宣教師。

（2）In the night with 金顯英 to 尹迴求's (→尹迥求's) to see the 譜所所入文簿 (→文簿) but 尹迴求 (→尹迥求) was out.：下線部は写真版で訂正。「譜所」は族譜を作成するために臨時に設けた事務所。「文簿」は宗中櫃の中に入っている文書と帳簿。

4日　水曜。快晴。

例の如くYMCA。金顕英を薬峴《ヤッキョン》[1]に送り、庭師の岡実太郎と岩付に、家から出て行くか、さもなければ新しい借家人を探すように伝えさせる。午後五時三十分、永興館《ヨンフン》〔ソウル瑞麟洞にあった料理店〕で洪牧師〔洪鍾肅〕餞別会。洪牧師はソウルの友人たちから真の尊敬と信頼を得ているようだ。

　譜所に入っていた文簿を確認するために[2]顕英を尹迥求の家に遣る。帰って来た顕英の報告によれば、(1)集まったカネは全部で九九〇円あるいはそれ以上であること。(2)その中、叔父〔修正余地あり〕は自分の分を払っていないこと。[3] (3)尹錠烈〔修正余地あり〕に対して山伝〔修正余地あり〕の経費第一回分として一五〇円を支払ったという記録があること。[4] (4)原則として一度の入金に対して二通の領収証は出さないこと、即ち、二通の領収証のうち一通はカネを出した本人に、もう一通は譜所に保管することにしていること。[5]

（1）薬峴：一八九七年、尹致昊はソウル西小門外の薬峴にある南長老派宣教師ジャンキンから買った土地に家を建て上海から呼び寄せた馬秀珍夫人と子供たちと共に一家を構えた。現在は典洞の邸に住み貸家にしてある。

（2）to attain the 本譜所（→譜所）and 入文簿：下線部はデジタルライブラリーで訂正。

（3）that of that subscript. 叔父 didn't pay in his.：subscript. は subscription の省略。

（4）that there was recorded 尹錠烈 was given ¥150 1st instalment for 山傳 expenses.：デジタルライブラリーで見ると、「山傳」の部分の「山」は間違いないが「傳」の部分は別の読み方が可能と思われる。

（5）that they had made it a rule for every subscribers aren't（each subscriber not to be）paid in two receipts; were to be given one（→ of the two receipts, one to be given）to the payer and the other to be kept in the 譜所.：最初の下線部は every の用法、to 不定詞の用法が分かっていないことに起因する尹致昊の誤り。後の下線部も尹致昊の誤り。尚、宗中財産の管理については本巻一九一八年八月十日を参照。

5日　木曜。快晴。

例の如くＹＭＣＡ。午後七時三十分、尹逈求を訪ねる。不在。

6日　金曜。快晴。

例の如くＹＭＣＡ。午後七時三十分、十三周年記念式典。[1] ビリングズ師[2]の話はよかった。

（1）ＹＭＣＡは一九〇三年十月二十八日の創立。

（2）Rev. Billings：B. W. Billings（1881–1969）は一九〇八年に来韓した北メソジスト宣教師。

7日　土曜。快晴。

例の如くＹＭＣＡ。午後三時、ミス・タトゥル[1]の招きで梨花学堂に行き、全日制の教師に話をする。

（1）Miss Fubble（→Tuttle）：梨花付属普通学校の責任者であった O. M. Tuttle。『梨花百年史』一〇〇頁を参照。

8日　日曜。快晴。

宗橋礼拝堂例の如し。金貞植がＹＭＣＡの福音会で話をする。

9日　月曜。快晴。

例の如くＹＭＣＡ。午後八時、救世軍が新たに迎えた指導者フレンチ大佐[1]のために歓迎会を催す。細かく定められた進行予定表の中に朝鮮人の名前は一人も見られない。多くの朝鮮人が反感を持った。これは救世軍の人々にとって大失策である。

（1）Col. French.：一九一六年に米国から来韓した救世軍司令官 George French（韓国名：夫来智）。

10日　火曜。快晴。

例の如くＹＭＣＡ。午後八時から、英国から来たインウッド師〔Rev. Inwood：本年九月二十七日の訳注を参照〕が会場満員の聴衆に説教。

11日　水曜。快晴。

例の如くYMCA。午後八時から九時三十分まで、インウッド師が説教。聴衆は静かに興味を以て聞いていた。達龍〔異母弟致昌〕が午前八時三十分の列車で東京に発つ。

12日　木曜。快晴。

午前九時二十分、松都に向けソウルを発つ。午前十一時三十分、松都着。くつろぎながら田舎の澄んだ空気を満喫する。午後八時、北部礼拝堂に行き、韓英書院の十周年記念式典に出席。

13日　金曜。快晴。

午後二時四十五分の列車でソウルに戻る。ソウルの汚れた空気に倦み疲れた時にはいつでも松都に来て何週間か田舎の生活を送れたらどんなにいいことか！

14日　土曜。快晴。

例の如くYMCA。岡本警視(1)、金麟、申勝熙とともにパゴダ公園食堂で昼食。

（1）　岡本警視：岡本亥之吉。一九〇八年に渡韓して鍾路警察署を振り出しに、開城警察署、警務総監部〔在職五～六年〕、京畿道警察第三部高等課、最後に同課課長を一年務めて一九二〇年九月に退職。『東亜日報』一九二〇年九月七日号を参照。

15日　日曜。快晴。

16日　月曜。快晴。

午前九時二十分、開城に行く岡本警視を見送るために駅に行く。

例の如くYMCA。午後七時三十分、〔YMCA〕壮年部音楽会。

正午[1]、アンダーウッド博士が臨終という知らせを受ける[2]。明月館で村上唯吉の餞別会[3]。

（1）12m.：これで「正午」の意と取る。先の九月九日にも同じ表記があった。
（2）Horace Grant Underwood は本年七月三日の日記まで病気のためYMCAの理事会等をその病室のベッドに横たわったまま行っていることが記されているが、その後日記には姿を現さない。そのことからすると、その後さらに病状が悪化して米国に帰国していたが本年十月十二日にアトランティック・シティで死去したらしい。
（3）この先十一月九日に「京都青年会における村上の経験。興味深く、とてもためになった」とあるところからすると、村上は京都での青年会に出席するために一時帰国することになったらしい。

17日　火曜。快晴。
例の如くYMCA。午後二時三十分から五時まで朝鮮耶蘇教書会[1]の一室で日曜学校委員会がある。

（1）K. R. T. Society：Korean Religious Tract Society の略。一八九〇年に超教派で設立されたが九七年に「大韓聖教書会」に、一九一五年に「朝鮮耶蘇教書会（The Korean Religious Book and Tract Society）」と改称された。現在の「キリスト教書会」の前身である。

18日　水曜。快晴。
例の如くYMCA。
19日　木曜。快晴。
例の如くYMCA。午後四時から五時まで、ソウルの西洋人たちによる元牧師[1]追悼会。午後九時、グレッグ氏[2]を出迎えるために駅に行く。

（1）元牧使：「元」はH・G・アンダーウッドの韓国語名「元杜尤」の略。

（2）Mr. Gregg：George A. Gregg（韓国名：具禮九）は一九〇六年に来韓したカナダ人キリスト教徒、生涯独身また平信徒であった。YMCA工業部の幹事として一九二八年まで勤務。チェロの名手としても有名だった。

20日　金曜。快晴。

例の如くYMCA。午後四時三十分、村上唯吉餞別会として催されたお茶会に出席するため朝鮮ホテルに行く。趙重応および村上両氏[1]による話は二時間に及んだ。長すぎる。少年部音楽会はとてもうまくできた。局長〔従弟尹致旿〕が議官〔前中枢院議官洪忠鉉〕の家族とともに玄映運[2]の娘を見にきていた。とても可愛らしい娘だ。

（1）two (too) long speeched by 趙重應 and 村上兩内（→兩氏）：two (too) long は two hours long に too long をかけて皮肉ったもの。

（2）玄映運（一八六八～?）は李朝末期から大韓帝国期にかけての官僚。慶応義塾出身の抜群の日本語能力により重要官職を歴任した典型的な親日派。その彼の娘が本日の少年部音楽会に参加していたのであろう。

21日　土曜。快晴。

例の如くYMCA。鳳成〔次男光善〕が松都からやってきて、李常春、申永淳、呉世基、白南一が何か出版関係のことで逮捕されたという[1]。

（1）韓英書院の教師・学生が国権恢復の内容を盛った唱歌集を製作頒布したとの廉で逮捕され、保安法違反及不敬罪をもって送検された事件が『現代史資料25』九〜一六頁に一九一六年十一月十三日付で記録されている。それによれば逮捕された教師は李常春、申永淳、呉鎮世、白南赫、張容燮、尹月石である。この先二十五日を参照。

22日 日曜。快晴。
宗橋礼拝堂例の如し。四時、例の如くYMCAで福音会。アレンに手紙。

23日 月曜。朝曇り、晩晴れ、夜雨。[1]
例の如くYMCA。母の誕生日。『小公子』[2]の活動写真を上映する——とても多くの観客。

（1） 晩晴、夜雨：「晩」はevening（夕方から夜中の十二時まで）、「夜」はnight（夜中の十二時以降）の意味で用いているらしい。

（2） Little Lord Fauntleroy：日本では一般に若松賤子訳で知られているが、この日記にしばしば登場するソウルプレス社長で尹致昊の友人・山縣五十雄も『小公子』の翻訳をしているから、その筋からの提供かも知れない。

24日 火曜。雨。
例の如くYMCA。一日中、雨。午後四時、ソウル内のキリスト教徒によって「元牧師〔H・G・アンダーウッド〕追悼会」が催される。私が覚えているアンダーウッド博士の最後の言葉は名誉顧問選出に関するものだった。博士は床に横たわったまま、「私〔博士〕が今言ったこと（what "I had just said"）」を繰り返していた。彼はゆっくりと、だがハッキリと繰り返した。「そうだ、我々（日本人と朝鮮人）は一体にならなければならない」。その偉大な人物が決して帰らぬ人となってしまったなどとはとても信じられない。

六時から九時まで明月館で、趙〔重応〕子爵歓迎会。

25日　水曜。快晴。

例の如くYMCA。尹秉熙《ユンビョンヒ》(1)がやってきて次のような情報をもたらした。逮捕された〔松都韓英書院の〕学生たちの内の何人かが、YMCAの聖書講義の時間に密かに反日思想が教えられたと供述した、と。李氏〔恐らく李商在〕と私は、たしかに昨年の春、そのような計画があったにはあったが、李がそれを止めさせたと彼に伝えた。
(1)　尹秉熙：本巻一九一七年二月三日に登場する「尹秉禧」(朝鮮語発音は同じ)と同一人物と思われる。総督府警務総監部高等警察課機密係所属の刑事である。
26日　木曜。すばらしい天気。
例の如くYMCA。講堂のペンキ塗りが始まる。
27日　金曜。すばらしい天気。
例の如くYMCA。午後八時、会場に入りきれないほどの婦人たちに向かって劉秉珌《ユビョンピル》(1)が家庭衛生に関して講演する。
(1)　本年九月二十七日の訳注を参照。
28日　土曜。すばらしい天気。
例の如くYMCA。講堂のペンキ塗り。
29日　日曜。すばらしい天気。

宗橋礼拝堂例の如し。ＹＭＣＡ福音会、例の如し。

30日　月曜。すばらしい天気。

例の如くＹＭＣＡ。午前八時三十分、〔彰義門外にある〕山の別荘に徳富〔徳富蘇峰〕を訪ねる。龍山学堂[1]音楽会。
（1）植（↓龍）山學堂：デジタルライブラリーにより訂正。韓国史データベース「官員履歴」の「朴成圭」の項に、「一九〇二年五月、任私立龍山學堂教員」とある。
31日　火曜。すばらしい天気。
例の如くＹＭＣＡ。

十一月

1日　水曜。すばらしい天気。
例の如くＹＭＣＡ。午後三時、培材学堂に行き、設立三十周年記念に参加。
2日　木曜。すばらしい天気。
例の如くＹＭＣＡ。
3日　金曜。すばらしい天気。
例の如くＹＭＣＡ。立太子式[1]。午後七時三十分、カナダ鉄道沿線風景幻灯会[2]。ムース師[3]がやってきて洪鍾肅と朴鶴晃のことを話す。二人とも経理不正があると！
（1）後の昭和天皇が皇太子となった立太子式である。『純宗実録・附録』大正五年十一月三日に、「行啓于総

督官邸、託轉奏立太子禮祝賀及　皇太子殿下陸進陸海軍大尉祝詞。」とある。

（2）加奈多鐵路沿路眞景幼（↓幻）燈：傍線部は写真版で訂正。

（3）Rev. Moose：J. R. Moose のこと。本年二月二十一日の訳注を参照。

4日　土曜。すばらしい天気。

例の如くＹＭＣＡ。クラム氏が洪牧師問題[1]について話をしに来る。我々は次の点で最小限の意見の一致をみた。教区監督者[2]は朝鮮人説教師が望むようにこの問題を処理すべきであると。

（1）Hong 牧師 case：この問題に関しては本年九月十六日を参照。

（2）the presiding riders（↓elders）：下線部は写真版、デジタルライブラリーともに判読が困難であるが、文脈から考えて elders と読むしかないだろう。Presiding elders は「教区監督者」、あるいは「長老司」とも呼んだようである。

5日　日曜。すばらしい天気。

宗橋礼拝堂例の如し。午後、例の如くＹＭＣＡ福音会。クラム氏が事故を起こしたという知らせを聞く。原動機付き自転車で老人を轢いてしまったらしい[1]。気の毒に！　午後六時、前総督の○と新総督〔長谷川好道〕[2]に会うために朝鮮人代表として東京に行って帰ってきた韓相龍と趙秉澤のために催された歓迎会に出るために明月館に行く。

（1）His motor wheel ran over an old man.：クラム氏が轢いたというのは誤報かも知れない。本巻一九一七年二月二十二日を参照。

（2）the ex-gov. Gen. O and the new governor.：前総督は寺内正毅であるから、下線部はＴとなるべきである。ところがデジタルライブラリー、写真版ともに下線部は英語のＯ、或は丸いサークルのように見えて、

Tとは読めない。まさかとは思うが、尹致昊が寺内の名前を思い出せなかったのか。

6日　月曜。すばらしい天気。

例の如くYMCA。ファミリーホテル[1]で徳富氏を接待する。申興雨、崔相浩、金麟、山縣五十雄、阿部〔充家〕、方台栄が出席。午後八時、月例会。白南震、張斗徹、朴熙道、金元璧、宋秉輝、盧俊鐸およびその徒党が、徐と李を[2]解雇したのは会則違反だと言って私を非難した。この問題に関して理事会が対処するよう要求するために五人から成る委員会を任命する。

（1）Family Hotel：駐韓ロシア公使ウェーバーのメイドであったソンタグ嬢が高宗から下賜された貞洞の家屋を改修していわゆる「ソンタグホテル」を建設したが、その後、一九〇二年にこれを取り壊して二階建て西洋式ホテルにしたものが、即ち、Family Hotelである。しかし一九一八年に営業を止めたのを機に梨花学堂が買い受けてそのままの形で寄宿舎として使用した。その後一九二三年に解体したあと新しい建物を建てた。本巻下、一九一九年一月三十日に、「ファミリーホテル（Family Hotel）は最近目に見えて食事もサービスも質が低下してきた。ソンタグホテル時代のやり方は次第に忘れ去られつつある」とある。

（2）徐炳肇と李命遠。本年八月二十四日を参照。

7日　火曜。雨。

例の如くYMCA。午後二時、渡辺鷹次郎[1]を訪ねる。日本人による温陽金鉱請願は許可されない可能性があると渡辺は言う〔本年八月二十四日を参照〕。四時三十分、予算委員会が開かれる。しかし兪星濬が来なかったので会議は延期せざるをえなかった。

（1）渡邊鷹次郎：総督府警務総監部警視。一九一二年四月、尹致昊が一〇五人事件で逮捕されたとき、国友尚謙とともにその取り調べを行い、また事件の一審において通訳を担当したのがこの渡辺であった。国友、山形閑、鍾路署署長松井信助などとともに仮釈放後の尹致昊を保護観察する立場にあったものと思われる。

8日　水曜。すばらしい天気。

午前十時から培材学堂でYMCA事務局会議が開かれる。司会はフィッシャー氏。[1]議題はYMCAの教育。ファミリーホテルで丹羽〔清次郎〕、村上〔唯吉〕、宮田[2]を接待する。崔相浩が長春館でハーン博士〔米国人歯科医〕を朝鮮式夕食でもてなす。李商在、邊壎および私が招待される。

（1）Y.M.C.A. Secretarys（→Secretaries）conference met at 培材學堂. Miss Fisher（→Mr. Fisher）led.：次の九日、十日にもFisherが出てくるがMissもMr.も付いていない。しかし十日のFisherの数行後に出てくるMr. F.はFisher以外には考えられない。さらにファミリーホテルで接待している丹羽・村上・宮田は日本基督教連合会の代表であると思われることからすると、このFisherはMiss FisherでなくMr. Fisherで、一八九八年に日本YMCAを援助するために来日し、一九一九年まで滞在したGalen M. Fisherであると思われる。

（2）宮田：日本組合教会の宮田熊治と思われる。詳細は不明。

9日　木曜。すばらしい天気。

午前十時からブロックマンの家でYMCA事務局会議。議題：会友社交部、[1]京都青年会における村上の経験。興味深く、とてもためになった。ファミリーホテルでフィッシャーを接待。龍山青年会に招待され、龍山亭で夕食。

（1）Social Dept.：『韓国キリスト教青年会運動史』によれば、当時のYMCA組織は、会友部、宗教部、教育部、運動部、親接部（会友社交部）、その他に分かれていた。同書、一七八～七九頁を参照。

10日　金曜。すばらしい天気。

F・M・ブロックマンの家（F. M. B's home）でYMCA会議。フィッシャーが司会。議題：少年部、他国のYMCA、および今後五年間の予定。会議は終了。この三日間は午前中を有効に過ごすことができた。F氏[1]と村上〔唯吉〕氏を京城青年会でもてなす。李〔商在〕とF・M・B〔Frank Marion Brockman〕、および私も招待される。フィッシャーは九時十分の列車に乗り遅れる。

（1）　Mr. F.：前出の、Mr. Fisher、即ち、Galen Fisher（ゲイラン・フィッシャー）。

11日　土曜。すばらしい天気。

例の如くYMCA。赤ん坊の恩姫の一歳の誕生日。午後六時、村上総務[1]を長春館に招き朝鮮式夕食で接待。私の他に、崔相浩、李商在、金一善、邊壎が出席。村上は満足した様子。七時三十分、村上がYMCAについてお話する。午後四時三十分、兪星濬が英国聖書公会（the B. and F. B. S.）の事務室にやってきた。学館は廃止しなければならないかも知れないと私が彼に言うと、彼は、そんなことを認めるくらいなら自分は辞めると言った。又、もし我々が学館を廃止したら、朝鮮人は激怒して誰もYMCAには来なくなるだろう！　とも言った。彼は不足を埋め合わせるためには一九〇〇円をなんとか工面し、残りの半分は総務がなんとかするように提案した。なんという変わり身の早さ！

（1）　村上総務：村上唯吉と思われるが、彼が何等かの団体の「総務」であったかどうかは確認できず。

12日　日曜。すばらしい天気。

13日　月曜。すばらしい天気。

宗橋礼拝堂例の如し。午後四時、YMCA福音会、例の如し。

午前九時十分の列車で丹羽、村上とともに松都に行く。我が家で昼食。昼食後、学校〔韓英書院〕、〔韓英書院の〕工業科および満月台を訪れる。午後四時、客にお茶を出す。午後五時四十八分の列車で客は松都を発つ。ワッソンの家で夕食。大問題を引き起こした唱歌集の第二版[1]を見たが、問題になるようなことは何もなかった。

（1） the 2nd edition of the song book which has caused so much trouble :「問題になるようなことは何もなかった」とあるが、十月二十一日に言及されている韓英書院職員・学生逮捕事件の時に押収された唱歌集には、例えば、「日本皇帝を家僕とし、日本皇后を下婢として、使役せんと誓ひたる……」といった内容の歌がおさめられていた。『現代史資料25』一一頁を参照。

14日　火曜。すばらしい天気。

クラム氏に会う。培材の先例にならって我が校も教育令[1]に従うべきであるという私の意見を氏は全面的に支持してくれる。私がそのように考える理由。

(1)十年以内という期限後には否応なしに実施しなければならないのなら、今のうちにさっさと片付けてしまうべきである。

(2)当局は、今は私たちに実施を迫って圧力をかけるだけであるが、期限ギリギリまで遅らせて私たちが実施すれば、その時には私たちに不利になるような扱いをするだろう。

(3)そのように行動することによって、我が校の卒業生たちは雇用され易くなるだろう。

梁柱三は私の提案に心から賛意を表明した。クラムはミス・ヘッドとミス・ベネット[2]を説得して私たちの考えに対する彼女らの同意を取り付けるべきだと言った。午前十一時十分の列車でソウルに帰る。

午後二時より例の如くYMCA。

（1） the Education Law：一九一四年三月二十四日の私立学校規則改正により、既に認可を受けている私立学校に関しては朝鮮教育令の新たな設置認可条件を整えるまで十年間の猶予期間を与えた。

（2） Miss Head および Miss Bennett に関しては本年九月十一日の訳注を参照。

15日　水曜。午前中は寒。すばらしい天気。

例の如くYMCA。午前十時、F・M・ブロックマンとともに予算の件でアヴィソン博士を訪ねる。ア博士は工業部の教育予算を作ること、および赤字を解消した予算を予算委員会に提出すべきだと主張する。(1)　ワッソン氏が宇佐美氏〔総督府内務部長官〕と会見する。

（1） a Budget with the deficits wiped out be presented to the Budget coming （→ comm.）：comm. は committee の省略。

16日　木曜。すばらしい天気。

例の如くYMCA。F・M・ブロックマンが〔YMCA〕工業部の予算のことで光州までグレッグ〔YMCA工業部の幹事〕に会いに行く。

17日　金曜。すばらしい天気。暖。

例の如くYMCA。申興雨氏が訪ねてくる。YMCAのこの学校は〔YMCAから〕独立させなければならない(1)と彼は言った。

（1） this 學校 in the Y.M.C.A. has to go.：「この学校」とは学館のことであろう。

18日　土曜。すばらしい天気。

例の如くYMCA。

19日　日曜。午前雨、曇り。

宗橋礼拝堂例の如し。午後、福音会、例の如し。

20日　月曜。曇り。

例の如くYMCA。〔午後〕四時三十分、牧師の体育の授業、例の如し。[1]

（1）　At 4:30 a.m.（→4:30）the pastor's Gymn.（→Pastor's Gym）Class as usual.：Pastor's Gym Class の意味がよく分からない。

21日　火曜。すばらしい天気。

例の如くYMCA。午前十一時、方台栄氏を訪ね、彼の子供が死んだことに対してお悔やみを言う。午後四時三十分、京城青年会理事会[1]に出席。山縣五十雄氏が会場一杯の青年達に良いお話をしてくれる。

（1）　京城青年（→京城青年会）理事会：「京城青年会」とは在京城日本YMCAのことと思われる。

22日　水曜。すばらしい天気。

例の如くYMCA。午前十一時三十分、梨花学堂で申興雨と話し合い。彼は、宇佐美が卑劣な手段を弄して、日本を利するために恰も日朝双方を代弁するかのように発言することがないよう宇佐美とは正直に交渉してくれと言った。[1] 私はこの助言に対して礼を言い、さらに私には田舎に引っ込んで静かに生活したいという希望以外には何もないと言った。工学館は廃止すべきである。[2]

午後五時に予算委員会が開かれる。午後七時三十分、□□〔金麟?〕を訪ねる。驚いたことに、彼の話によれば、申は丹羽〔在京城日本YMCA総主事丹羽清次郎〕を中央Yの共同総務に選ぶのがいいのではないかと彼に提案したという。□□は大ウソつきだ。こんな男は本当のことを言い出した時がいちばん危険である[3]。

(1) He advised me to deal straight with 宇佐美 to prevent from playing nasty tricks by misrepresenting both for own (→ his own) dirty sake.：やや曖昧さを含む表現ではないかと思うが、意を汲んで意訳した。
(2) 工學館 to be abolished.：「工學館」とはYMCA学館の工業部のこと。
(3) At 7:30 p.m. called on □□. He actually told me that 申 had suggested to him the advisability of electing 丹羽 a 共同総務 of the Central Y.M.C.A. □□ is such a liar that he is most dangerous when he happens to tell a truth.：デジタルライブラリーでは□□の部分が空欄になっている。次の二十三日の日記の内容から考えると、□□に入るのは「金麟」か。

23日　木曜。すばらしい天気。
例の如くYMCA。午前八時に〔総督府に〕宇佐美を訪ねる。できれば中間に朝鮮人を介在させることなく直接意見を交換したいと彼に伝えた[1]。また、山縣五十雄とザックバランな話をして、彼を通して自分の考えを宇佐美に伝えたいとも言った[2]。私が話している間、控えの間には金麟が待っていた。

(1) 朝鮮人通訳なしに直接、尹致昊が日本語で宇佐美と話しあいたいという申し出。
(2) that I would talk freely with 山縣五十雄 and through him communicate with him 宇佐美：最後の下線部はデジタルライブラリーでは「him（宇佐美）」となっていて、「彼、即ち宇佐美」の意味である。

24日　金曜。すばらしい天気。暖。

例の如くYMCA。午後五時、英国聖書公会で理事会を開く。予算委員会の報告書が承認される。工学館は廃止。午後八時に休会。(1) 今までで最高の出席率。朴勝鳳、白象奎、宋彦用(2)は予算案が議題にかけられる直前にそっと退場してしまった！　兪星濬は予算委員会も理事会も欠席した！

（1）adjourn at 8 a.m.（→p.m.）：下線部は写真版で訂正。

（2）宋彦周（→宋彦用）：国史編纂版の解読ミス。写真版で確認済み。

25日　土曜。暖。雲間に日の光。

例の如くYMCA。午前九時、F・M・ブロックマン（F. M. B.）が変更(1)のことを発表しようとしたところ、学生たちは咳をしたり、口笛を吹いたり、足で床をドンドン鳴らした。それで私が発表することになった。

ブロックマン（巴樂滿）君来韓十年祝賀会。日本人、米国人、朝鮮人から成るおよそ七十名の友人たちが、ブロックマンが東洋に来てから十年経ったことを祝うために長春館に来会。楽しい一時を過ごす。この催しの言い出しっぺは崔相浩だった。その成功ぶりは私の予想をはるかに超えていた。

（1）the change：YMCA工学館廃止の決定を生徒へ報告すること。因みに、『續陰晴史　下』の本日の項には次のようにある。「裕問［金允植次男］學英語于青年学校、今為三年級、而該校以財政窘乏而罷云、可惜可惜」。学生たちが不満の意思表示をするのも無理はない。

26日　日曜。冷え冷えとした天気。雨。

宗橋礼拝堂例の如し。曾田《そうだ》氏(1)が「十字架の力」についてすばらしい説教をする。

（1）Mr. 曾田：「曾田嘉伊智」あるいは「曽田嘉一」とも。山口県生まれ（一八六七～一九六二）。一九一三年に渡韓して、鎌倉保育園京城支部に勤務。三・一独立運動の時には、刑務所にいる若者への教育に力を注ぐ。終戦直前まで韓国全土で福音活動を続けたが、終戦後は日本に戻り活動。九十五歳で再び来韓した折にソウルで死亡（楊花津外人墓地に埋葬）。妻も一九五〇年にソウルで死亡。この先、第十巻、第十一巻に何度か登場する。今回、初見。

27日　月曜。極めて寒し。風あり。

例の如くYMCA。崔相浩および安在鴻[1]とともに夕食。安に中央YMCAに関する私の目的と計画を説明する。即ち、(1)我々は当局から好意を得られるよう努力しなければならないこと。(2)我々は社会人教育および補充的教育を目的とする授業を目いっぱい充実させなければならないこと。(3)我々は如何なる者に対しても朝鮮YMCAを潰すような口実を一切与えないために、周到に運営しなければならないこと。

以上のように説明した後、彼に一緒に我々の仕事に協力してくれないかと聞いた。彼はハッキリした返事をしなかった。

在日本青年学館卒業生一同から手紙をもらう。長文にして精緻をきわめたその手紙の要旨は次のとおり。

「第一　役員の任免を自分一人の考えで決め、学館の廃止を試図していることに対しては、これ実に権利の乱用でなくしてなんであろうか、私情の掠奪ではないのか。云々[2]。」

（1）安在鴻（一八九一〜一九六五）は皇城基督教青年会中学部卒。一九一〇年に日本に留学し、在東京朝鮮人基督教青年会に関与しながら朝鮮留学生学友会を組織する。その傍ら、一九一四年に早稲田大学政経科を卒業。翌一五年に帰国して言論活動に従事。一五年～一七年、中央高等普通学校の教監に従事、一七年から朝鮮中央Y教育部幹事となる。

（2）第一任員의 黜陟을 自意로 次（→決）而學館廃止를 是圖（→試圖）함에 對하야 아（→이）—참으로權利의 濫用함이 아니며 情松（→情私）의 攘奪됨이 안인가요 —云云：最初の傍線部はデジタルライブラリーで見ると「次」とも読めるが、文脈を考えれば「決」と読むのが妥当であると思われる。二番目の傍線部に関しては「是圖」と「試圖（意図する）」が韓国語、日本語いずれにおいても発音が同じ（시도／シト）であるために原作者が誤ったものと思われる。三番目の傍線部に関しては完全に国史編纂版の解読ミス。最後に四番目の傍線部に関しては、「情松」では意味をなさない上にデジタルライブラリーで見ても「情松」ではなく「情私」と読める。韓国語で「情私」は日本語の「私情」にあたる。また「攘奪」の意味は「掠奪」に同じ。

28日　火曜。すばらしい天気。

例の如くＹＭＣＡ。今朝、尹秉煕〔京畿道高等警察課機密係〕がやってきて、東京から来た手紙はどうしたか！　と私に聞いた。いったい彼は何故そんなことを知っているのか！

午後七～十時、京城青年会総会。山縣五十雄氏がとてもユーモアがあってためになる話をする。

29日　水曜。すばらしい天気。
ＹＭＣＡ。〝妻（Wife）〟が嫁〔長男永善の妻〕に対してあまりに意地悪くあたるので私はすっかり昼食を食べる気が失せてしまった。昼食の時になって私は、昨夜、嫁が出席した祈禱会について二、三、質問した。妻は私が嫁に話しかけたことに腹を立てた。嫁に対して私がちょっとでも優しそうな態度を示すや、妻は決まって逆上して体を震わせる。いや、こんなこと、グチを言ってみたところで何の足しにもならない！　まるで聖人のようだった秀珍[1]の恩に対して私が十分に感謝しなかったので、神様がその罰としてこの〝妻〟を私にお与えになったのだ！　神よ、この悪魔のような女の悪意から可愛い私の子供達を守りぬくことができますようどうかご加護ください！

（1）Saint's Sientsing（→Sieutsing）：Sieutsingは、亡くなった前妻・馬夫人の名前「秀珍」の中国語読みを英語で表記したもの。

30日　木曜。すばらしい天気。

例の如くＹＭＣＡ。

十二月

1日　金曜。すばらしい天気。

例の如くＹＭＣＡ。

2日　土曜。すばらしい天気。

例の如くＹＭＣＡ。李鍾元《イジョンウォン》〔尹家農園管理人〕に手紙を書く。現金二ドル（two dollars gold）をヴァンダービルト同窓会に送る。午後二時、警察・憲兵の運動会を見るために景福宮の景武台〔現在の青瓦台にあたる〕に行く。

3日　日曜。すばらしい天気。

宗橋礼拝堂例の如し。午後三時、河橋教会[1]の落成式に行く。

（1）河橋Church：ソウルの笠井町にあった（『東亜日報』一九三四年二月二十一日号）。

4日　月曜。冷え冷えとした一日。
例の如くYMCA。午前十時、白鎮奎の葬儀に列席。李商在も金一善も欠席。これまでの中央Yの歴史の中で今が最も危機的な暗い谷間の時代だろう。外部には敵、内部には裏切り者と無関心な同志たち、そして財政赤字。午後八時に月例会。定足数割れ。

5日　火曜。すばらしい天気。
例の如くYMCA。白楽俊《ペクナクチュン》に、なにか尹亨一《ユンヒョニル》[1]を助ける手だてを考えてくれるよう手紙を書く。午後八時、我が家で家庭祈禱会。南宮檍[2]が司式する。

（1）白楽俊、尹亨一ともに故郷・新村の者。本巻下、一九一九年二月十六日に前者は舎音（小作管理人）頭とあることからすると後者も舎音のひとりと思われる。
（2）尹致昊の次男・光善は一九一七年三月に南宮檍の娘と結婚することになる。

6日　水曜。すばらしい天気。
例の如くYMCA。李商在を訪ねる。彼は盆の窪の上にオデキができて苦しんでいた。九時から十二時までF・M・ブロックマンおよびグレッグとともに〔YMCAの〕工業課のことについて話しあう。白副尉〔白雲濰：小作管理人〕に電報を打つ。彼の父親が死んだため。

7日　木曜。すばらしい天気。
例の如くYMCA。帰宅の途中、白副尉が訪ねてきた。ワッソンに手紙を書き、韓英書院を高普学校[1]に変えた理由を述べる。独立門前で行われた崔相敦の葬儀に出席。午後九時、ハリス監督とメソジスト監督教会の新しい監督[2]が到着。慶南教会〔日本組合教会所属〕に村上唯吉を訪ねる。

（1）高普学校：「高等普通学校」の略。新教育令に従って韓英書院を高等普通学校と改変する手続きを取り、翌一九一七年四月一日に「松都高等普通学校」として設立認可を受けることになる。

（2）この先、十三日に登場するウェルチ監督のこと。Herbert George Welch（1862-1969）は一九一六年から一九二八年まで十二年間、ソウル教区（韓国および日本）の監督を務める。

8日　金曜。すばらしい天気。
例の如くＹＭＣＡとその悩み事。

9日　土曜。快晴。
例の如くＹＭＣＡ。十二時、ファミリーホテルで松井警視〔鍾路署署長松井信助〕、岡本警部〔京畿道高等警察警部岡本亥之吉〕、および申勝熙〔鍾路署刑事〕をもてなす。

10日　日曜。快晴。
宗橋礼拝堂例の如し。福音会、例の如し。午後三時、長谷川大将が到着。(1)

（1）初代総督寺内正毅が一九一六年十月に辞任して総理大臣に就任したため、後任として長谷川好道が新総督となった。在職期間は一九一六年十月十四日〜一九一九年八月十二日。

11日　月曜。快晴。
例の如くＹＭＣＡ。午後四時、日本メソジスト教会が、出し物が二十一もある長い行事を献納した(dedicated)。しかも出し物はそれぞれ中身が更に細かく分かれていた。午後六時、パゴダ公園で村上〔唯吉〕、渡瀬〔日本組合教会牧師渡瀬常吉〕、山縣、金麟、致旿、および私でスキヤキの夕食。

12日　火曜。快晴。

例の如くYMCA。

13日　水曜。冷え冷えとした天気。雨。

例の如くYMCA。私が延禧専門学校の理事会理事に選出される。午前中、その会合があり出席。ウェルチ博士が出席。

14日　木曜。快晴。

例の如くYMCA。宣教部（Board of Missions）に借りていたカネの最後の返済分をクラム師に払う。宣教部会（Mission Meeting）に出席。新しい教育令[1]に従うべきかどうかが議題にのぼる。ワッソン氏とクラム氏は異議なく賛成。ミス・ヘッドとベネット博士はワッソン氏の態度に好意的。私の考えを述べるように求められる。私は教育令に従った方が賢明であることを力説した。我々の学校を新教育令に準じさせるよう伝道部に勧告することに決定。

（1）the new education law：一九一一年の第一次教育令と一九一四年三月二十四日の私立学校規則改正のことを合わせてこう呼んでいる。後者により、すでに私立学校規則改正により認可を受けている私立学校に関しては朝鮮教育令の設置認可条件を整えるまで十年間の猶予期間を与えた。

15日　金曜。快晴。

例の如くYMCA。午前、宇佐美氏を訪ねる。

16日　土曜。快晴。

例の如くYMCA。ミス・ヘッドおよびベネット博士を訪ねる。韓英書院を新教育令に準じさせることにした理由を記した書類を彼らに手渡す。

17日　日曜。雨、冷え冷えとした一日。

宗橋礼拝堂例の如し。松井警視を訪ね安在鴻および崔景錫[1]を雇用することに対して意見を問う。警視は彼らの前歴を調べてみると約束する。十二時から雨。

（1）　この先十二月二十六日の「崔慶錫」と同一人物であろう。朝鮮中央Yの職員を採用するに際していちいち警察の同意を得ていることは注目に値する。

18日　月曜。快晴。

例の如くYMCA。安在鴻が私の家に来て実質的に次のように返事をする。彼も崔景錫もYMCAが呈示した給与、即ち安三〇円、崔四〇円では勤務することはできないと。

19日　火曜。快晴、寒。

例の如くYMCA。陸定洙[1]が、中学課に出資してくれる人物が誰かいるのではないかと言う。

（1）　陸完洙（→陸定洙）：傍線の解読ミスは写真版で確認済み。陸定洙は当時、YMCA学館（中学部）の館長だった。『韓国キリスト教青年会運動史』二〇一頁を参照。因みに陸定洙は本日記第四巻、一八九五年八月十六日に登場した陸鍾允の息子であり、また朴正熙大統領夫人陸英修（朴槿恵大統領の実母）の叔父にあたる。

20日　水曜。快晴、冷え冷えとした一日。

例の如くYMCA。午前九時、ブロックマン氏が不在のため、代わって私がYMCA学校部門の冬季休業入りを宣言することになった[1]。同時に十二月分の授業料が未納になっている者には卒業状を与えないこと、英語クラスを新設することを検討中であること、および他の学校に正式に推薦すること等を話した。

（1） Mr. Brockman beg away, I had to announce the close of the Y.M.C.A. School.：下線部は写真版も同じであるが、尹致昊が being を省略して書いたものと解釈する。生徒全体に発表する場合、ブロックマンがその任に当たっていたこと、同じような場面が本年十一月二十五日にもあった。

21日　木曜。快晴、寒。

例の如くYMCA。正午、ミス・ヘッド、ミス・ベネット、およびミス小倉と小倉夫人（ドイツ人）を長春館に招き、朝鮮式昼食を振る舞う。外国人女性は、ミス・マイヤーズとキャンベル夫人も含めて食事に満足してくれた様子。母と妻とメアリ・アッビが接待。日本人ピアニストと彼女の義理の妹[1]はメアリ・アッビがすっかり気に入った様子。ミス・ヘッドの所望により、妻、メアリ・アッビ、及び私と一緒に岩田写真館で写真を撮る[2]。

（1） the Japanese pianist and her sister in-law：文脈からしてこの両者は先行する「ミス小倉と小倉夫人（ドイツ人）」に当たると思われる。即ち、「ミス小倉」が日本人ピアニスト、「小倉夫人」は彼女の義理の妹でドイツ人ということになる。このミス小倉は大正時代の有名な女流ピアニスト小倉末子と思われる。詳細は日本語Wikiを参照。

（2） took picture（→pictures） at 岩由（→岩田）寫眞館：「岩田写真館」は福井県出身の岩田鼎が一八九八年にソウルの倉洞に開業、一九一三年に京城黄金町南大門通りに移転した。

22日　金曜。冷え冷えとした一日。

例の如くYMCA。正午、F・M・ブロックマンおよび丹羽と総督府〔南山〕に長谷川総督を訪ねたが、一時から二時の間に総督官邸〔龍山〕に来るように言われた。江戸川町[1]で昼食。次いで総督を訪ねる。ブロックマン氏が総督に私のことで何かお世辞を言うと、総督は私に対してとても好意的な態度を示した。総督は言った、「さよう、尹氏はとても熱心で、終始一徹である」。午後七時、バンカー氏（Mr. Bunker）の家で夕食。夜、大雪が降る。

（1）江戸川町：写真版も同じであるが当時の朝鮮に「江戸川町」なる地番があったとは思われない。本年三月十三日に登場した「江戸川屋」を尹致昊が勘違いしたものと取る。

23日 土曜。寒。

例の如くＹＭＣＡ。午後十二時三十分、宇佐美の招きによりハリス監督およびウェルチ監督に会うために朝鮮ホテルに行く。宇氏は演説でもするような口調でハリス監督を誉め称えると、中興雨を特別に取り立てるよう新しい監督〔ウェルチ監督〕に助言した。さらに前任者〔ハリス監督〕同様、ウェルチ監督も大日本帝国の良き友人となって欲しいと言った。〔ＹＭＣＡの〕紳士部がクリスマスの祈禱会を行う。白けた雰囲気（a cold affair.）。

24日 日曜。冷え冷えした一日。

宗橋礼拝堂例の如し。妻が夜になって具合が悪くなった。

25日 月曜。快晴。とても寒かった。

例の如くＹＭＣＡ。午後六時、宗橋礼拝堂に行って、子供のためのクリスマス祭を見る。十時までは長すぎる。こんな派手な行事はこの半分くらいの長さでいい。

26日 火曜。快晴、きわめて寒し。

例の如くＹＭＣＡ。午前九時三十分、〔延禧〕専門学校評議員会[1]に出席するためアヴィソン博士の家に行く。ファミリーホテルで昼食。今朝、松井〔鍾路署署長〕に会って安在鴻と崔景錫のことを聞く。松井氏は彼らを採用することに全く反対はないと言う。キャンドラー〔次男光善の洗礼名〕が来た。

（1）the College Board of Managers.

27日　水曜。快晴、きわめて寒し。

ＹＭＣＡ。ここ三日間は過去二年間で最高の寒さだった。Ｆ・Ｍ・ブロックマン、崔相浩、および安在鴻とパゴダ公園食堂で昼食。午後三時、安在鴻と崔景錫がやって来て、長時間、〔採用条件に関して〕やりあった末に、二人ともＹＭＣＡの仕事に協力することに同意する。

28日　木曜。快晴、寒。

例の如くＹＭＣＡ。午後二時、慶南教会〔日本組合教会に所属〕の献堂式に行く。宇佐美長官、松永道長官[1]、金谷府尹[2]、兪星濬氏、李完用伯爵[3]、および趙子爵[4]〔趙重応〕の存在が人目を引いた。宣教師の中ではハリス監督、ミス・フライ、そしてベック氏が出席。長老派の宣教師は一人も出席者なし。式は長すぎた。〔ＹＭＣＡ〕社会部書記の金一善が現在やっている別の仕事がこれまで一日二時間で済んでいたのが、もっと時間が必要になったという理由で辞表を提出した。

（1）松永道長官：松永武吉第二代京畿道長官（在職期間：一九一六年三月二十八日〜一九年九月二十六日）。「道長官」は日本の県知事に該当。彼が島根県知事であった一九〇五年に竹島を島根県に編入する閣議決定がなされた。

（2）金谷府尹：京城市長金谷充（在職期間：一九一二年四月一日〜一九年十二月四日）。

（3） 李完用白爵（→伯爵）：傍線部のミスは写真版で確認済み。

（4） Miss Frey and Mr. Deck（→Beck）：Lulu E. Frey（1868-1921）は一八九三年に来韓、梨花学堂教員となる。一九〇七年に第四代梨花学堂長。一九一九年に病気のため帰国、二一年三月ボストン病院で死去。Stephen Ambrose Beck は一八九九年来韓、一九一九年まで主としてＹＭＣＡで活動。

29日 金曜。快晴、寒。

例の如くＹＭＣＡ。一時三十分、求めに応じて宇佐美氏を訪ねる。ハワイ在住の朝鮮人のために組織された観光団に関して私が李承晩[1]に手紙を出すのがよいのではないかと宇佐美氏は言った。宇佐美氏は、私が手紙を出せば李承晩（Yi Sung Man）と朴容万[2]になんらかの影響を与えることができるのではないかとハワイにいる洪翰植牧師[3]が誰かに言ったのを聞いたのだという。

（1） U. S. M.（→Y. S. M.）：下線部は写真版で訂正。すぐ後に Yi Sung Man とあるところからしても U. S. M. は Y. S. M. を解読ミスしたものであることは明らか。

（2） Pak Yong Man：安昌浩、李承晩と並ぶ日帝時代の在米独立運動家。

（3） Pastor 洪翰植：在ハワイ朝鮮人国民総会長。

30日 土曜。快晴、寒。

例の如くＹＭＣＡ。メアリ〔三女文姫〕を中村歯科医[1]に連れて行く。渡瀬氏とともに松永道長官を訪ねる。午後四時頃、ＹＭＣＡ会館に戻る。李用根、朴奎遠、鄭鎰《チョンイル》、金俊東、韓聖洙の五人が、邊壎がＹＭＣＡのカネを不正に流用したという理由で非難決議を提出した。鄭によれば、彼ら全員辞任する覚悟ができているという。調査を約束する。

(1) 中村歯醫：本巻一九一七年六月二十日に、「明治町二五の中村安子歯科医師」とある。

31日 日曜。快晴。

早朝四時に会館に行く。彼(韓聖洙)は次のようなことを言った。彼には鄭鎰や李用根が何を意図しているのか分からないこと。また、彼ら(鄭その他)が言うよりも韓が言った方がより重みがあるだろうからという理由で、邊〔邊壎〕に不利な証言をするよう鄭から依頼されたこと。邊に対する陰謀の中心人物は鄭と李であること。李用根は一月に解雇されるはずだったと鄭が洩らしていること。ただちに一撃を加えなければならないこと。鄭は自分自身が解雇されることを恐れ、この件をブロックマン氏に通報することによりこの事件の展開を早めようとしていること。

私が服役していて不在の間にYMCA内部の一小派があれこれとつまらぬ小細工を弄して朝鮮を台無しにしてしまったのだ！

神の御前において新たなる心約[1]。うっかり付け忘れたり、純粋に良心的な理由で書けなくなった場合を除き、日記は毎日欠かさず付けること。最低限、二日続けてとばすことのないようにすること。一月一日から一月三十日まで心約——新たな心約[2]。

(1) **F. R. New, in God's Sight.**：F. R. は Final Resolution の略。新年に向けての心約であろう。本年一月十一日を参照。

(2) 「神の御前において……」からここまでは一九一七年の日記帳の巻頭に記した言葉をこの位置にもってきたもの。国史編纂版の体裁を考えた上での処置と思われる。

一九一七年

一月

1日 月曜。快晴、極めて寒し。

例の如くYMCA。年始回り。総督、宇佐美、丹羽、阿部、渡辺暢、渡辺鷹[1]、山形大佐、国友、松永、金谷、趙子爵、呉警視、石塚、山縣五十雄、山縣総監[2]、アヴィソン博士、ハースト夫人[3]、YMCAの婦人たち、ノウブル博士（Dr. Noble）、ハーディー博士。

（1） ここまで順に、総督長谷川好道、総督府内務部長官宇佐美勝夫、京城日本YMCA総務丹羽清次郎、京城日報社長阿部充家、京城高等法院院長渡辺暢、警務総監部警視渡辺鷹次郎。

（2） ここまで順に警務総監部高等警察課課長山形閑、警務総監部警視国友尚謙、京畿道長官松永武吉、京城府尹金谷充、趙重応子爵、警務総監部警務係警部呉錫裕、前農商局長石塚英蔵（在職一九一二年四月一日〜一六年十月二十日）、ソウルプレス主筆山縣五十雄、総督府政務総監山縣伊三郎。

（3） Mrs. Hurst（→Hirst）：デジタルライブラリーはHerstとも読めるが、やはりHirstであろう。夫のJ. W. Hirst（1864-1952）は一九〇四年に来韓した米国北長老派の医療宣教師。セブランス病院で医療に従事。

2日 火曜。快晴、寒。

邊〔邊壎〕に対する非難決議を調査する。邊はあらゆる非難を全面的に否定した。私自身が調べたところによれば邊はハーン博士〔Dr. Hahn：本巻一九一六年五月二十九日の訳注を参照〕が少年部[1]の時計を購入するために寄付した五円の内から五〇銭を着服している。ブロックマンは邊の金銭感覚の潔癖さに対して全然信頼を置いていない。李商在は労働学校の所有物である油を一缶、邊から買ったことがあると証言した。

（1） J. D.：Junior Department、即ちYMCA少年部の略とみた。

3日　水曜。快晴、極めて寒し。

例の如くYMCA。午前中、松井〔鍾路署署長〕を訪ねて安在鴻の採用に反対する金麟の手紙を見せた。松井は一笑に付した。私は、金は悪い人間ではないが、口が悪いのは困りものだと言った。

崔相浩と李商在の両人が邊にたいして少額の公金横領を犯したことを神の御前で謝罪するよう説得した。邊はブロックマン、李商在、李用根、金俊東、鄭鎰、および私の前で謝罪した。和解。神よ、邊の悔い改めをして心からのものたらしめ、和解をして真のものたらしめたまえ。

4日　木曜。快晴、厳寒。

例の如くYMCA。午後四時、各界の代表者十余名が会議室に集まってYMCA本来の目的に沿ってソウルおよびその近郊都市の紳士・青年たちがYMCAを（宗教、社会、教育上の改善のために）十分に活用できるようにするためにはどうすればよいかを話しあう。趙璇熙、李康赫、金東爀、白象奎、朴医師、李明赫、その他数名。

平壌基督教専門学校[1]のグリークラブが講堂でコンサートを催す。コンサート後、彼らにお茶を出す。妻が一日中、腰痛のために苦しむ。今朝、完成[2]がソウルを出たまま行方不明になった。

（1） The 平壌 Christian College：直訳すれば「平壌基督教専門学校」であるが、具体的には「崇実専門学校」のことである。同校はキリスト教教育の他に農学部、音楽教育で有名である。

（2） 完成：次の五日に出てくる「完成」とともにデジタルライブラリーも「完成」と読める。尹致昊の次男・光善の幼名は「鳳成」であるが、ここはどうしても「鳳成」とは読めず、「完成」である。使用人の一人か。

5日　金曜。快晴、とても寒かった。零下一九度。

例の如くYMCA。九時三十分、松井署長を訪ね、完成のことを聞く。署長は電報・電話を使って彼を捜索してくれると約束した。

6日　土曜。快晴、とても寒かった。

例の如くYMCA。英語科が開学する。

李康浩氏[1]がYMCA職員として宗教活動に従うため上京した。

（1）Mr. 李康浩：尹致昊が徳源監理だった時に、元山の公立小学校の教師をしていた青年で、目立ちたがりではあるが、その才能を尹致昊も認めていた有為の人物である。第五巻、一九〇二年四月二十四日、同五月七日を参照。

7日　日曜。快晴、極めて寒し。

午後四時、YMCA福音会。金昶済《キムチャンジェ》氏の説教はよかった、ちょっと長すぎたが。こんなに寒い日にしては驚くほど沢山の参加者がある。

8日　月曜。快晴、厳しい寒さ。華氏マイナス二〇度[1]。

例の如くYMCA。午後七時三十分、月例会。会場は、白南震、李明遠、徐丙肇《ソビョンジョ》、張斗徹、およびその配下の者たちでギュウギュウ詰めである。明らかに、連中は冷やかし半分でやって来たのだ。だが、定足数に足りない。出席者は三十四人のみ。すると白南震が、書記は定足数の数え方がまちがっていると言った。個人攻撃である。この連中の背後に李用根〔YMCA内の反日派〕がいるのは明らかだ。

　午後五時から六時の間に雲山の農地から収穫した米[2]の代金として三四〇〇円を受け取る。午後五時三十分、白副尉〔白雲洴：尹家農園管理人〕に電報を打つ。これらのことが全て済んだ後に、白から雲山で収穫した米が天安で売られた！　という内容の電報が来る。私がこの米を売った朴敬鐸がすでに〔私に〕支払った代金を受け取ることを拒否している〔という〕[3]。

（1）bitterly cold. −20F.：華氏マイナス二〇度は摂氏に換算してマイナス二八・八度。一月五日のマイナス一九度に比べて一〇度以上低い計算になる。
（2）雲山租苞：「雲山」は平安北道の雲山。金、銅の鉱山があることで有名。「租苞」は米俵の意。
（3）朴敬鐸 to whom I sold the rice refuse (→ refused) to take back his money.：デジタルライブラリーも同じ。同じ米が二重売りになってしまったことを言っているわけであるが refuse は過去形にすべきであろう。尹致昊の誤り。

9日　火曜。快晴。午前中、雪。

例の如くYMCA。昨日の事情に通じている趙学元の言うところによれば、既に私は正式にカネを受け取ってしまった以上、問題の米は朴敬鐸に渡さなければならないという。盧進士を午後七時三十分の列車で天安に送り、天安の穀物商と白との契約をキャンセルすることができないものか調べさせる。悲しいことに私のチョットした手違いが原因で、こんなに面倒なことになってしまった。

　尹秉熙〔警務総監部刑事〕が聞きもしないのに、〔中央Yの〕月例会は私たちのことを裏切り者だといって激しい個人攻撃をしていると情報を寄せてきた。裏切りだなどと、それはただ尹の頭の中で起こっている空想にすぎない。

10日　水曜。快晴、寒。

例の如くYMCA。眠れぬ夜を過ごす。午前七時に起床。キャンドラー〔次男光善十九歳〕を雲山里に送り、あやまって米を売り渡してしまった一件についてその解決に当たらせる。即ち、(1)天安の契約をキャンセルするか、(2)彼〔天安の穀物商〕と朴敬鐸とで利益を二分させるか、(3)八百石を買い取って朴に譲るか。

　白副尉に電報を打って、雲山の米は朴敬鐸に渡し、新村からの収穫米五百石は天安の契約者に与えるよう指示した。

11日　木曜。快晴、寒。

朴敬鐸の米の問題が未解決のために不安な一日を過ごす。李舜衡と白雲湃〔白副尉〕に電報を打って、雲山の米は朴に与え、天安の契約をキャンセルするよう指示する。夜、グレッグ氏が学生たちに良いお話をしてくれた。私が通訳する。

　キャンドラーがソウルに戻ってきて、銅山の米の一件はほぼ満足のゆくように解決したと報告する。姜[1]と盧が朴敬鐸に会いに行き、八百俵ではなく六百俵を取るように説得する。

（1）　姜：姜文秀。尹致昊家の雑務を処理するために雇われている「主事」と呼ばれる使用人の一種。

12日　金曜。快晴、穏やか。

例の如くYMCA。午後五時、理事会が英国聖書公会〔事務所は鍾路にある〕で開かれる。全員出席。

金一善の辞職願いは社会部委員会に一任される。

13日　土曜。快晴、穏やか。昨夜雪。

例の如くYMCA。午前十時三十分、神学校[1]のセミナリー生徒に「説教師と財政」というテーマで話をする。

孫承鏞《ソンスンヨン》牧師と李康浩を我が家の昼食に招待する。孫はかつて独立新聞社の記者だった。

朴啓陽の病院〔ソウル楽園洞の漢陽医院〕に崔[2]を見舞う。朴医師が私一人をそっと呼び寄せて、崔の健康状態は非常に悪い、肺を患っていて重態であると言う。可哀想に。

（1）the seminary：一九一〇年に南北メソジスト共同でソウルに設立した協成神学校のこと。

（2）崔相浩：YMCA教育部職員。この先、二月四日を参照。

14日　日曜。快晴、寒。

毎日々々、朝早くから夜遅くまで働きどおし。こんなストレスには耐えられない。誰か助けて欲しい。夕食後、すっかり草臥れはてて、すぐ床に入る。午後四時、例の如く福音会。

15日　月曜。快晴、寒。

例の如くYMCA。

16日　火曜。快晴、穏やか。

例の如くYMCA。午後四時、アヴィソン博士の家で朝鮮基督教青年会連合会委員会（KoreanUnion Comm.）。すべて順調。

今朝、預金その他を定期預金口座に入れる。[1] 市浦田庄〔農園〕の購入について交渉する。午後三時、劉高原[2]を東幕〔仁川にある〕に送る。

(1) Fixed deposit etc. this morning.：訳に自信はない。

(2) 劉高厚（↓原）：傍線部は国史編纂版の解読ミス。尹家の舎音〔農園管理人〕。

17日 水曜。曇り、穏やか。

例の如くYMCA。二時、済衆院〔セブランス病院の旧名〕に行き、庶母[1]を入院させる。彼女はこの十日間、ずっと体調がすぐれず、その間、一睡もできず、発熱・咳・浮腫《むくみ》の繰り返しだった[2]。彼女を入院させるための手続きを済ませるだけで三時間もかかる。済衆院は病院としては意外に清潔ではなかった。多分、職員が全員、朝鮮人だからだろう。

(1) 庶母：異母弟、致旺・致昌の実母。

(2) she has been sick nearly 10 days of which（ここにsheを補う）has had no sleep — fever — cough — swelling.：she の脱落は国史編纂版のミス。その上で、下線部は during which と改める必要がある。これは尹致昊の誤り。

18日 木曜。快晴、寒。

例の如くYMCA。午後六時、明月館に行き、ソウル市民が十三道の長官・次官のために催した晩餐会に出席する。

19日 金曜。曇り。冷え冷えとした天気。

例の如くYMCA。高麟相の市浦庄の土地[1]を買収する[2]ために四二五〇円を支払う。

午後八時、明月館に行き、大正親睦会の相見礼に参加する。会員、二百五十一名。こんな会をやって一体なんの役に立つのか、将来役に立つ見込みがあるのかサッパリ分からない。しかしながら、同胞のために[3]（趙重応はそれが同胞のためになると信じているのだが）何かやろうとして疲れも知らぬ趙重応にはただただ頭が下がる。

（1）大正親睦會：一九一六年十二月に子爵趙重応を会長として二百五十名ほどで結成。主として韓末官僚・朝鮮貴族・大地主・実業家から成る。武断統治期に朝鮮人による団体の結成が禁止されていた中、唯一の組織である。顧問として毎日申報社長阿部充家、幹事として洪忠鉉、評議員として尹致昊がいた。

（2）相見禮：「顔合わせ会」のような性格のものか。

（3）for the good of his peoples（→ people）：国史編纂版の解読ミス。

20日　土曜。快晴、寒。

例の如くYMCA。

21日　日曜。快晴、寒。華氏マイナス二〇度。

宗橋礼拝堂例の如し。午後、例の如く福音会が青年学生会により主催される。

22日　月曜。曇り、寒。

例の如くYMCA。テイラー師[1]がF・M・ブロックマン（F. M. B.）と私に向かって、李康浩はいけない（no good）、妻が二人もいるなどと言った。ブロックマンは、改宗前から妻が二人いたのなら、強いてどちらか一人を選ぶ必要はないと言う。

（1）Rev. Tailor：特定できず。ことによると一八九七年に雲山鉱山の鉱山技師として来韓したAlbert Wilder Taylor（1875-1945）か。当時まだ独身で、一九四一年まで韓国で活動した。

23日　火曜。快晴、寒。

陰暦では今日は正月元旦。午後、文姫とともに丈母《チャンモ》〔義母：白梅麗夫人の母親〕を訪ねる。夜、松井署長を訪ねる。

24日　水曜。快晴、穏やか。

午前八時三十分か、九時十五分に平澤《ピョンテク》に向け南大門駅を発つ。午後二時頃、新村の家に到着。皆、元気。六番目の従弟〔尹致瑛〕以外、皆家にいる。

25日　木曜。快晴、穏やか。

午前十一時、道谷に墓参に行く。

26日　金曜。午前曇り、穏やか。

景春の家で樗蒲《チョポ》をする[1]。

ひっきりなしに訪問客。落ち着いて読書したり会話する時間はまるでない。夕食後、局長〔従弟尹致旿〕はソウルに発つ。

（1）　<u>10 laid</u>（→Played）杻 at the home of 景春：下線部はデジタルライブラリーで訂正。それでも理解不能。一案として「杻」の字は尹致昊が「樗蒲」の「樗」の字を思い出せなくて取り敢えず「杻」の字を書いたのではないか。だとすれば、正月に遊ぶ「双六」のような賭け事遊びのことである。

27日　土曜。快晴、寒。

白都事[1]が右腕と頼んで信頼していた文熙周は会計係としても友人としても全く当てにならない人物であることを自ら証明した。彼もまた堕落していた。

（1）白都事（→都事）：傍線部はデジタルライブラリーで訂正。「白都事」は白雲湃で、尹家の農園総管理人。

28日　日曜。快晴。風あり、寒。

議官[1]が〔故郷の新村から〕ソウルに発つ。松山の李議官を訪ねる。彼は七十四歳になったにもかかわらず、相変わらず元気いっぱいである。

（1）議官：本巻一九一六年七月二十三日に、「メアリ・アッビとともに洪議官の家で昼食」とあったその洪忠鉉と思われる。白梅麗夫人の母方（洪氏）の親族と思われ、縁戚関係にあるために旧正月の集まりに同席したのではないか。

29日　月曜。曇り、冷え冷え。

昨年、致昞《チビョン》〔叔父尹英烈の四男〕は私から米五十俵を借りて水田を買った。彼は借りた五十俵の米が返せず心配そうな顔をして、借金を返すために買った水田を売ると私に言いだした。私は、いいから水田はそのままにしておけ、借金は棒引きにしてやるからと言った。

30日　火曜。快晴、穏やか。

午前中、訪問客で忙しかった。叔父〔尹英烈〕の病気は相変わらず。叔父は運動が足りない。昨夜、夕食の後で彼と長話をした。

午前十一時三十分頃、新村を発つ。後谷の墓参り[1]。午後三時三十分頃、温泉里に到着。例の如く華泉旅館に投宿。

（1）後谷省墓：写真版も同じ。「後谷」は初出である。「後谷」という所に尹家の墓所はない。「道谷」の勘違いではないか。

31日　水曜。殆ど一日中曇り。

午前七時三十分頃、〔温陽〕温泉を発つ。東辺里〔父雄烈の墓所所在地の地名か〕に墓参り。元奎漢〔故郷新村里の里長〕が同行。

午前七時三十分頃、温泉里を発つ。[1] 沈宏澤旅館に投宿。昨夜、成楽春が会いに来て新たに買った水田の証明書[2]の話をする。木付、柳田、郡守[3]には会えなかった。

咸悦〔尹致昊従弟：道谷の祖先の墓の墓守〕の家で朝食。叔母〔父雄烈の実妹〕は怒りを抑えながら次のように私をたしなめた。私が祖父母を告訴したことを悔い改め、せめて祭祀を復活させるようにと[4]。午前十時頃、左部[5]を発つ。妹〔sister：尹致昊実妹〕を訪ねて二〇円を与える。午後三時三十分の列車で天安を発つ。七時三十分、ソウル着。家の者はみな無事。

（1）Left 溫泉里 about 7:30 a.m.：一行目とほぼ同じである。a.m. は p.m. の勘違いではないか。即ち昨夜投宿した温泉里の華泉旅館から東辺里に墓参りをし、再び同旅館に戻って午後七時半頃に温泉里を発って今度は沈宏澤旅館に投宿したということであると思われる。

（2）新買畓證明：「畓」は水田を表す韓国語固有の漢字。

（3）この三名については本巻、一九一六年一月八日を参照。

（4）to repent of my sue against my grandparents：尹致昊が「祖父母を告訴した」とは如何なる意味か？尹致昊をたしなめたこの叔母とは温陽に住む父〔雄烈〕方の叔母で、龍仁出身の李源始に嫁ぎ、息子に李冑相・李晉相がいる。彼女は一九二〇年十月二日に亡くなるが、その二日後の尹致昊日記に、「祖先の祭祀に関して意見が異なったために彼女の晩年においては私との仲は悪かった」とある。キリスト教を信じる尹致昊と伝統儒教を信奉する彼女との間に祖先の祭祀をめぐって意見の対立があったことが分かるが、それにしても「祖父母を告訴した」とは理解しがたい。

（5）左部：正しくは「車部」である。「左部」の発音は「좌부」、「車部」は「차부」で似ている。地方における合い乗り自動車の発着場。詳しくは本巻一九一六年二月十九日の訳注を参照。

二月

1日　木曜。快晴、寒。

例の如くYMCA。アレンおよび致旺から手紙。

安在鴻はカネを返してくれるという約束を破った。安もまたロクデナシだ。

2日　金曜。快晴、寒。

例の如くYMCA。六時三十分、クーンズ氏〔儆新学校校長〕の要請により、明月館に行ってウィットモア[1]氏と米国赤十字の男に会う。

午後七時、妻とともにノウブル夫人の家に夕食に招待される。デキャンプ夫妻、デキャンプ氏の妹[2]、ベッカー夫妻[3]、申氏が出席。

（1）Mr. Whitmore（→ Whittemore）：下線部は尹致昊の誤り。N. C. Whittemore（1870–1952）は一八九六年に来韓した米国北長老派の宣教師。宣川で活動し、一〇五人事件に関与したと疑われる。

（2）Mr. and Mrs. Decamp; his sister：A. F. DeCamp は一九一〇年に来韓した米国北長老派宣教師。

（3）Mr. and Mrs. Becker：A. L. Becker（1879–1978）は一九〇三年に来韓した米国北メソジスト宣教師。

3日　土曜。快晴、穏やか。

例の如くＹＭＣＡ。八時二十分、境喜明[1]を見送るために駅に行ったが、ちょっと間に合わなかった。

尹秉禧　一五円　借者[2]　朴鶴晃　五〇〇円　請借！[3]
方台栄　一五〇〇円　請保！[4]　朴　五〇円[5]　請借

（1）境喜明：安重根による伊藤博文暗殺事件の捜査を担当した統監府の警視で、一九一七年当時は警務総監部の警視兼通訳官。同年二月二十三日に依願免官となった。
（2）¥15^{00} □□：デジタルライブラリーで、□□は「借者」と解読できそう。尹秉禧に一五円貸しがあるという意味だろう。
（3）請借：朴鶴晃が尹致昊に五〇〇円貸してくれと頼んできた、の意か。
（4）請保：分からない。「保」は「保証人」の略か。とすれば方台栄が尹致昊に一五〇〇円借用の保証人になってくれるよう頼んできた、の意か。
（5）¥150^{00}→¥50^{00}：国史編纂版の解読ミス。

4日　日曜。快晴、寒。
午前中は家にいる。午後一時、崔相浩を彼の自宅に訪ねる。彼は肺病を患っている。とても悪い。午後四時、玄楯が福音会で説教する。

5日　月曜。快晴、冷え冷え。
例の如くＹＭＣＡ。五時、トゥロロウプ主教[1]の家に行き、幹事という用語（the term 幹事）に関する調査委員会に出席する。六時、長春館に行き、毎日新聞社[2]の朝鮮人記者および編集委員を接待する。七時三十分、活動写真。大観衆。

（1） Bish. Trollope：英国聖公会主教。一九一二年から一九三〇年に死ぬまで第三代朝鮮教区主教。
（2）『毎日申報』は一九三七年に『毎日新報』と改題したが、『毎日新聞』と改題した事実はない。ここは『毎日申報』のことを勘違いしたものであろう。

6日　火曜。快晴、寒。
例の如くYMCA。午後七時三十分、金炳魯氏[1]が説教する。
（1）金炳魯（一八八七～一九六四）は韓国の法曹人。一九一三年に明大法科卒。一四年に帰国して京城法専助教授、普成専門の講師を経て一九年に京城地方法院所属の弁護士として開業。

7日　水曜。快晴。
例の如くYMCA。金栄洙[1]に手紙を書く。
（1）金榮洙：この先九月九日にも漢字書きで「金榮洙 and his brother」として登場する人物。兄弟連名で登場しているところからすると、ことによると京城紡織株式会社や『東亜日報』の創立者として有名な金性洙の実弟の「金秊洙」のことではないか。ただし「榮」は「영」、「秊」は「연」で発音は少し異なる。

8日　木曜。快晴、冷え冷え。
例の如くYMCA。午前十一時、豊永博士を訪ね、羅景錫氏[1]を紹介する。豊永は羅に、小さなことから始めるように、他のことをやる前にまず初めに石鹸・蠟燭を成功させるようにと助言した。羅は、中央学校[2]で週四時間教えなければならないと私に言った。将来、誤解が生じないようにグレッグにありのまま話すようにと言う。午後七時三十分、孫牧師が説教する。
（1）羅景錫氏：発音は同じ나경석であるが、「羅慶錫」が正しい。羅慶錫（一八九〇～一九五九）は一九一四

年に東京高等工業学校（現東京工業大学）を卒業した教育者。当時、YMCA工業課の教師を担当していたらしい。

（2）この先三月五日に、「中央義塾」とある。文脈からすると羅はYMCA工業課と掛け持ちすることになるらしい。

9日　金曜。快晴、冷え冷え。

例の如くYMCA。質の悪い風邪にやられる。キャンドラー〔次男光善〕が松都に帰る。

10日　土曜。快晴、寒。

まったく酷い状態――インフルエンザ。

11日　日曜。快晴、寒。

家で寝込む。南宮檍氏が会いに来て、キャンドラーの結婚の話をして行く[1]。夜、雪。

（1）光善（キャンドラー）はこの先三月十七日に南宮檍の娘と結婚する。

12日　月曜。曇り、冷え冷え。

例の如くYMCA。今日は少しよくなった。赤ん坊の恩姫が病気にかかる――吐瀉。任実〔全羅北道任實郡〕の水田の代金として一五〇〇円を第一銀行の小切手で李鍾元〔舎音〕に送る。

13日　火曜。曇り、冷え冷え。

例の如くYMCA。

14日　水曜。快晴、寒。

例の如くYMCA。

15日　木曜。快晴、寒。

例の如くＹＭＣＡ。

16日　金曜。快晴、寒。

午前中は各所にある墓地の証明書を探すのに忙しかった。幸い、全部見つかった。白副尉〔白雲洴〕が故郷〔松都〕に帰る。午後五時から七時三十分まで、英国聖書公会で理事会の正式会議。終わってから、ムース氏（Mr. Moose）とその家族が帰国する[1]のを見送るために駅に大急ぎで直行する。無事を祈る。

八時に帰宅。趙重応と兪星濬の求めにより明月館で荒木学生監督に夕食を振る舞う[2]。午前一時に帰宅。

（1）この年一時帰国したが一九二四年に再渡韓する。
（2）Supper 趙重應 and 兪星濬's request to entertain 荒木学生監督 at 明月館：写真版も同じ。構文としては無理があるが、意味は分かる。「荒木学生監督」は朝鮮官費留学生監督・荒木捨作。一九一二年六月二十四日に同職に任命されるまで警務総監部警視、朝鮮駐劄憲兵隊龍山憲兵隊分隊長などを歴任。

17日　土曜。曇り、穏やか。

例の如くＹＭＣＡ。従弟の致旿とともに荒木学生監督に会いに行く。不在。

午後四時三十分の列車で松都に行く。少し休みたかった。夜、この春初めての雨。

18日　日曜。冷え冷え、風。

〔松都の〕北部礼拝堂に行く。昼食後は休息。午後五時、梁柱三氏からの訪問を受ける。吉善宙《キルソンジュ》牧師[1]と会うために梁氏とともに彼の家に行き、米国にいる彼の息子について話をする。

（1）Pastor 吉善宙：吉善宙（一八六九～一九三五）は韓国の代表的キリスト教指導者。一九〇七年の平壌大復興運動の指導者として有名。長男吉鎮亨は一〇五人事件に連累、次男吉鎮燮は画家として有名。「米国にいる彼の息子」というのは鎮燮のこと。

19日　月曜。曇り、芯まで冷え冷えとする天気。

お茶の後、韓英書院（Anglo-Kor. School）に行きワッソン氏に会う。ここ一週間、信仰復興のための礼拝（revival services）を行ってきた吉善宙牧師のために学生達が歓送迎会を催す。ワッソン氏は洪鍾粛をＹＭＣＡに採用するよう強く勧める。

午前十一時二十分の列車で松都を発つ。駅に向かう途中で岡本警部[1]に会う。午後二時にソウル着。一晩中、気分が悪かった。月例会は定足数に足らず。

（1）~~岡本~~ the Police-Chief：このままでは「岡本署長」となるが、これまで「岡本警視」あるいは「岡本警部」とあった。当時、岡本亥之吉は鍾路警察署の警部で、署長は松井信助である。

20日　火曜。快晴、寒。

例の如くＹＭＣＡ。聖書女学院[1]に行きチャペルで司式をする。簡単な話をする。午後五時、金一善と陸定洙[2]の送別会に出席するために長春館に行く。寺内首相記念品代として京城商業会議所に五円を送る。

（1）聖書女学院：後の協成女子神学校。

（2）睦完洙→陸定洙：写真版で誤りを訂正。

21日　水曜。快晴、寒。
例の如くＹＭＣＡ。金麟の誘いで、キャンベル夫人〔Mrs. Josephine. P. Campbel〕をセブランス病院の彼女の新しい宿舎に訪ねる。金は、彼の教会の婦人たちが作っているレースを売り捌いてくれるよう彼女に依頼する。帰途、山縣五十雄を訪ねる。

22日　木曜。快晴、穏やか。

例の如くＹＭＣＡ。崔相浩を彼の貸し部屋に訪ねる。彼の病状は可哀想なほどだったが、彼の家族もとても困っていた。症状は非常に思わしくないという。顔の浮腫《むくみ》と酷い腹痛、それに喉の痛みを訴えている。

先日、チャールス・コリヤーが原動機付き自転車で衝突した男が今朝死亡した。(1) コリヤーは向こう見ずな若者だ。

午後四時、金麟の家に彼の母親の追悼会に行く。しめやかな集会だった。曾田〔嘉伊智〕が禁酒について話をする。

（1）　A man whom Ch. Collyer's motor-cycle ran against the other day died this morning.：本巻一九一六年十一月五日に、「クラム氏が事故を起こしたという知らせを聞く。原動機付き自転車で年寄りを轢いてしまったらしい。気の毒に！」とあったが、それとは別件か？　あるいはその時の情報が誤報だったのか？　C. T. Collyer（韓国名、高永復）は一八九七年に来韓した米国南メソジストの宣教師。

23日　金曜。すばらしい天気。
例の如くＹＭＣＡ。午前十一時四十分から十二時三十分まで延禧専門学校（the Christian College）のチャペルで話をする。

フィッシャー〔東京YMCAのG. M. Fisher〕に、書記総会（All Secretaries' Conference）に行けないこと、および四月に彼がソウルに来る時に中国旅行のことについて彼と話し合おうという手紙を書く。阿部〔京城日報社長・阿部充家〕の招きによりファミリーホテルで夕食。ゲストは韓相龍、兪星濬、山縣五十雄、方台栄、および私。楽しい夕べを過ごす。

24日 土曜。すばらしい天気。

例の如くYMCA。二時、文姫とともにハーディー博士夫妻を訪ねる。ヘレン〔次女龍姫の洗礼名。現在米国滞在中〕の手紙を見せてもらう。

25日 日曜。曇り、風あり。

例の如くYMCA。宗橋礼拝堂例の如し。宇佐美長官を訪ねる。

26日 月曜。曇り、風あり。

例の如くYMCA。午後二時、土地調査局に行き、十六歳になる安命煥という算盤の天才少年が二十五桁の数字を算盤を使って八秒、暗算ではわずか七秒で計算するのを見物する。

午後八時、国語倶楽部。少年部は星野氏、壮年部は山縣五十雄氏。(1)

（1）「星野氏」は未詳。全体の意味は、国語倶楽部の少年部は星野氏が、壮年部は山縣氏が担当したということか。

27日 火曜。曇り、穏やか。

例の如くYMCA。赤ん坊〔四女恩姫〕はまだ病気のまま。

28日　水曜。晴れ、穏やか。
例の如くYMCA。

三月

1日　木曜。晴れ。
例の如くYMCA。肉体的にも、仕事の上でも休む間がなく、味気がない。大伝道会のことについて話すため宗教部委員会の集まり。

2日　金曜。晴れ、風あり。

例の如くYMCA。午後四時、メアリ、善姫、幹蘭[1]、李康浩とともに山羊牧場に行く。景色がとてもすばらしかった。朝鮮の一青年がこのような仕事をやるだけの勇気とセンスがあることを知って嬉しかった。山羊が六十頭。

軽い夕食をした後、頭痛がして熱っぽい。すぐに床に入る。

（1）幹蘭：全巻通じてここに唯一度だけ登場する人物。デジタルライブラリーで見ると、別に解読すべき可能性がありそうだが、対案がないのでしばらくこのままにする。

3日　土曜。午前晴れ、午後曇り。
例の如くYMCA。弓削〔幸太郎〕学務課長を訪ねる。〔YMCA〕学館の学則変更について質問する。王室の[1]学校の課程表と似ることを避けるために夜学課程のそれに似た英語課課程表を作成し、且つ学館の形式は工芸課においても踏襲するようにしたらどうかと言われた。

渡辺鷹次郎〔警務総監部警視〕を訪問する。温陽の墓所を鉱山として採掘しようという申請が認可される可能性[2]はないだろうと言った。

午後二時三十分に尹迥求[3]が宗中の帳簿類を持ってくる。

崔相浩夫人がやって来て、崔の病状はますます悪化し、李□直医師[4]も匙を投げた！ と報告した。

（1） king school：「養正高等学校」のことか。

（2） likelihood of the mining application — coving 温陽山所 — being granted.：下線部はデジタルライブラリーも同じであるが、やはりcavingを尹致昊が誤って綴ったものと考えるのがよさそうである。尚、この件に関しては一九一六年八月二十四日を参照。

（3） 尹廻求→尹迥求：この誤りについては本巻一九一六年九月三十日を参照。

（4） Dr. 李□直：□の部分は、偏が「王」、旁が「庚」の字になっている。

4日　日曜。風あり、寒。

午前七時から九時まで雪。一日中、とても風が強くて寒かった。

今日の早朝、崔相浩が死んだ。後には彼の妻と三人の赤ん坊が残された。二人の幼い弟と母親は一文無しのうえ、友人も、家さえもない。死んだ当人よりも残された家族の方がもっと悲惨だ。

宗橋礼拝堂で朝の礼拝。午後三時、崔相浩の家族を弔問する。

5日　月曜。風あり、極めて寒し。

例の如くYMCA。午前八時三十分、日本YMCAの書記会議に出席するため神戸に出発する具滋玉を見送りに駅に行く。

四時から五時三十分まで、F・M・ブロックマンと長時間話し込む。私は次のように彼に言った。肉体的にも精神的にも今の仕事は私には重すぎる。私は自分の時間と健康を自分には重すぎる仕事のために犠牲にしている。こんな風に私の時間と健康を無駄に費やす代わりに、私に満足を与えてくれる、例えば、文学関係の仕事にでも注いだ方がよいのではないかと。私はこれまでに言ってきたことを繰り返した。この仕事を引き受けた時から二年後に辞任する〔という条件で〕現在のポストを受け入れたことを。[1]

今朝、羅鼎錫[2]が、中央義塾における週四時間の仕事を辞めるわけにはゆかないと言ってきた。それで、彼はYMCAとの契約をキャンセルせざるをえなくなった。

（1） I accepted the position（ここに on condition を補う）that I would resign after two years from.（→ピリオド取る）the time of my acceptance.：最初の（　）は尹致昊の誤り。後者の（　）は国史編纂版の解読ミス。一九一六年四月八日には、「適当な人物が見つかるまで三年間だけ働くという条件で引き受けることにした」とある。

（2） 羅鼎錫：傍線部はデジタルライブラリーも同じであるが、本年二月八日に登場した「羅景錫」と同一人物であることは明らか。同日の訳注を参照。

6日　火曜。快晴、暖。

例の如くYMCA。午前十時、貞洞教会で崔の葬儀が[1]ある。墓地まで行き、彼の遺骸が無事に埋葬されるのを見とどける。帰路、駆従〔両班の従者〕に武姫はどこに埋葬されているか聞いた。駆従は幼な子が眠っている山腹に私を案内した。午後四時頃に帰宅。

（1）武姫：一九一一年五月四日に白梅麗夫人との間に生まれた四女（白夫人の次女）。尹致昊が一〇五人事件で服役中の一九一四年三月十日に死去。彼女の墓が崔相浩の墓所と同じ敷地内だったことと、武姫の命日が近かったために思いだしてこの機会にと思い立ったのだろう。

7日　水曜。快晴、暖。

例の如くYMCA。午前十一時、豊永博士に会うためにF・M・ブロックマンと工業専習所〔梨花洞梨花亭にあった〕に行き、石鹸と蠟燭の製造法を教えることのできる教師を推薦してくれるよう依頼する。[1] 従弟の致昨および呉孝媛《オヒョウォン》[2]とともにパゴダ公園で昼食。

今朝、クラム氏がナッシビルの宣教部が新教育令に準ずることを承認したと教えてくれた。

（1）Y.M.C.A. の工業課の教師として羅慶錫を予定していたが羅が辞退してきたための措置。

（2）呉孝媛（一八八九～?）は開化期の女流文人。呉時善の娘。

8日　木曜。快晴、穏やか。

例の如くYMCA。酒店を建てるために土地を貸してくれと申し込んできていた柳《ユ》に対して、許可するなという手紙を曺貽承に書く。[1]

〔エモリー大学の〕キャンドラー記念館設立の募金としてノーマン・C・ミラーに米金五〇ドルを送る。[2]

（1）Wrote to 曺貽承 not to grant the plot of grand（→ ground）to 柳 to build thereon a 酒店：「柳」とはこのあと四月十日に登場する「柳」と同一人物であろうが、一九一九年八月二十四日に登場する、「鎮安にある我が家の農地の舎音頭である柳相夏氏」なる人物であると思われる。

（2）Candler は米国留学時代のエモリー大学学長。Norman C. Miller は同校同窓会員。一九一八年一月十八日を参照。

9日　金曜。快晴、穏やか。

例の如くＹＭＣＡ。午前十一時、約束により国友〔警務総監部警視国友尚謙〕に会いに行く。彼は査経班に関する詳しい資料（会員数および出席者の人物に関する情報）を提出するように言った。

午後、豊永博士を訪ねる。博士はＹＭＣＡの実業関連事業を助けることのできる最適の人物として崔仲善を推薦した。

10日　土曜。快晴、風あり。

午前十時、医者に診てもらうためにセブランス病院に行く。ダニエル医師[1]は特に問題はないと言って、一日最低一時間、屋外で運動するように勧めた。

午後、妻、メアリ、季嫂および善姫[2]とともに清泉寺〔未詳〕に行く。昼食をとり、午後七時頃帰宅。

（1）Dr. Daniel：一九一七年から一九一九年にかけてセブランス病院の理事を務めたT. H. Daniel。『延世大学校百年史』（延世大学校出版部、一九八五）を参照。

（2）秀妓（→季嫂）and 善姫兩氏（→削除）：写真版には「兩氏」の文字はない。「季嫂」は「弟の嫁」の意味で、即ち異母弟致旺の妻、善姫（致旺の長女）の母親である。本巻下、一九一九年七月二十四日に彼女に対する厳しいコメントがある。

11日　日曜。冷え冷え、午前中曇り。

午前九時、関屋〔貞三郎〕学務局長を訪ねる。案の定、不在。

例の如く宗橋礼拝堂で礼拝。

12日　月曜。すばらしい天気、暖。

例の如くＹＭＣＡ。アレンとヘレンに手紙を書く。午後八時、国語倶楽部の集まり。阿部〔充家〕氏が進行する。

13日　火曜。すばらしい天気、暖。

例の如くＹＭＣＡ。マクミラン氏(1)から手紙。フィッシャー博士に手紙を書く(2)。関屋を訪ねる。氏は〔ＹＭＣＡ〕工業部に日本人学生を受け入れてくれないかと言う。

（1）　Mr. McMillan：米国におけるヘレン（次女龍姫）の保証人。本巻一九一八年三月二十二日を参照。

（2）　前日出したヘレン（龍姫）への手紙との関連であろう。

14日　水曜。曇り、時々ぱらつく。

例の如くＹＭＣＡ。キャンドラー〔次男光善〕の結婚式準備のために取りまぎれる。四百通以上の招待状を出す。宗橋教会青年会館内職員および各教会教役者約二百名を明月館に招待し昼食を振る舞う。ますますＹＭＣＡにおける自分の仕事に嫌気がさしてきた。宋憲澍(1)に手紙を書く。

（1）　宋憲澍（一八八〇〜一九六五）は別名、「宋憲柱・宋憲樹・宋憲尉」とも書かれる。一九〇四年に渡米して韓人相助会会長として活躍。〇七年にハーグ万国平和会議に通訳として参与する。一九年には米国において大韓民国臨時政府欧米委員として活動する。

15日　木曜。底冷えのする天気。

例の如くＹＭＣＡ。昨日の午後六時、ＹＭＣＡの事業に興味を持っている人物で銑鉄業に従事するロジャーズ氏〔Mr. Rogers〕とその一行、あわせて六人をF・M・ブロックマン氏が明月館に招待して朝鮮料理を振る舞った。アヴィソン博士、申〔申興雨〕、白象奎、および私が出席。メアリ・アッビは招待客たちの夫人と仲良しになる。

午後七時三十分、村父主(1)を駅に迎えに行ったが来なかった。午後九時二十分まで待ったが、ついに彼はやってこなかった。

（1）　村父主：全体で「田舎のお父上」という意味になるが、二日後にある次男光善の結婚式のために上京してくる人物で尹致昊が〔新郎の父親として〕「お父上」と呼ぶべき相手は新婦の父親、すなわち南宮檍のことと思われる。

16日　金曜。快晴、すばらしい天気。

例の如くYMCA。

17日　土曜。すばらしい天気。

キャンドラー〔次男光善十九歳〕の結婚式。午前十一時、宗橋教会で結婚式。ハーディー博士が司式する。

午後一時、明月館で教会関係の友人たちを接待する。婦人七十名、紳士およそ百名。午後七時三十分、〔YMCA〕労働夜学校の卒業式。

18日　日曜。雨。

宗橋礼拝堂例の如し。

19日　月曜。暖かくうららかな一日。

午後二時三十分、培材学堂卒業式。

20日　火曜。すばらしい天気。

例の如くＹＭＣＡ。午後五時、英国聖書公会で理事会。出席者、少数。

21日　水曜。すばらしい天気。

例の如くＹＭＣＡ。正午、洪陵[1]に運動に出かける。李康浩と邊壎が同行。

（1）浩（→洪）陵：「浩陵」なる陵は存在しない筈。一九一九年七月十六日に同じ邊壎とともに散歩にでかけたのが「洪陵」であることを考えると、「洪陵」にほぼ間違いなし。くずし字の「浩」と「洪」はよく似ている。清涼里に作られた故明成王后（閔妃）の陵墓である。

22日　木曜。うすら寒し。

例の如くＹＭＣＡ。正午、三清洞〔恐らく同所にある料亭〕に行き、叔父〔光善の結婚式のために上京していた〕および両家〔叔父の家と尹致昊の家〕の他の家族とともに昼食。

23日　金曜。午前すばらしい天気、午後雨。

叔父が午後一時の列車で郷里に帰る。光善が同行する。

24日　土曜。快晴、冷え冷え。

例の如くＹＭＣＡ。午後二時、尚洞に行き、卒業式に参席[1]。

午後六時、パゴダ食堂のスキヤキ会に行く。山縣悌三郎氏[2]が到着。駅まで出迎えに行く。〔山縣は〕ミス・ワグナー[3]の学校で教鞭を執ることになった。

（1）尚洞教会（北メソジスト）内にある「攻玉女学校」の卒業式であろう。

（2） 山縣悌三郎（一八五九～一九四〇）は山縣五十雄の実兄。この年四月から開城（松都）にある好寿敦女学校（Holston Institute）において講師として教鞭を執ることになる。

（3） Miss Wagner：Ellasue Wagner（1881-1957）は一九〇四年に来韓した米国南メソジスト女性宣教師。開城（松都）の好寿敦女学校（Holston Institute）の教師となり、一九一六年から一九年まで校長を務める。

25日　日曜。極めて寒し、粉雪が舞う。

午後四時、宗橋礼拝堂例の如し。YMCAで福音会の司会をする。

26日　月曜。すばらしい天気、寒。

例の如くYMCA。午後七時、山縣五十雄氏の招きにより朝鮮ホテルに行く。出席者、山縣氏の兄、阿部〔充家・京城日報〕社長、従弟致昨。

午前、卒業式を見に進明（義）女学校[1]に行く。厳かで冷たい感じ。

（1） 進明（義）女学校：デジタルライブラリーで「義」は〇で囲ってある。「義塾」の意か。ソウル陽川区にある私立進明女子高等学校の前身。高宗妃厳妃が支援した女学校である。

27日　火曜。うららかな一日。風あり、寒。

例の如くYMCA。午後二時、蓮洞貞信女学校[1]に行き、卒業式を見る。

（1） 蓮洞貞信女学校：一八八七年に米国北長老派が蓮洞に設立した女学校。

28日　水曜。晴れたり曇ったり。

例の如くYMCA。午後三時、済衆院〔セブランス医学専門学校〕の卒業式に行く。金基炯《キムギヒョン》、李龍基の韓英書院出身者二名が卒業する。

29日　木曜。快晴、寒。
例の如くＹＭＣＡ。二時、〔ＹＭＣＡ〕工業課の卒業式。グレッグ氏の話はすばらしかった。午後六時、長春館に山縣悌三郎を招待し、朝鮮料理の夕食を饗する。阿部氏、山縣五十雄、兪星濬、魚容善[1]、尹致旿も同席。

（1）魚容善：発音は同じであるが「魚瑢善」が正しい。「魚容善」は議政府議政を務めた人物で別人。「魚瑢善」は一八九五年の第一回官費留学生として慶応義塾で学び、九七年に帰国して独立協会に入り、中枢院議官となる。

30日　金曜。快晴、風あり。

例の如くＹＭＣＡ。吉弟〔異母弟致旺。英国留学中〕に送金してもらうためにホッブズ氏〔救世軍・英国聖書公会職員〕に一八〇〇円を渡す。

午後八時、外国人チームと朝鮮人学生チームとの間でバレーボールの試合がある。建物〔中央Ｙ体育館か〕からは観客がはみ出すほどだった。今日の午後、ソウルを後にする山形〔閑〕大佐を訪ねる[1]。また国友警視を訪ねる。

（1）山形は一九一〇年六月、明石元二郎とともに渡韓して韓国駐劄憲兵司令部付となったが、一九一七年四月一日を以て定年を迎え、少将に進級のうえ後備役に編入された。恐らく帰国の途に就いたものと思われる。

31日　土曜。すばらしい天気。
例の如くＹＭＣＡ。李時雨[1]とともに新聞社〔京城日報社〕に阿部充家を訪ねる。李時雨は彼のために東拓会社に便宜をはかってくれるよう阿部に頼み込む。

達弟〔尹致昊異母弟致昌：東京留学中〕に一二〇円を送る。

（1）李時雨：李時雨は別称、本名は李恒発（一八九一～一九五七）。全羅南道生。延禧専門学校中退、ＹＭＣＡ、新幹会等に参加するが植民地時代末期には転向して緑旗連盟に参加。

四月

1日　日曜。うららか、風あり。

宗橋礼拝堂で朝の礼拝。栗原教授[1]が福音会で話をする。午後六時、江戸川屋に行き、栗原教授を接待する。

（1）Prof. 粟（→栗）原：下線部は写真版で訂正。栗原陽太郎（一八八三～一九六九）のこと。一九一四年に平壌組合教会に赴任、一八年まで朝鮮で伝道活動に従事した。

2日　月曜。うららか。

例の如くＹＭＣＡ。十二時、宗橋礼拝堂で方奎煥[1]の結婚式。午後六時、ゲイル博士を訪ねる。

（1）方奎煥：『朝鮮総督府官報』（一九一七年三月）によれば京城医学専門学校の第一回卒業生である。

3日　火曜。暖。

例の如くＹＭＣＡ。午後九時、宗橋礼拝堂で李洪根〔未詳〕の葬儀。

アンダーウッド博士夫人に弔問の手紙を送る。[1]

（1）Horace Grant Underwood は一九一六年十月十二日に米国アトランティック・シティで死去。手紙は米国在住の夫人宛である。

4日　水曜。すばらしい天気。

八時三十分、全州に向け南大門を発つ。午後四時頃に裡里《イリ》着。軽便鉄道を使って全州に行く。午後六時頃に全州着。寄宿舎[1]に直行。周囲の景色の美しさに驚く。午後八時、〔全州城〕西門外礼拝堂で朝鮮YMCA連盟の三年に一度の大会が始まる。

（1）寄宿屋（→舎）：傍線部は国史編纂版の解読ミス。デジタルライブラリーで確認。

5日　木曜。すばらしい天気。

九時から十二時まで大会。午後、金弼秀《キムピルス》[1]とともに金潤貞を訪ねる。家屋敷がすばらしい。彼の奥さんは相変わらず溌剌としている。

萱野警部[2]を訪ねる。彼は、自分は宣教師とはあまり付き合いがないので、全州の宣教師たちの間でどんなことが起こっているのか知らないのだと言った。夜の集まりで、私はベッカー氏〔本年二月二日を参照〕に続いて「青年と節約」という題で話をする。久保木という日本人の刑事が同席していて、私の話に対してとても好意的に褒めてくれた。テイト氏[3]の家で昼食。

（1）金弼秀：金弼秀（一八七二～一九四八）は総督府時代における南長老派の全羅北道を代表する牧師。一九一五年に朝鮮人初の朝鮮耶蘇教長老会総会長に選出され、一八年の朝鮮耶蘇教長監連合協議会創設時に会長に就任した。

（2）萱野警部：朝鮮総督府警部「萱野三四郎」と思われる。『総督府官報』大正六年九月十日を参照。

（3）Mr. Tate：L. B. Tate は一八九二年に来韓した米国南長老派宣教師。一九二五年まで全州で活動。

6日　金曜。すばらしい天気。

例の如く朝の集まり。礼拝堂応接室で昼食後、例の如く夕べの集まり。R博士の家[1]で夕食。

（1）Dr. R's home.：全州赴任の南長老派宣教師でDr. R. と略せるのはW. D. Reynoldsか。だとすれば一八九三年に来韓した米国南長老派宣教師。全州・平壌で活動。

7日　土曜。雨の後、寒くなる。

例の如く午前九時より朝の集まり。梧木坮を訪れる。李太祖が雲峰で阿只抜刀に勝利を収めた後に帰還して休息した丘として有名である。[1]次いで、寒碧楼の李太祖影禎[2]も訪れる。長楽料理館で夕食。

（1）Visited 梧木坮 famous as the hill where 李太祖 rested after returning from his victory over 阿其撥都雲 in 峰東（→阿只抜刀 in 雲峰）：下線部はデジタルライブラリーで訂正。「阿只抜刀」は「阿只抜都」とするのが正しいようである。李朝の祖は全州李氏と言われ、いま尹致昊がいる全州は李氏朝鮮発生の地である。その李朝創建者である李太祖李成桂が倭寇の首領アキバツ（阿只抜都）の軍を雲峰で撃退したといわれる「荒山戦闘」の故事。因みに尹致昊の母親も全州李氏の出身である。

（2）Then 碧樓（→寒碧樓）, 李太祖影禎：下線部はデジタルライブラリーで訂正。「影禎」は肖像画、または肖像画が描かれた掛け軸。

8日　日曜。すばらしい天気、涼。

朝の集まりでアヴィソン博士と宋彦用氏〔YMCA幹部〕がスピーチする。クラム氏が西門外礼拝堂で説教。聴衆は博士が操る巧みな朝鮮語にすっかり魅了されて、中身の思想の方は忘れてしまった。

十二時、李進士（建鎬[1]）の家で昼食。すばらしいご馳走だった。郡守の金鎮賢、鄭喬[2]を訪ねる。次いで金潤貞氏〔先の四月五日を参照〕夫人に別れの挨拶を告げに行く。

教会の会友である李敦壽の家で夕食。大会が礼拝堂で最後の集まりを持つ。李商在が説教する。大会は午後十時頃に閉会する。

（1）李進士（建鎬）:「進士」は「科挙の小科に合格した者」の意。李建鎬は独立協会と万民共同会による大衆市街運動が盛んだった一八九八年十一月、政府によって逮捕された十七名の独立協会員中の一人。次に登場する鄭喬もかつて独立協会員として尹致昊とともに活動した人物である。

（2）『大東歴史』、『大韓季年史』の著者として有名な鄭喬。日韓併合後、故郷益山に隠遁していた。

9日 月曜。曇り、涼。

午前五時に起床。午前七時頃に全州発。全体的にみて全州での経験はとても気持ちのいいものだった。軋轢は一切なかった。しかし、全員で三十名ほどになる朝鮮人ゲストは全州在住の宣教師たちの冷ややかな態度を感じた。我々の到着に当たっても歓迎の素振りは一切見られず、別れに当たっても鄭重な態度は一切見られず、大会開催中も心遣いらしい心遣いは一切感じられなかった[1]。代表団に対するこれほどまでに完璧な無視の態度、無愛想な態度は我々朝鮮人すべての者が一様に強く感じていた。それで大の外国人嫌いの金貞植が宣教師に激しい怒りをぶちまけた[2]。

私たち、すなわち金弼秀、金貞植、鄭根、金仁基、李承斗、李牧師、尹、金栄俊は参礼《サムニエ》[3]で車を降りて十里ほど歩いて双峯亭に行った。崔判事の家で昼食。金〔金仁基〕の家[4]で休憩。午後二時頃、二十五里ほど歩いて鄭泰粉の農場に行く。途中、王倹塔および旧書院塔を見る。軽食の後、二十里歩いて水利組合に行く[5]。崔忠楽を訪ねるも不在。くたびれて痛くなった足を引きずるようにして黄登駅まで二十里歩く。裡里[6]に行き、全州旅館に投宿。

（1）But the (Korean guests nearly 30 in all felt all disappointment at the) attitude of indifference of the missionaries resident in 全州. They showed no sign of welcome on arrival, no sign of courtesy on partoing (→ parting), no sign of hospitality during the convention.：写真版を見ると、(Korean..... at the) の部分が完全に脱落している。

（2）Then Kim Jung Sik who is strongly anti-f. some hand throw (→ said some hard things) concerning missionaries.：下線部は写真版で訂正。anti-f は anti-foreigners の略。

（3）삼례：全羅北道完州郡參禮里。

（4）Saw on the way, 王儉搭（→塔）and 舊書院搭（→塔）：下線部は写真版で訂正。「王儉」は古代朝鮮の政治団体の長（檀君）を表す称号とある（『東亜漢韓大辞典』）。

（5）Walked … to 黄登 station tired and food（→ foot）sore.：下線部は写真版で訂正。「黄登」は全羅北道益山郡黄登面。

（6）榮里（→裡里）：傍線部は写真版で訂正。

10日　火曜。すばらしい天気。

全州旅館は日本家屋を朝鮮人が利用しているものであるが、いたる所汚らしい。一泊わずか二〇銭。柳の経営する餅湯店で餅湯(1)を食べる。八時三十五分に裡里を出発して大田をめざす(2)。論山で列車を降りて恩津《ウンジン》弥勒(3)を見物する。今日の旅は楽しかった。裡里の兪が我々すべてにとても親切にしてくれた。

午後一時三十分、論山発。午後九時にソウル着。家族はみな元気。神に感謝。

（1）餅湯：「トック」と呼ばれる朝鮮のモチをいれて作った汁物。朝鮮式雑煮。

（2） Left 楽里（→裡里）at 8:35 for 木田（→太田）：下線部は写真版で訂正。但し、後者は尹致昊自身が「大田」を「太田」と誤記している。鉄路、裡里から大田をめざし、途中の論山で下車する。国史編纂版は韓国人解読者であるにもかかわらず、なぜこんな簡単な地理関係を誤るのか、理解に苦しむ。

（3） 恩津彌勒（→彌勒）：傍線部は写真版で訂正。「恩津彌勒」は忠清南道論山郡恩津面の山肌の天然の花崗岩に刻まれた石造弥勒菩薩。東洋最大の弥勒菩薩と言われる。自己の歴史文化に対して誇り高い韓国人が「彌勒」を「彌勒」と読み誤るとは、信じがたい。

11日　水曜。すばらしい天気、涼。

例の如くＹＭＣＡ。山縣五十雄を訪ね李承万[1]の手紙を渡す。白副尉が松都に帰る。

（1） 李承萬：「李承晩」とは別人であろう。

12日　木曜。曇り、風あり。

例の如くＹＭＣＡ。Ｆ・Ｍ・ブロックマンおよび丹羽とともに新しい鍾路警察長の永野[1]を訪ねる。

（1） 永野, the new 鍾路警察長：一九一九年三月十三日に、「中央署の永野氏（Mr. 永野清 of the Central Police Headquarters)」として登場。因みに、鍾路署の署長は、松井信助→永野清→神崎稼一と目まぐるしく代わる。

13日　金曜。すばらしい天気。

例の如くＹＭＣＡ。果川の墓地に石碑を立てるためキャンドラーが果川に行く[1]。

（1） 果川の文原里に五代祖母および高祖（祖父の祖父母）の墓がある。第九巻、一九三一年九月十七日を参照。

14日　土曜。すばらしい天気。

例の如くYMCA。正午、ブロックマン父娘（Mr. and Miss Brockman）が松井〔前鍾路署署長〕、永野〔新鍾路署署長〕、宮立〔未詳〕、丹羽〔京城日本Y総務丹羽清次郎〕、および私に昼食を振る舞う。労働夜学校（Free Night School）の教師たちとともに長春館で夕食。

15日　日曜。すばらしい天気。京義線車中。

午前五時に起床。満州視察団[1]とともに九時十分の列車で南大門を発つ。安東〔鴨緑江を越えて中国領に入った最初の都市〕に到着するや、駅で大勢の朝鮮人が出迎えてくれる。朴昌植、奉天の尹敬重、鄭応ソル（鄭應설）が私たちを出迎えに来ていた。

（1）この視察団は当時、京城日報社および毎日申報社の社長だった阿部充家が中心となって、満州における日本統治に対する朝鮮人の理解を得るために企画されたもので、団長は趙重応、副団長が尹致昊であった。裏方として一行の行動を仕切ったのは阿部であり、方台栄がその随行秘書兼通訳であったという。沈元燮『阿部充家と朝鮮』（ソウル소명출판、二〇一七）二三七頁を参照。

16日　月曜。すばらしい天気。奉天。

午前五時二十分、奉天〔Moukden：現瀋陽市〕着。満州平原の広大さに大きな感銘を受ける。太陽は高粱畑から昇り高粱畑に沈む。大星ホテルに投宿。午前中、清の太宗の墓所である北陵を訪れる。奉天の砂塵はただただ言語に絶する。将軍府で昼食。張作霖将軍は我々の昼食に同席される栄誉を与えられなかった。こんな役目はチットも面白くない。領事館で夕食。総領事もまた病気を理由に欠席！

17日　火曜。曇り。奉天。

朝食後、個人別に分かれて見学。鄭必和が中国人街のめぼしい所を何ヵ所か案内してくれる。すべてが無神経で乱雑である。

奉天在住の朝鮮人が我々を龍海楼に招待して昼食をご馳走してくれた。午後三時四十分に奉天発。午後八時三十五分、営口着。満月旅館に直行。

満州所感。遼東の地勢潤にして、直北の春心遅し、帝国万年の業、風雲正に此の時なり[1]。

（1） 遼東地勢潤，直北春心遅，帝国萬年業　風雲正此時。：漢詩風に記した。

18日 水曜。曇り。営口、大連。

七時三十分から満鉄会社所有のランチ〔大型ボート〕で見物に出かける。

午前十一時三十分に営口発。午後七時、大連着。遼東ホテルに投宿。大連は近代的な都市である。通りは手入れが行き届き、外灯も完備している。

19日 木曜。すばらしい天気。大連。

午前八時から市内見物に出かける。電気庭園（Electric garden）その他。現在建設中の、大連湾に面した星浦の公園は、将来、極東でも有数の夏の避暑地になりそうである。朝鮮銀行が私たちのために園遊会を催してくれる。スクラントン博士[1]および日本YMCAの森瀬氏〔未詳〕に会う。

午後、更に市内見物。午後六時、大連の官民によって催された大和ホテルでの晩餐会に出席。

（1） Dr. Scranton：梨花学堂創立者スクラントン夫人（M. F. Scranton）の息子W. B. Scranton。母親の死後（一九〇八）、朝鮮での布教を断念し一時、中国に渡ったがその後さらに日本に渡り医師としての仕事を続け一九二二年に神戸で死去。

20日 金曜。すばらしい天気。

埠頭と油房[1]を訪れる。満鉄によって催された大和ホテルでの昼食会に出る。バターはないが、シャンペン付き。必需品よりまずは贅沢！

好意を以て我々を迎えてくれた主な役所を表敬訪問する。次いで私一人で森瀬氏をYMCAに訪ねる。スクラントン氏夫妻を訪ねて楽しい一時を過ごす。夫人は数年前と変わらずチャーミングだった。

午後六時、満鉄の招きにより扇芳楼に行く。お決まりの日本式料理。とても上品ではあるがウンザリ。食欲はさっぱり。しかし接待側の好意には感謝。大日本劇場においてとても優雅であるが子供じみた余興。

（1）「満州でとれる大豆を利用して油を作る工場」、の意味らしい。

21日　土曜。すばらしい天気。

午前七時三十分、旅順をめざして大連を発つ。午前九時二十分、旅順着。直ちに馬車で白玉山を目指す。日露戦で有名になった名所を全部見てまわる。日本人は旅順港をすっかり魅力的な街に変えてしまった。表忠碑の立てられた山の麓に杜《と》鵑花《けんか》の木〔サツキ〕があった。それを見て私は次の詩を思い出した。昔年忠血赤　今日野花紅　海碧山依舊　旭旗鎮極東

三十五年前に同人社で共に学んだ同窓生、白須氏[1]に会う。もちろん、氏は私の名前だけは覚えていてくれて、とても懐かしがってくれた。

午後六時、大連に帰る。致昭、李康赫とともに日本YMCAで夕食をとり、午後十時、湯崗子[2]をめざして大連を発つ。

（1）Mr. 白圖（→須）：デジタルライブラリーで訂正。「白須」にほぼ間違いないが、同定はできず。

（2） 湯崗子：鞍山市のこと。湯崗子温泉は、熊岳城温泉、五龍背温泉とともに満州三温泉地の一つ。

22日　日曜。風埃がひどい。

比較的、のんびり過ごす。大石橋で朝食。午前九時三十分、湯崗子温泉に到着。すばらしい朝。和風のすばらしいホテルとすてきな温泉。

日本人、万歳！　満州における鉄道沿線の至る所で日本人が成し遂げた壮大な業績と成果は全ての人々から称讃を勝ち取った。やや寒かった。風が強く、埃っぽい。

23日　月曜。すばらしい天気。

午前二時、起床。午後三時五分、ハルビンをめざす。午後十一時五十分、ハルビン着。常盤屋に直行。

24日　火曜。すばらしい天気。ハルビン。

午前九時からハルビン周辺を見物してまわる。石畳の通りは土埃と馬糞の粉塵で満ち溢れ、無神経な中国人御者、それに輪をかけて無神経なロシア人御者。しかし女たちはみな美しい。

五時から公会堂で歓迎会。歓迎会が終わると、私と他の部長たちは満鉄と朝銀が準備した祭典に招待された。行く先々の通りで目にする淫らな光景はロシア文明の低級さをますます印象づける。ハルビンには電気会社がない。水道設備、下水設備もない。

25日　水曜。すばらしい天気。

午後一時三十分、長春に向けハルビンを発つ。駅で心のこもった見送りを受ける。午後十時三十分、長春着。名古屋に投宿。立派な和風ホテル。

以前、ソウルに何年か暮らしていたことのある〝まさく〟[1]という芸者に会う。容姿も素振りもとても可愛らしい娘[2]。朝鮮人の客に会いたいのでわざわざ接待を買ってでたという。

（1）まさき久：芸者に言われたとおりに書いたものか。

（2）A very charming girl <u>in perl</u>（→削除）in person and manner.：下線部ミスは写真版で確認済み。

26日　木曜。ひどい風埃。曇り。

午後八時、我々一行は駆け足で市内見物をする。長春の官民が主催した大和ホテルでの歓迎会に出席。駅で飲んだ一杯のコーヒーがとても美味しかった。午後七時三十分に長春発。常盤屋に投宿[1]。総領事の赤塚氏[2]を訪ねる。氏は、朝鮮人は満州開拓に最適だと言う。

（1）長春を出てどこに到着したか書いていないが、「総領事の赤塚氏」とは奉天総領事赤塚正助であるから奉天に到着したことが分かる。

（2）総領事赤塚氏：赤塚正助（一八七二〜一九四二）の奉天総領事在任期間は一九一七〜一九二三年。

27日　金曜。曇り。午前中、初めのうち雨。

午前五時三十分、起床。洪正求とともに城門内[1]に行き、妻への土産として指輪とハンカチ数枚を買う。午前十時四十分、撫順に向けて奉天を発つ。子京は北京に向け奉天を発つ[2]。

撫順炭坑は今から六百年前に朝鮮人によって発見され採掘されてきたものだと言われている。焼き物等の発掘物によりそのことが証明される。清朝になってから皇帝陵の龍脈[3]を保存するため炭坑は閉鎖された。

午後□時[4]、五龍背[5]に向け奉天を発つ。

（1）inside of the city gate：奉天市を囲む城門の内側。

（2）子京 left 奉天 for 北京.：写真版もこの通り。「子京」とは人名か。でないとすれば、全く意味不明。

（3）龍脈：風水地理で、山の精気が流れていると言われる山脈。

（4）at ＿ p.m.：下線部は空白。

（5）五龍塔（→背）：次の二十八日に、「五龍背温泉着」とある所からすると遼寧省振安区五龍背鎮にある「五龍背温泉」のことと思われる。

28日　土曜。風あり、曇り、寒。五龍背[1]。

五時五十分に五龍背温泉着。温泉を楽しむ。正午より園遊会。万歳三唱、記念写真撮影、盛り沢山。団体の大半は午後三時の列車で五龍背を発ち、安東を目指す。車中で一休み。

松花江上見西見[2]　喜雨瀋陽柳色新
一夜遼東七百里　五龍泉水洗征塵

（1）五龍塔（→背）：傍線部の誤りは写真版で確認済み。本文の「五龍塔温泉（→五龍背温泉）」も同じ。

（2）松花江上見北（→西）見：傍線部は少なくとも「北」ではなさそうである。

29日　日曜。すばらしい天気。

午前五時四十分、五龍背を発って松都〔開城〕を目指す。五龍背で韓英書院の卒業生の林舜喆に会う。彼は安東に住んで三年になるという。また、日本人の役人はあらゆる保護を朝鮮人にも適用してくれるという。朝鮮人が中国人と争いになった場合には必ず、日本の役人は朝鮮人の味方になってくれ、朝鮮人の利害が三〇〇円に達するような場合には兵隊まで出動させてくれるという。しばらく前には、二八〇〇円の利害がからむ朝鮮人の訴訟に日本領事館は八千円も出費してくれたという。

鴨緑江を渡る時、「風塵一萬里　花柳三春時　高麗山河色　古今不盡」の詩を作る。午後五時三十分、松都着。母、妻、そして子供たちは皆元気。

30日　月曜。すばらしい天気。涼。

精根尽き果てた感じ。大地も山もさながら絵に描いたようだ。

午後五時五十分、ソウルに向け松都を発つ。午後七時三十分、ソウル着。

五月

1日　火曜。すばらしい天気、涼。

例の如くYMCA。丹羽氏が合衆国に発つ。午後六時、永野警視を訪ねる。

2日　水曜。すばらしい天気、涼。

例の如くYMCA。岡本警部、橋本清、および申勝熙〔ともに鍾路署警部〕をパゴダ食堂に招いて昼食をご馳走する。午後二時三十分、十五人委員会がアヴィソン博士の家で開かれる。今朝、方斗煥、邊壎、李炳三が東京に向けソウルを発つ。

3日　木曜。すばらしい天気、涼。

例の如くYMCA。従弟の致昭が北京から帰る。阿部と山縣五十雄を訪ねる。

連盟の職員たちにより餞別会が催され、茶菓と銀の匙六本が贈られる。(1)

（1）餞別會, 茶菓 and present of 1/2 doz. silver spoons by the 職員 of the association.：“the association”は「YMCA朝鮮連合」のこと。この先、七日に帰国するブロックマンのための餞別会であろう。

4日　金曜。雨。

例の如くＹＭＣＡ。午後三時、アヴィソン博士の家で評議委員会（Board of Trustees）が開かれる。午後九時二十分、ジレット夫人がソウル着。

白副尉〔白雲澥：農園舎音〕が果川〔農園所在地〕から帰る。

5日　土曜。雨。

例の如くＹＭＣＡ。白雲澥が松都〔白雲澥自宅所在地〕に帰る。一日中、雨。街路は泥濘状態。

6日　日曜。降ったり止んだり。

宗橋礼拝堂。朝の礼拝。グレッグ氏の家で昼食。同席者はブロックマン夫妻、ルーカス夫人、[1] ジレット夫人、および私。

福音会の後、丈母〔義母〕を訪ね、洪議官〔洪忠鉉〕とその息子に会う。洪議官は、金一善の代わりに彼の息子をＹＭＣＡに就職させるよう！要求する。たしか洪の弟は〝放蕩者〟[2] で有名だった。まったく洪は変な要求をする男だ！

（1）Mrs. Lucas：夫のA. E. Lucasは一九一六年一月にグレッグ（朝鮮Y工業部職員）が賜暇休暇で帰国した代わりに臨時に雇われた人物であるが、グレッグ復帰後も三年間継続勤務することになった。『韓国キリスト教青年会運動史』二〇四頁を参照。

（2）*Nambong*：Nambongは韓国語「난봉」（日本語の「乱暴」から来たもの）の英語表記。「放蕩生活」の意。

7日　月曜。晴れ、涼。

ブロックマン夫人を訪ねて小さな銀製の花瓶を贈る。ジレット氏が今朝、ソウルに着いたという噂を聞く。ブロックマン氏が午後七時五十分の列車でソウルを発った。彼を見送ることができなかった。

8日　火曜。曇り、涼。

例の如くYMCA。正午、ファミリーホテルでジレット氏を饗応する。出席者は申興雨、宋彦用、金貞植、白象奎、金一善、李康赫、陸定洙[1]、呉兢善、および私。昼食後、写真撮影をする。

（1）陸完洙（→定洙）：傍線部は写真版で訂正。

9日　水曜。うららかな一日。午後は涼し。

例の如くYMCA。午後三時、ジレット氏が会館にやって来る。金貞植とお茶を飲む。金貞植氏によれば、朴□□氏[1]がある不品行を理由に組合教会を除名されたという。

朴宗桓博士[2]の訪問に対して答礼訪問をする。博士は天道教人である。

（1）Mr. 朴……：デジタルライブラリーで見たが解読できない。

（2）朴宗桓（一八七八〜?）は千葉医学専門学校卒。一九〇五年に帰国して安商浩の推薦に依り宮内部専門医に任命されるが一九〇九年十二月の李完用暗殺事未遂件に連座して翌年三月、同職を解雇される。一九一三年に天道教付属病院設立計画が発表されるに伴って院長に任命される。

10日　木曜。午前曇り、涼。

例の如くYMCA。午前八時、ジレット氏を見送るために駅に行く。

午後五時、満州視察団[1]のために市民（?）が開いてくれた園遊会に出席するため翠雲亭[2]に行く。

これまで二十三年間、日本で宣教師として働いてきたヴァンダービルト卒業生のヘイガー氏が訪ねてくる。結婚してヘイドン夫人となったかつてのミス・ジェニー・コーンウォール(3)が最近、死んだことを彼から知る。

(1) 本年四月十五〜同二十八日を参照。
(2) Mr. Hager：米国南メソジスト宣教師 S. E. Hager と思われる。
(3) Mrs. Haden, formerly Miss Jennie Cornwel (→Cornwall)：下線部はデジタルライブラリーで Cornwall と解読できる。ヴァンダービルト時代の尹致昊の知人 Miss Florence Cornwall については第二巻一八九一年五月四日を参照。Haden は米国南メソジスト宣教師 T. H. Haden であろう。彼については同じく一八九二年二月七日を参照。

11日 金曜。曇り、涼。

例の如くYMCA。ヘイガー氏に会うためにヒッチ氏(1)の家に行く。留守で家に入ることができなかったため、ハーディー夫人の所に行って、彼が既に松都に行ってしまったことを知る。駅まで行ってみたが二、三分遅かった。

頭本氏(2)が訪ねて来る。彼はかつて伊藤侯(3)の右腕だった人物である。韓相龍氏が中国に関する講演を行う。会場は溢れんばかりの盛況。

(1) Mr. Hitch：James Wood Hitch (1880-?) は一九〇七年に来韓した米国南メソジスト宣教師。一九二七年まで安辺、元山、春川、ソウル等で活動。
(2) Mr. 湯本 Zumoto：「湯」の字はデジタルライブラリーでも「湯」と読める。しかし文脈からして「頭本」であることは明らか。頭本元貞（ずもと・もとさだ）は Japan Times の創設者。伊藤博文の秘書官だった。

（3） prince Ito：本来なら "Duke" を用いるべきであるが、伊藤博文と近衛文麿などは英米マスコミにより習慣的に "Prince" を付されたという。また魚潭によれば、「伊藤統監は〔英親王の〕太子大師に任ぜられ、且親王の殊遇を授けられて殿下の尊称をも許されたのである」という。市川正明編『日韓外交史料第10　魚潭少将回顧録・在韓苦心録・金亨燮大佐回顧録』（原書房、一九八一）一〇八頁を参照。

12日　土曜。にわか雨の多い一日、涼。

例の如くYMCA。F・M・ブロックマンおよび神戸のヘイドン師[1]に手紙を書く。

（1） Rev. Hadie (→Haden) of Kobe：下線部はデジタルライブラリーで訂正。そもそもハーディー博士は神戸などにいない。二日前の五月十日にヘイドン夫人の死を聞いたので弔問の手紙を認めたのであろう。

13日　日曜。曇り、涼。

宗橋礼拝堂朝の礼拝、例の如し。洪秉璇が、李承晩の妻は彼が服役中も貞節を守り通し、また年老いた義父に対しても嫁として立派に義理を果たしたにもかかわらず、李は彼女を離縁したと言って非難した[1]。李博士が彼の妻を離縁したという事実はない。それに彼女を別居させておく十分な理由もあった。私は洪はチト厳しすぎると思う。

崔在学[2]を訪ねるも不在。満州視察旅行中に知り合いになった青年・金孝演を訪ねる。

（1） 洪秉璇 denounced 李承晩 from (→for) having devorced (→divorced) a wife who ...：下線部は写真版により訂正。洪秉璇（一八八八～一九六七）は、一九一一年に同志社大学神学部を卒業し、帰国後は漢陽基督教会伝道師、普成専門教師、ピアソン記念聖教学校教授、培花女学校教師等を歴任し二五年に牧師按手礼を受けYMCA農村部の幹事となる。ここでいう李承晩の妻というのは勿論、フランチェスカ夫人と結婚する以前の朝鮮人妻のことであろう。

（2）Choi Jai Hak：尚洞教会会員。日韓保護条約締結に際して戴斧上訴した人物。『実録』光武九年十一月二十七日に「草莽臣崔在学疏略」がある。金九『白凡逸志』（平凡社東洋文庫、一九七三）一五九頁を参照。

14日　月曜。すばらしい天気、涼。

例の如くYMCA。

15日　火曜。うららかな一日、涼。

例の如くYMCA。

16日　水曜。すばらしい天気。

例の如くYMCA。正午、培花学校にメアリ・アッピ〔三女文姫〕と善姫〔異母弟致旺の長女〕が勉強する姿を見学に行く。メアリは元気がなかった。学校は一年前に比べて施設の面でも教育の面でもよくなっていた[1]。校庭の前にある小さな排水溝はひどい。汚らしく隙間があいていて、中には汚い水が見える。一日に何回となくそれを目にするはずの米国人女性教師たちはなぜ放っておいたままにして、きれいに掃除しようとはしないのだろうか？

（1）The school is better in furnishing and instruction <u>that</u>（→ than）it was a year ago.

17日　木曜。すばらしい天気。

例の如くYMCA。李鍾元〔尹家舎音〕が森林調査のため楊州に向けて出発。

18日　金曜。すばらしい天気。

例の如くYMCA。午前十一時、ホッブズ氏と李康赫が邊〔邊壎〕の一件[1]を調査するために会合を持つ。邊は着服した五円三〇銭を返すことに同意した。

任晃淳が満州についてお話しする。

（1）邊壎がYMCAの金品をちょろまかした事件。本年一月二日を参照。

19日　土曜。すばらしい天気。

例の如くYMCA。午後八時、活動写真の夕べ。沢山の見学者。

九時、F・M・ブロックマン氏が東京で会った人物で、明日、YMCAでお話をしてくれるよう依頼してあったチャン・ポリン(1)という中国人を出迎えに駅に行ったが、彼は現れなかった。

（1）Mr. Chang Poling：写真版も同じであるが、次の二十日に、「張伯基」という漢字書きで二度にわたり登場する人物のことであるから、本来ならChang Bojiである。しかし本人が米国風にChang Polingとした可能性もある。

20日　日曜。すばらしい天気、暖。

午前八時、張伯基《チャンボチ》氏を迎えに駅に行く。彼は来た。背が高く、英語が流暢な人物だった。グレッグ氏が彼の世話をしてくれることになった。

宗橋礼拝堂例の如し。午後二時三十分、ピアソン記念連合聖教学院(1)に行き、その献堂式〔落成式〕に参列する。カーチス氏（Mr. Curtis）が演説し、私がその通訳をする。話が長すぎた。

四時、張伯基がYMCA福音会で話をする。私が通訳。話の要旨は、彼はキリストを信じるようになってから楽天家になったというもの。私の従兄弟二人が彼をパゴダ公園に案内してお茶でもてなす。李商在、兪星濬、および私が同行。

（1）Pierson Memorial Bible School：韓国におけるプロテスタント普及に貢献したArthur T. Pierson（1837-

1911）を記念して設立されたミッションスクール。現在の平澤大学の前身。

21日　月曜。すばらしい天気。

早朝、小雨。例の如くＹＭＣＡ。今朝、ハーディー博士が訪ねてきて、私に六月の地方会[1]で話をするようにと言う。

（1）the District Meeting.：ＹＭＣＡの天安地方会のことらしい。三日後の二十四日の漢字表記を参照。

22日　火曜。すばらしい天気。

例の如くＹＭＣＡ。午後八時、宗教部委員会。定足数に足らず。

23日　水曜。すばらしい天気。

例の如くＹＭＣＡ。午後二時、慶会楼で開かれた間島視察団歓迎会に出席。三円。

午後六時三十分、ソウル市内の数名のキリスト教徒で、視察団をＹＭＣＡにおいて接待する。当局あるいは視察団を管理している役人たちは、キリスト教徒側が視察団に対して友好の意思表示をすることに対しては不快の態度を以て対処することに決めてしまったらしい。

24日　木曜。すばらしい天気。

例の如くＹＭＣＡ。公州のウィリアムズ師[1]に今月三十日に開かれる天安地方会（天安地方會）に出席する旨の手紙を書く。天安のアン・チャンホ師[2]にも手紙。

尹迥求[3]、尹宗善、尹泰善、尹鎰栄[4]がやって来て、譜所義捐金のことについて話しあう。

午後八時三十分、間島の曺喜林氏が間島に関して興味深いお話をする。会場は満員。

覚皇寺で催された魚允中追悼会[5]に出席。北間島視察団が出席。

（1）Rev. Williams of 公州：Frank E. C. Williams（1883-1962）は一九〇六年に来韓したメソジスト（北）宣教師。一九四〇年まで公州で活動。
（2）Rev. An Chang Ho of 天安：興士団の「安昌浩」とは別人。
（3）尹廻求（→迥求）：写真版で確認済み。
（4）「譜所」は族譜を作成するために臨時に設けた事務所（本巻一九一六年十月三日を参照）。「義捐金」については翌二十五日を参照。
（5）魚允中は俄館播遷が発生した一八九六年二月十一日の数日後に龍仁で国王派により惨殺された。

25日　金曜。すばらしい天気。

例の如くＹＭＣＡ。海老名[1]を出迎えるために駅に行く。海老名は来なかった。尹泰善に手紙を書くとともに先親〔父雄烈〕にかかわる義捐金の決算書を送る。

（1）海老名：日本組合教会の重鎮・海老名弾正。

26日　土曜。すばらしい天気。

例の如くＹＭＣＡ。海老名博士を京城ホテルに訪ねる。

27日　日曜。すばらしい天気。

例の如くＹＭＣＡ。宗橋礼拝堂の朝の礼拝、例の如し。

28日　月曜。すばらしい天気、暖。

例の如くＹＭＣＡ。渡辺旅館に中国成都の楊および鄧の両氏を訪ねる。

十二時、清涼寺に行く。昼食を食べる。母、妻、その他も同行。

29日　火曜。すばらしい天気。

例の如くYMCA。午後六時、松本雅太郎氏[1]が海老名氏のために京城ホテルで催した歓迎会に出席。京城ホテルから明月館に移動して、松井〔前鍾路署署長松井信助〕、小野警視を接待する。

（1）松本雅太郎氏：一八七五年、熊本生まれ。東京法学院を卒業したのち、国民新聞社社員を経て、一九〇五年末に渡韓して京城日報社の営業部長となる。併合前後に朝鮮政府および朝鮮総督府に奉職した後辞職。財団法人淑明女学校幹事となり、一九二一年現在に至る（『京城名鑑』）。熊本バンドに関係した日本組合教会系のキリスト教徒らしい。

30日　水曜。すばらしい天気、暑。

午前六時、起床。地方会に出席するため八時二十分の列車で天安に向けソウル発。ウェルチ師（Bishop Welch）、ケイブル博士（Dr. Cable）、テイラー（Tailor）、ウィリアムズの両氏が出席。愛らしいミス・ベア[1]の存在は会議の雰囲気を優雅にしてくれた。

天安郡守の黄祐鵬《ホアンユエン》氏は私が天安郡守をしている頃〔一九〇三年〕には外部主事だった。彼は駅まで私を出迎えに来てくれた。午後二時三十分、会議でお話をする。

妹〔天安に住む実妹金在極夫人〕を訪ねる。六時三十分の列車でソウルに帰ったが、同じ列車にアンダーウッド夫人とその息子と嫁が乗っていた。アンダーウッド一家を迎えるために駅には山のような人々がいた。

（1）Miss Bair：Blanche Rose Bair（1888-1938）は一九一三年に来韓したメソジスト（北）女性宣教師。一九三八年まで海州・公州・ソウルで活動。

31日　木曜。すばらしい天気、暑。

安在鴻が辞表を送ってきた。[1] 慈善興行の活動写真『ジギー・ボーイズ（Jiggie boys）』は映画そのものに関する限り全くの駄作。夜は曇り。

（1）安在鴻：前年十二月にYMCAの職員として採用したが、Yの公金を横領して謝罪してカネを返すと約束したが返さなかった。本年一月三日、二月一日を参照。

六月

1日　金曜。曇り、晴れ。

例の如くYMCA。ヘンリー・アッペンツェラーが帰ってくるのを出迎えるため駅に行く。[1]

（1）Henry D. Appenzeller は一八八九年に父 H. G. Appenzeller と母 Ella Jane（Dodge）Appenzeller の間にソウルで生まれる。一九〇二年に母とその娘アリス、息子ヘンリーは賜暇休暇で米国に帰った。その間に父は船の遭難事故で一九〇二年に朝鮮で死亡。母は朝鮮に戻らなかったがアリスは一九一五年に、ヘンリーは一九一七年に朝鮮に戻り、アリスは梨花学堂で、ヘンリーは培材学堂で活動する。

2日　土曜。曇り、涼。

例の如くYMCA。バレーボール大会。

3日　日曜。すばらしい天気。

宗橋礼拝堂での礼拝、例の如し。ピアソン記念連合聖教学院での海老名の講演を聞きに行く。氏は英語でそのキリスト教体験を述べた。とても良かった。彼の言ったことの中で次のことは記憶するに値する。「キリスト教徒の人生は諸処転々とする巡礼者のそれではなく、征服の一生である」[1]。

（1）"The Christian life is not a life of pilgrimage, wandering from one place to another, but it is a life of conquest.":「征服の一生（a life of conquest)」とは新たなるキリスト教徒を獲得し、世界をキリスト教により教化すること。

4日　月曜。すばらしい天気。

例の如くＹＭＣＡ。赤ん坊〔四女恩姫〕が病気。困ったことは、妻が、赤ん坊の食事・着せるモノ・睡眠等についてもう少し気を配るように努力してくれればいいのだが、全然そんな様子がうかがえないことだ。私が注意すると、彼女はすぐにこう言う、「外国人は外国人、朝鮮人は朝鮮人よ！」。そう言われてしまうと私はもう何も言えなくなってしまう。彼女は他人から学んで、より賢くなろうとはしない。また、彼女が子供だった頃に学んだことを決して改めようとはしない。たとえそれが、どんなに悪いことであろうとも。

午後五時二十分に年会が開かれる。上々の出席率。張斗徹・金元璧一派が邊壎の不正問題を持ちだして無駄に時間を費やさせた。来週の月曜日に再開することにして年会は休会に入る。この連中の背後には李商在と金一善がいる。

5日　火曜。すばらしい天気。

例の如くＹＭＣＡ。赤ん坊の病気は相変わらず。

6日　水曜。すばらしい天気。日中、暑。

例の如くＹＭＣＡ。ＹＭＣＡの喫茶室に準備された夕食会において全州の鄭根、金弼秀[1]、金貞植を接待する。

（1）金弼香（→弼秀）：傍線部は写真版で訂正。本年四月五日および同四月九日を参照。

7日　木曜。暑、一時曇り。

例の如くＹＭＣＡ。宋憲樹[1]に手紙を出す。

（1）宋憲樹：本年三月十四日に「宋憲澍（ソン・ホンジュ）に手紙を書く」とあったその宋憲澍と同一人物。「宋憲樹（ソン・ホンス）」、「宋憲澍（ソン・ホンジュ）」、いずれとも称した。

8日　金曜。すばらしい天気。

例の如くＹＭＣＡ。

9日　土曜。すばらしい天気。

学生部の宗教委員会が夏季休暇中に行われる伝道旅行のために音楽会を催す。

10日　日曜。すばらしい天気。

体全体がだるい。午前中ずっと寝ていた。救世軍が福音会を主催する。

11日　月曜。曇り。

雨が欲しい、だがその気配は全然ない。

朴（處衆）氏[1]と李魯翊《イノイク》氏の仲介により張斗徹・金元璧・盧俊澤《ノジュンテク》と話し合いの場を持ち、ＹＭＣＡにおける私の立場と政策を説明する。彼らはみな口を揃えて言った。私の態度や政策に文句を言っているのではない、ただ、なぜ私が会員の大部分を敵にまわしてまで、邊壎をそんなに依怙贔屓するのか分からない、私がその点さえ引っ込めれば、彼らも一切反対するのを止めると。私は邊の一件はすでに理事会の判断に委ねた以上、私には邊をどうする権利もないこと、そして邊の一件に関しては理事会に問題の再考を提訴すべきであることを言った。

四時三十分、年会が開かれる。理事たちは……。[2] スター博士[3]が会場一杯の聴衆に向かって「生きる時」という題で説教する。梨花学堂の家でアッペンツェラーに会う。[4]

（1）Mr. Pak (□□)：デジタルライブラリーで見ると"□□"は「處衆」と読めるが同定できず。

（2）Directors ……：デジタルライブラリーで見ると …… の部分は、cleated record & carried と読めそうだが、意味が分からない。

（3）一九一六年二月八日の訳注を参照。

（4）The Annual meeting met at 4:30. Directors …… Dr. Starr gave a lecture to the crowded house on the subject "The time to live in" at home. At 梨花学堂 to meet Mr. Appenzellers (→ At home at 梨花学堂 to meet Appenzellers)：デジタルライブラリーで見るとこの後、さらに次のような文が続いている。I said if I would yield that much to the wished of the members they would withdraw all oppositions. さらに翌十日の欄外に続いているように思われるが、そこまではとても解読できるような状態ではない。

12日　火曜。曇り。

例の如くＹＭＣＡ。時折、小雨がパラつく。

13日　水曜。すばらしい天気。

例の如くＹＭＣＡ。午後二時、兪星濬氏の娘の結婚式に出るために蓮洞教会〔長老教〕に行く。伝統的な韓国の結婚衣裳が用いられる。新郎は昔宮廷で用いられた衣裳。これはいただけなかった。

李康浩氏が学生の規律問題に関して李商在氏と対立して辞めてしまった。

14日 木曜。とても暖かかった。

例の如くYMCA。午後八時三十分、崔在煥氏が南洋群島および濠州の概況について話をする。眠くてほとんど何も聞いていなかった。

15日 金曜。とても暑かった。

例の如くYMCA。水標橋教会〔パゴダ公園の南、清渓川縁にある〕で南監理京城地方会が催される。午後四時三十分、朝鮮ホテルで開かれた祝賀会に出席。延禧専門学校(Chosen Christian College)およびセブランス医学専門学校(Union Medical College)の合同幹事会を開催。クラム師とファミリーホテルで夕食。

午後八時三十分、水標橋教会で「悲観主義と楽観主義」と題してお話しする。とても疲れた。

16日 土曜。蒸し暑い一日。

例の如くYMCA。午後四時、グレッグ氏の家で理事会を開く。

17日 日曜。晴れ、暑。

水標橋教会で話をする。

18日 月曜。曇り、暖。

例の如くYMCA。夜、労働学校を訪問する。とても疲れた。小雨。

19日 火曜。曇り、暖。

再び東または西の風。例の如くYMCA。白副尉に手紙を書いて、新しく買った土地のことで牙山に行くよう依頼する。

20日　水曜。曇り、晴れ。暑。

例の如くYMCA。午前九時、文姫を明治町二五の中村安子歯科医師に連れて行く。六時三十分、妻および妹〔sister：実妹〕とともに大正館〔ソウル桜井町一丁目〕に文明活動写真を見に行く。がっかりした。キリストの霊がフェルディナンド伯爵（Count Ferdinand）となって現れるというだけでこの活動写真のリアリティーは吹っ飛んでしまった。

21日　木曜。とても暑かった。

例の如くYMCA。午後五時に金麟、呉兢善、宋彦用を訪ねる。

午後六時三十分、金貞植氏が女性の聴衆に「家庭と社会」と題して演説する。白副尉が今夜やってくる。

22日　金曜。すばらしい天気、暑。

例の如くYMCA。

23日　土曜。とても暑かった。

例の如くYMCA。

24日　日曜。曇り、湿度高し。

昨夜はろくに眠れなかった。朝食後、〔松都の〕クラム氏に会いに行く。

開和館[1]に山縣悌三郎および太田代氏[2]を訪ねる。今日の午後、二人をお茶に招待する。

北部礼拝堂で礼拝。クラム氏の家で昼食。とても美味しいコーヒーを二杯いただく。クラム夫人は主婦としてすばらしい。ク氏との話の中で、私が刑務所の中で持った宗教的な経験について話す。
午後四時、山縣、太田代、佐村、および梁柱三をお茶に招待する。楽しんでくれた様子。午後六時頃、梁氏と私を残して日本の友人たちは帰っていった。そこで私たち二人は、朝鮮の教会の現状やら、朝鮮人活動家と宣教師との関係について話し合う。

（1）　開和館：松都（開城）の西本町通りにあった旅館。本巻一九一六年六月十八日の訳注を参照。

（2）　『現代史資料26』四五九頁上段に、「小田代氏（開城耶蘇学校教師）」とあり。すぐあとに出てくる「北部礼拝堂」は松都（開城）の教会であるから、恐らく昨日、ソウルから松都に来たらしい。また下段に出てくる「佐村」は松都にある韓英書院の日本人教師佐村信平であることを考えると、この「太田代」は『現代史資料』にある「小田代氏（開城耶蘇学校教師）」にまちがいなかろう。

25日　月曜。曇り、湿度高し。
午前中早く、少し雨が降る。午前十一時五十八分の列車で松都を後にする。午後二時二十分、ソウル着。列車の中で読書に夢中になりすぎたために左目が痛い。午後四時、ＹＭＣＡ。午後八時二十分、社交部、および会友部委員会。

26日　火曜。曇り、湿度高し。
例の如くＹＭＣＡ。

27日　水曜。曇り、湿度高し。
例の如くＹＭＣＡ。

28日　木曜。雨、湿度高し。

例の如くYMCA。

29日　金曜。晴れ、暑。

例の如くYMCA。

30日　土曜。晴れ、暑。

例の如くYMCA。アレンに手紙を書く。

内洞の新しい水田に関する李鍾涴[1]との売買契約をまとめるため、成楽春が来る。お釣り二六〇〇円を李鍾涴に支払う。

（1）李鍾涴：「涴」は人名に用いられる時は〝원（ウォン）〟と発音すると『東亜漢韓大辞典』にあることからすると任実にある尹家の農園管理人を務める「李鍾元」と発音は同じである。おそらく両者は同一人物と思われる。

七月

1日　日曜。すばらしい天気、暑。

宗橋礼拝堂礼拝、例の如し。午後、漢陽教会〔日本組合教会〕がYMCAにおいて福音会を催す。

六時二十分、エディ[1]の集会の準備のために中国入りするイェール大学のブックマン、ゴウルド、デイ、シェリー[2]の諸氏を朝鮮ホテルに訪ねる[3]。別れに際して、彼らの部屋でお祈りを捧げる。

（1）Eddy's meeting：Eddy はイェール大学卒で米国YMCA書記（Secretary）の George Sherwood Eddy (1871–1963) のこと。日本、朝鮮、中国、インド、中東、ロシア等の青年の指導のために活動する。今回は中国で彼を囲む集会があるようである。朝鮮には一九一八年五月に訪れている。本巻一九一八年五月二十四日&二十六日を参照。

（2）Messrs. Buckman（→Buchman）, Gould, Day, Sherry：下線部の誤りは尹致昊自身による。Buchman および Day は本巻、一九一八年五月二十三日に再び登場する。この両者については同所の訳注を参照。さらに Buchman が一九三八年から開始した「倫理再武装運動（the Moral Rearmament Movement）」に対する尹致昊の批判が第十一巻、一九四〇年三月十四日に記されている。Sherry については未詳。

（3）Messrs. … Sherry the Yalemen who are going（ここに to を補う）China to prepare for Eddy's meeting called（→meeting. Called）on them at the 朝鮮ホテル at 6:20.：下線部は写真版により訂正。

2日　月曜。曇り、湿度高し。

例の如くＹＭＣＡ。

3日　火曜。曇り、湿度高し。

例の如くＹＭＣＡ。午後四時まで時々にわか雨。次いで三時間ほど本格的な恵みの雨。待ち焦がれていた雨。神に感謝。

4日　水曜。曇り、湿度高し。

例の如くＹＭＣＡ。今朝、駅まで行ったがミス・ガートルード・ハーディー[1]に会えなかった。

（1）Miss Gertrude Hardie：R. A. Hardie の四女、Gertrude Abigail Hardie。

5日　木曜。晴れ、暑。

例の如くＹＭＣＡ。

6日　金曜。晴れ、暑。
例の如くYMCA。午前中、培花学堂の終業式。
7日　土曜。晴れ、暑。
例の如くYMCA。崔在煥と話をする。ルーカス氏〔Mr. Lucas：本年五月六日の訳注参照〕から話のあった仕事を引き受けて、その信頼性と能力と勤勉さをル氏に分かってもらうようにしたらどうかと助言する。
8日　日曜。晴れ、極めて暑し。
午前中は涼しく、日中は暑かった。宗橋礼拝堂例の如し。
9日　月曜。晴れ、極めて暑し。
例の如くYMCA。
10日　火曜。雨。
例の如くYMCA。
11日　水曜。一日雨。
例の如くYMCA。赤ん坊〔四女恩姫〕が耳を痛がるので朴容男医師(1)に治療してもらう。一日中、雨。
（1）Dr. 朴容男：朴容男は茶屋町五番地に「共愛医院」を開業する耳鼻科医。小説家・朴泰遠の『川辺の風景』を日本語に翻訳（作品社、二〇〇五）した牧瀬暁子氏の御教示によれば、朴容男医師は朴泰遠（茶屋町七番地居住）の叔父に当たるという。
12日　木曜。晴れ、涼。

例の如くＹＭＣＡ。グレッグ氏が元山に発つ。

13日　金曜。曇り、湿度高し。

例の如くＹＭＣＡ。午後四時、ソウルの教会指導者たちが、日本の日曜学校の関係者である三戸氏[1]のためにお茶会を開く。午後八時三十分、三戸氏が日曜学校の仕事について講演。

（1）Mr. 三戸, the Japanese Sunday School man：三戸吉太郎（みと・きちたろう：一八六六〜一九二五）。一八八七年にウォルター・R・ランバスから受洗、日本日曜学校協会幹事。参考として『関西学院史紀要』第18号（二〇一二）に聖和短期大学教授の小見のぞみ氏による、「シリーズ　関西学院の人びと　二〇　三戸吉太郎」がある。

14日　土曜。曇り、暑。

例の如くＹＭＣＡ。

15日　日曜。晴れ、暑。

宗橋礼拝堂例の如し。四時に福音会、例の如し。

午後五時、多くの教会の子供たちが講堂に集まる。楽しいゲーム、歌等々。三戸氏のスピーチがすばらしかった。

16日　月曜。晴れ、極めて暑し。

例の如くＹＭＣＡ。三戸氏が別れの挨拶を言うために訪れる。

17日　火曜。晴れ、暑。

例の如くＹＭＣＡ。三戸氏が元山に向けソウルを発つ。

午後六時、宇佐美氏が私を朝鮮ホテルに招待して、現在サンフランシスコに居住する有名な日本の作家・川上〔未詳〕、およびホノルルの日本人YMCA会員である松澤[1]に引き合わせた。阿部、山縣も同席。

（1）松澤：参考として、松沢兼人（一八九八〜一九八四）もYMCAの会員であったが、年齢的に、また当時ハワイにいたということから考えると別人のように思われる。

18日 水曜。晴れ、暑。

例の如くYMCA。大講堂に鍾路夜市場の人々を集めて趙重応氏が有益な話をする。趙氏は何もしようとしない朝鮮両班の中にあって、朝鮮人のためになることならどんなことでもするし、また、することを厭わない唯一の人である[1]。

（1）Mr. Cho is the only man among the Korean nobles who does on (→or) cares to do, anything for what he regards to be the interest of the Korean people.：下線部は写真版で訂正。「趙重応」については本巻一九一六年五月九日の訳注を参照。

19日 木曜。晴れ、暑。

妻が病気になる。彼女は普段からあまりにも意地が悪いため、病気になった時でさえも誰も彼女に近寄ろうとはしない。そのひねくれた性格と口の悪さが彼女の病気の最大の原因である。彼女の生き方・人生の理想とは、一日二十四時間、ただ一方的に他人を自分に仕えさせるのみで、自分は一切なにもやらないことである。彼女はいっさい文字というものを読もうとしない。彼女の頭にある知識は古くさい無知な女たちから受け継いだほんの一握りの考えから成っている。私が悲しくなるのは、彼女が学ぼうとしないことである。彼女がいつも不幸なのは彼女が我が儘だからである。誰も彼女を愛そうとしないのは、彼女が誰も愛そうとしないからだ。

20日 金曜。晴れ、暑。

例の如くYMCA。妻はやや良くなる。赤ん坊〔四女恩姫〕がまた病気になった。それというのも、子供の食事の与え方について一切他人の助言に耳を貸そうとしない妻のせいである。

21日 土曜。晴れ、暑。

例の如くYMCA。ブロックマン氏から手紙。赤ん坊が病気。

22日 日曜。晴れ、暑。

七時三十分、奉天[1]のモラン氏[2]からブロックマン氏に電報があり、出迎えに来るようにとあったので、彼を迎えるために駅に行く。氏はペテルブルグのYMCAで働いている人物。ルート委員会[3]（the Root party）のモット氏が米国にメッセージを届けるためにモラン氏を一足先に派遣したのだ！

宗橋教会でお話をする。四時、ア博士の息子のホレイス・アンダーウッド（Horace Underwood）が赤十字について話をする。アンダーウッド老夫人も出席。朝鮮人はアンダーウッド一家の人々を心から尊敬し愛している。

（1）Mukden（→Mukden）：下線部は写真版も同じ。本年四月十六日にはMoukdenとあった。現在の瀋陽市。

（2）Mr. Moran：Hugh Anderson Moran（1881-1977）は一九一六年から一九年にかけてペテルブルグのYMCAに勤務。

（3） セオドー・ローズベルト大統領の国務長官だったエリフ・ルート（Elihu Root）は一九一五年に上院議員を辞したのち隠遁生活を送っていたが、一七年六月、ロシアに成立した革命政権との協力関係を探るべくウィルソン大統領の依頼を受けて「ルート調査委員会（Root Mission）」として革命ロシアに派遣された。その一行の中に米国YMCA運動の指導者であったジョン・モット（J. R. Mott）が含まれていた。

23日 月曜。晴れ、暑。
例の如くYMCA。モラン氏が日本に発つのを見送るために駅に行く。四時三十分、京城主日学校研究会が小礼拝堂において初めての集まりを持つ。

24日 火曜。晴れ、暑。
例の如くYMCA。

25日 水曜。晴れ、暑。
例の如くYMCA。赤ん坊、病気。

26日 木曜。晴れ、暑。
例の如くYMCA。赤ん坊、病気。午後四時、武渓洞[1]の別荘にいる母に会うために北門〔彰義門〕外に行く。
果物は一切なっていない。生活の糧のほとんどを朝鮮リンゴに頼らざるをえない北門外の村人たちは、今年の果物の不作でとても困っている。お決まりのように当局は村人たちのこういう困窮状態には無関心のようだ。ある村人が言った。「連中はわしらのためにゃあ、道も作っちゃあくれねえ。わしら自身で道を補修することさえ許しちゃくれねえ。なのに日本人のタメになるとくりゃあ、アッとい

お先まっ暗だ！」
う間に道を作る。フン、わしらが生きられるように考えてくれる者なんぞ誰もいねえ！　まったく、

（1）　武渓洞：現在の鍾路区付岩洞。

27日　金曜。晴れ、極めて暑し。
例の如くＹＭＣＡ。赤ん坊の病気、相変わらず。

28日　土曜。晴れ、暑。
例の如くＹＭＣＡ。七時三十分、海雲台〔釜山〕納涼団の出発を見送るために南大門駅に行く。従弟の致昭、致昨の二人も同行する。今夜は最高に暑い！

29日　日曜。晴れ、極めて暑し。
宗橋礼拝堂での礼拝、例の如し。昼食後、休息。
午後四時、母に会うために彰義門外に行く。夕食後、家に帰る。気分転換に外出してみたが、赤ん坊の様子は一向によくはならなかったようだ。

30日　月曜。晴れ、極めて暑し。
例の如くＹＭＣＡ。赤ん坊の病気、相変わらず。午後九時五十分、隈部氏(1)が旅順港に向け発つのを見送るために駅に行く。

（1）　Mr. 隈部：朝鮮総督府警務部長隈部親信。七月より関東憲兵隊司令官に転任となる。

31日　火曜。晴れ、極めて暑し。
例の如くＹＭＣＡ。

八月

1日　水曜。晴れ、極めて暑し。
例の如くYMCA。

2日　木曜。晴れ、極めて暑し。

例の如くYMCA。達弟と光児[1]が夏季休暇旅行で慶州および金剛山に向けて発つ。

『半島時論』の編集長竹内[2]が私を訪ねてきて、『中央号』！〔未詳〕を出したいので二五円寄付してくれ！　と言う。

七時三十分から八時三十分まで恵みの雨。だがとても十分とは言えない。家の日陰に掛けてある水銀柱は午後三時から四時の間、ほとんど華氏一〇〇度〔摂氏三七度八分〕近かった。

（1）達弟 and 光児：「達弟」は尹致昊の異母弟・尹致昌の幼名「達龍」のこと。「光児」は尹致昊の次男・光善のこと。「児」は「児童＝子供」の意。日本語でいえば「光坊」といったところか。本巻一九一六年二月十七日に、光善（幼名鳳城）のことを「鳳児」と呼んだ例がある。

（2）竹内, the editor of 半島時論：一九一〇年から一九二〇年頃にかけてソウルにおいて『新文界』、『新文世界』、『半島時論』等の雑誌を発行した竹内録之助のことであるが、この人物の詳しい経歴は分からない。近江兄弟社と関係のある人物らしく、キリスト教人だったと思われる。本巻一九一八年三月八日を参照。

3日　金曜。晴れ、極めて暑し。
例の如くYMCA。家の日陰に掛けてある寒暖計が午後三時から四時の間、華氏一〇〇度。

4日　土曜。晴れ、極めて暑し。
早朝、子供たちと一緒に彰義門外に行く。一日楽しく過ごした後、午後八時頃に家に帰る。

5日　日曜。晴れ、暑。
宗橋礼拝堂礼拝、例の如し。

6日　月曜。晴れ、極めて暑し。
午前九時十分の列車で妻と子供たちを連れて松都に向かう。午前十一時頃に松都着。我が家の周りは、青葉と涼しい木陰が今いちばんすばらしい季節。ひどい日照りのせいで川には水が一滴もない。梁柱三がやってきて世間話をしてゆく。

7日　火曜。晴れ、極めて暑し。
松都。清々しい朝。扶山洞〔松都松岳山麓にある〕を訪れる。松都の人々はこの扶山洞を大いにもてはやしているが、庭には花ひとつ植えられていない。小便用に欠けた瀬戸物が置かれている。美的な彩りを添えようとする配慮は微塵も感じられない。松都の人々にとっては、木陰に陣取って飲み食いすることだけが唯一最高の喜びである。

　梁柱三の家で夕食。午後八時頃、林英正〔未詳〕がソウルへ行く途中で梁を訪ねてきた。林は、鉱山の方はうまくいっていると言った。

8日　水曜。曇り、湿度高し。
ときおり小雨がパラつく。午後、彩霞《チェハ》洞《ドン》(1)に行ってみる。とてもすばらしい所だった。ほんのちょっと手を加えればここは朝鮮でも有数の避暑地になるだろう。こんなすばらしい土地を手に入れた朴宇鉉(2)

が羨ましい。

（1）採霞洞（→彩霞洞）：傍線部は尹致昊の誤り。「彩霞洞」は松都の高麗洞の北方に位置する村。満月台の後面、松岳山渓谷に位置している。秋の紅葉の名所として知られ、往時から「開城八景」の一つに数えられている。

（2）朴宇鉉：開城郡守、松都陶器株式会社社長などを歴任した開城の巨商。本巻一九一六年六月十八日に既出。

9日　木曜。曇り、湿度高し。

ビスマルクの伝記を読む。午後は雨。室内はひどい雨漏りがする。

10日　金曜。曇り、湿度高し。

早朝から正午まで本格的な土砂降り。ビスマルクの伝記を読み終える。

11日　土曜。晴れ、暑。

暢遊台《チャンユデ》(1)にピクニック。午後になって梁柱三が〔暢遊台に〕やってきて、冷たい水の中に入った。おかげで彼は痙攣をおこして、家まで金書房(2)に連れて帰ってもらわなければならなかった。

（1）暢遊台：尹致昊の造語である。松都の松岳山山麓にある尹致昊の家から遠くない位置にある渓谷に付けた呼び名。慶尚北道蔚珍郡にある景勝地「將遊臺（チャンユデ）」にあやかって命名したものであることが、第八巻、一九二〇年七月三十日に述べられている。他に「暢幽佁」とも書いている（第九巻、一九三〇年七月二十六日）。因みに「將遊臺」「暢遊台」「暢幽佁」はみな発音が同じである。

（2）金書房：「書房（서방：ソバン）」は姓に付けて官職に就いていない若者を指す言葉。

12日　日曜。晴れ、暑。涼しい風あり。
北部礼拝堂で礼拝。李叔父[1]を訪ねるも不在。
（1）uncle Yi：尹致昊母方の叔父・李東振（李通津とも）。「李健赫」あるいは「李健爀」とも称する。

13日　月曜。晴れ、暑。
山々や岩場歩きを楽しむ。妻、具合悪し。B・フランクリンの自伝を読む。
14日　火曜。晴れ、涼。
妻は相変わらず熱っぽかったが起きていた。彼女の生活は仮病と本物の病気を交互にいったりきたり[1]。いつが本当に病気なのか分からないことがしばしばある。危険な徴候だ。しかしながら、仮病を使うことは彼女の生まれた階層の人々の間では、一種の威厳を保つための（両班の伝統的な）手段である。私たちがみな無事かどうかを知るために母がわざわざ興福《フンボギ》〔召使〕を送ってよこした。五時四十五分の列車で松都を発つ。午後七時四十分、ソウル着。家の者はみな無事。神に感謝。
（1）Wife feverish still. Up however, her (→ still. Up, however. Her) time has been divided between pretend (→ pretended) sickness and actual sickness.：下線部は写真版で訂正。

15日　水曜。晴れ、風あり。暑。

例の如くYMCA。南京虫[1]のせいでよく眠れなかった。妻がいないお陰でソウルの自宅はとても平和な雰囲気。

私は可愛い恩姫があまり食事を多く与えられすぎて過食になるのではないかと心配でしかたない。神よ、どうぞ大事な我が子が健康でたくましく成長するようご加護ください。アーメン！

（1） Redberys（→Bedbugs）：デジタルライブラリーで見ると国史編纂版の解読もありうるが、redbery（正しくは redberry）は *Webster's Third New International* によれば a ginseng of No. America、即ち「北米の朝鮮人参茶」とある。それでは意味が通じない。尹致昊の綴りがまずかったものととって、Bedbugs と取っておく。

16日 木曜。晴れ、暑。
例の如くYMCA。ハーディー夫人の家で夕食。ゲイル氏が同席。

17日 金曜。晴れ、暑。
例の如くYMCA。コリヤー氏から、彼が勤める〔元山の〕斗南里教会で彼の代わりにお話をしてくれるようにという依頼の電報が来る。

18日 土曜。晴れ。
午前九時三十分の列車で元山に発つ。午後四時三十分頃到着。およそ百名あまりの元山の人々の歓迎を受けて予期せぬ喜び。まずコリヤー氏の家に行き、次いで魏衡舜《ウィヒョンスン》(1)の家（とても清潔な家）に行く。十五年前に知っていた年輩の人々も今では大半が故人となっていた。近藤範治氏(2)を訪ねる。

（1） 魏衡舜：『東亜日報』、一九三〇年九月五日その他によれば正しい綴りは「魏衡淳」。元山における名士にして経済人。
（2） 近藤範治：独立協会運動挫折後、尹致昊が左遷されて徳源監理をしていたころの友人で、元山で日本語学校「源興学校」を経営。当時、四十五、六歳。第五巻、一九〇二年十一月十六日を参照。

19日 日曜。晴れ。

午前九時、斗南里の尹[1]の果樹園に行く。六十本の果樹から出発した彼は今ではその数を三千本に増やし、年間延べ数千人の人々を雇って果樹園を経営している。息子の不注意のために彼が負わざるを得なくなった借金のために現在、必死で働いている。

午前十一時、斗南里教会で『ヨハネ伝』第六章十三節について話をする。秩序の大切さ、ささやかな我々の運命を神のご配慮に委せ捧げることの必要性、および節約の大切さについて。

昼食後、数名の宣教師たちが夏季施設を開設した明沙十里を訪れる[2]。百八十名近くの人が利用。すでに部屋不足のために七十名が断られる。

ワッソン一家、リード一家[3]、バーンハート一家（Barnharts）、およびミス・アーウィン（Miss Erwin）を訪ねる。

午後三時、順番を交替するために松の木の下にいた人々が到着。時宜を得た交替は日本人を作り、盲目的な保守主義はアメリカインディアンとなる[4]。

午後五時[5]、南川礼拝堂で歓迎会。若者六名。夕食□□□□□[6]。

（1）この先、九月二十四日に出てくる尹秉秀の果樹園。この人物も徳源監理時代の知人である。

（2）After lunch visited at（→削除）明沙十里。

（3）Reads → Reids：尹致昊の誤り。

（4）3 p.m. arrived the people under the pines on the necessity of changing with（→ by）turns. Timely changes make Japanese（ここに「;」を挿入）blind conservatism. The Indian of America（→ blind conservatism, the Indian of America）.：最初の下線部は尹致昊の誤り。二つ目の下線部はデジタルライブラ

リーで訂正。全体として次のような意味であろう。「部屋不足のために入室を断られた七十名の者が松の木の下で待っていたが、もう三時になったからそろそろ交替せよと、押しかけてきた。こういう場合、素直に明け渡すのが賢明である。柔軟に変化に対応した日本人が成功し、頑なに変化を拒否したアメリカインディアンが時代に取り残されたように」。

（5）7 p.m.（→ 5 p.m.）：下線部はデジタルライブラリーで見ると3とも5とも読めるが、午後三時では辻褄があわない。

（6）□□□□□：デジタルライブラリーで見るとこの部分には漢字が八字ほど書かれているが、解読困難。

20日　月曜。晴れ。

昨夜は近藤氏〔近藤範治〕の家で過ごす。朝食後、府尹〔元山市長〕およびマンハイマー夫人(1)を訪ねる。次いで近藤氏が山の上にできた立派な道路を案内してくれた。道はかつての監理署をぐるっと巡る格好になっていて、元山湾のすばらしい景色が一望できた。かつて私がそこで四年間過ごした旧監理署は今も昔のまま建っていた。

午後二時、元山大里の故老たち（elders）が私を安致慶(2)の山荘に招待して歓迎会を開いてくれた。そのあと鄭菊山(3)の家を訪れる。

魏〔衡舜〕の家に行く途中で呉漢英を訪ねる。最近北間島から帰ってきたばかりの権主事に会う。呉の言うところによれば、権は一万円ちかくのカネを持って北間島に出かけたが、今ではすっかり暮らし向きが悪くなり全財産はたいても二百円になるかならないかとなってしまったのだという。

朴淇興氏〔未詳〕は相変わらず元気だった。彼は文字通りその日暮らしをしている。

（1）Mrs. Manheimar：夫の Mr. Manheimer は元山税関の検察官。尹致昊は徳源監理時代に夫妻に会っている。第五巻、一八九九年十二月三十一日および一九〇二年九月十四日を参照。
（2）安致慶：元山に本店がある株式会社「興業社」の取締役。『東亜日報』一九二〇年四月二十一日を参照。
（3）鄭菊山：松都にある劇団「喜楽座」専属の俳優。『東亜日報』一九三五年四月五日を参照。

21日　火曜。晴れ、にわか雨。
午前九時四十分の列車で元山を発つ。午後五時頃にソウル着。

22日　水曜。晴れ。
朝の列車で松都の家に来る。妻はふくれっ面で機嫌が悪く、可愛らしくないし、私に対する愛情も見られない。言いようのない嫉妬心で満ち満ちている。

23日　木曜。蒸すような暑さ。
松都の家。読書、および暢幽坮（1）で水浴び。
（1）暢幽場（→坮）：写真版で訂正。

24日　金曜。晴れ。
松都の家。読書および入浴。

25日　土曜。晴れ。
松都の家。例の如く読書、入浴。

26日　日曜。晴れ、にわか雨。
松都の家。北部礼拝堂で礼拝。

27日　月曜。晴れ、時々にわか雨。

松都の家。例の如く読書および水浴び。

28日　火曜。晴れ、雨。

松都の家。例の如く読書および水浴び。

29日　水曜。晴れ、雨。

松都の家。例の如く読書および水浴び。

朴宇鉉氏〔松都の巨商〕が、私が訪問したのに対して答礼訪問に来る。

30日　木曜。午前雨、午後晴れ。

午前二時から午前十時頃まで本格的な雨。午後二時四十五分、妻、子供とともにソウルに向けて発つ。できれば最低六カ月ほどここで過ごしたい。十一月の末までこの松都の隠居所で毎日木々に囲まれて暮らしたい。午後六時頃にソウル着。みな元気。

31日　金曜。雨、蒸し暑く鬱陶しい天気。

例の如くYMCA。

九月

1日　土曜。晴れ、時々にわか雨。
例の如くYMCA。すばらしい夜。キャンドラー〔次男光善〕が松都に帰る。午後四時二十分の列車。
2日　日曜。曇り。

宗橋礼拝堂の礼拝、例の如し。アレン〔長男永善：米国滞在中〕から良い便りをもらう。返事を書く。

3日　月曜。雨、蒸し暑し。

例の如くYMCA。午前二時頃から午前四時頃まで猛烈な勢いで雨が降る。達弟〔異母弟致昌〕が〔留学のため〕東京に発つ。メアリ・アッビ〔三女文姫〕をセブランス〔セブランス病院〕に連れて行き、歯を抜いてもらう。

パゴダ食堂で昼食。同所で山縣悌三郎氏および山縣五十雄をもてなす。従弟の致昨も同席。

石炭の値段がトンあたり一八～一九円に値上がりする。私がグレッグ氏にトンあたり一四、五円のうちに石炭を買っておくように何度も勧めたところ、氏はクーンズ氏が安く手に入れてくれることになっていると言った。そのグレッグ氏はこの前の土曜日には、「私にまかせておきなさい」と言っていた。ところが今朝になって石炭が値上がりしたと聞くや、氏はとても悔しがった。去年だったらトンあたり九円で石炭を買えたのに、ブロックマン氏は私に、ブネ氏(1)がトンあたり八円で買ってくれることになっているからと言った。一週間後、ブ氏は私に言った、「一〇円……(2)」。

米国人は自信がありすぎる。もう少し他人の言うことに耳を傾けるべきだ。

（1）Mr. Bun Hai（→Miss Buie ?!?）：デジタルライブラリーで見ると（　）内のようにも読める。このままであれば、ここにただ一度だけ登場する人物で、同定できない。

（2）A week later B. told me that ¥10.... Japanese did some lack（→back）on .....：デジタルライブラリーで見てもこの部分は錯綜していて解読困難である。

4日　火曜。雨、蒸し暑し。

例の如くＹＭＣＡ。ほとんど一日中雨。ソウル長老教会の人々が〔ＹＭＣＡの〕講堂で長老総会の会員たちの歓迎式を催す。李昇薫、[1]梁甸伯[2]。

（1） Yi Sang (→ Sung) Hoon：下線部はデジタルライブラリーでは Sung と読める。長老派の総会なら李昇薫で間違いなかろう。平安北道定州出身の長老教徒である。

（2） Yang Jun Paik：梁甸伯（一八六九～一九三三）は平安北道宣川出身の長老教牧師。ミッションスクール信聖中学校の設立者。一〇五人事件に連座して一審で有罪となる。

5日　水曜。すばらしい天気。

例の如くＹＭＣＡ。ヘレンから手紙、返事を書く。

賜暇休暇から帰ってきたばかりのヒュー・ミラー師〔英国聖書公会幹事〕が弟の吉龍〔異母弟致旺〕のことについて次のことを教えてくれた。⑴吉龍は〔英国の〕クエーカーの学校にいる[1]。宗教的には全く問題ないが成績の方は不十分である。⑵彼は必要なだけ十分な、あるいはそれ以上のカネを持っていたが、もっと欲しいと言っていること。⑶彼は人間的に非常に気さくな性格であるが、しっかり勉強に打ち込んでいるようには思われないこと。

ヒュー氏はまたこうも言った。第一次世界大戦中であるにもかかわらず、英国は米国よりも生活費が安い。英国人の生徒でも吉龍のように学校を続けることができる者は多くはない。多くの英国人家庭は吉龍が手にする収入よりも少ない生活費で立派に暮らしていると。

ムシムシする暑さ。夜、雨。

（1）「吉龍」は異母弟致旺の幼名。彼と同じく当時、英国に留学していた従弟の尹潽善が英国バーミンガム州にあるクエーカー経営のウッドブルック・セツルメントという学校に一九二三年夏に寄宿していたことが松井慎一郎『河合栄治郎』（中公新書、二〇〇九）に見えるから、致旺が在籍していたのも同じ学校であったかも知れない。

6日　木曜。雨、蒸し暑し。
例の如くYMCA。とても湿度が高く蒸し暑い。今年の夏は早くのうちから日照りがあり、異常高温、遅れた雨期、多くの場所で洪水がありと、今までのところ例年になくひどい夏である。

7日　金曜。曇り、雨は降らず。
例の如くYMCA。

8日　土曜。すばらしい天気。
例の如くYMCA。邊壎が新たな事業を始めるために二〇〇円欲しいという。グレッグ氏は彼に二五円与えた。バーンハートは彼に励ましの言葉をかけた。南門旅館に泊まっている長老総〔会〕の全州代表を訪問する。
　私が広通橋(1)のすぐ南側にある靴屋の前を通りかかったところ、一人の女が声をかけてきた。彼女は身なりなども可哀相なほどで、たった今、妾と暮らしている彼女の夫に追い出されてきたところだ……等々と言った。その間、彼女の傍らには小さな子供が無邪気なその目を大きく見開いて座っていた。男と女が作りだした罪のために何の罪もない子供が苦しまなければならないとは！　可哀相な子供の姿に、私の心は同情と憐憫の情で掻きむしられるようだった。私は彼女に一円やった。

（1）　廣通橋：南大門通りが清渓川と交差する地点に架かった橋。話の内容は朴泰遠がソウルの清渓川界隈の庶民の哀歓を描いた風俗小説『川辺の風景』（ソウル博文館、一九三八）の一幕に通じるものがある。

9日　日曜。曇り、涼。

宗橋礼拝堂での礼拝例の如し。ＹＭＣＡ福音会における梁甸伯師（Rev. Yang Jun Paik）の説教は聞いているだけで眠くなる。長老総会への全州代表団を長春館に招いて朝鮮式夕食で接待する。李承斗、金仁基、李商在、金栄洙およびその兄[1]、鄭根、金弼秀、尹敬重（?）、金。

今日の午後、昨夜会った女と子供が私たちに会いに来た。なんと、彼女は朴鶴晃[2]の妻だった！

（1）金榮洙 and his brother：金榮洙という人物は本年二月七日に一度登場している。そこの訳注にも書いたように、「金榮洙 and his brother」とは東亜日報社主の金性洙と弟の金秊洙のことではないかと思われる。彼らの出身地は全羅北道であるから、全羅北道全州の長老総会代表団の席に招かれても不思議ではない。

（2）朴鶴晃（パク・ハッカン）は本巻一九一六年十一月三日に登場した人物でＹＭＣＡ職員、経理に不正があると疑われた人物である。

10日　月曜。曇り、にわか雨。

例の如くＹＭＣＡ。邊壎が事業を始めるのを援助するため彼に一二五円を与える。彼は、自分は上海には行かないと私に約束した。そんなことをしたら私が疑われることになるからだという。

11日　火曜。曇り。

例の如くＹＭＣＡ。

12日　水曜。曇り、にわか雨。

例の如くＹＭＣＡ。午後九時、キルゴ監督[1]および夫人を出迎えるために駅に行く。二人は朝鮮ホテルに行った。

（1） Bishop Kilgo：John Carlisle Kilgo（1861–1922）は一九一〇～二二年の間、南メソジスト監督教会の監督。韓国訪問は今回のみ。

13日　木曜。すばらしい天気。

例の如くYMCA。ブロックマン氏に手紙。

14日　金曜。曇り。

例の如くYMCA。スチュワード博士（Dr. Steward）が留守の間、東大門病院を預かってきたロゼッタ・ホール博士[1]を訪ねる。

（1） Dr. Rosetta Hall：本巻一九一六年七月十日の訳注を参照。

15日　土曜。すばらしい天気。

例の如くYMCA。スミスの曲芸飛行[1]。

（1） Smith's aviation.：Art Smith は一九一七年五月、米国から来日して日本各地で曲芸飛行をして見せた。静岡県浜松の練兵場で曲芸飛行を披露。これを見た幼き日の本田宗一郎は決定的な影響を受けたと言われている。

16日　日曜。晴れ、パラパラ雨。

キルゴ監督が水標橋教会で説教する。私が通訳。実にすばらしい説教だった。

午後二時三十分、鳥人スミス[1]がアンダーウッドの教会[2]で講演する。私が通訳。三時三十分、スミスは超満員のYMCA講堂で講演。講演が終了した後、アヴィソン博士が会館の外で講演を聞きたがって待っていた大勢の人たちにも話をしてくれるようにスミスに依頼する。スミスが同意したので最初の聴衆を講堂から出して、二度目の聴衆を入れ換えたが、これまた殆ど満員になった。話はごく単純なもの。しかし聞く者すべてに最も印象的な好感を与えたのは、この青年の純真そのものといった謙虚さである。世界をアッと言わせるような大成功をおさめたにもかかわらず彼は少しも自分の成功に溺れていないように見える。また彼はタバコも酒もやらない。

（1） the Birdman Smith：前日、曲芸飛行を行ったアート・スミス。

（2） the Underwood's Church.：現在のセームンアン（새문안）教会。

17日　月曜。晴れ。

例の如くYMCA。午後四時、理事会がグレッグ氏の家に集まる。具滋玉が社会部の書記になる。白雲洲が牙山に発つ。

18日　火曜。曇り、蒸し暑い一日。

例の如くYMCA。

19日　水曜。雨。午前中、湿度高し。

例の如くYMCA。

20日　木曜。すばらしい天気。

例の如くYMCA。従弟の致旿の誕生日。また文姫〔三女：満九歳〕の誕生日。

21日　金曜。すばらしい天気。

例の如くYMCA。

22日　土曜。すばらしい天気。

九時二十分、南監理教伝道部年会に出席するために金弼秀氏とともに元山に向けソウルを発つ。午後四時二十分、元山着。田豊基《ジョンプンギ》の息子の田殷富《ジョンウンブ》が我々を駅まで出迎えにきてくれて彼の家に案内する。

23日　日曜。雨。

元山。昨夜はぐっすり眠ることができた。キルゴ監督の通訳をする。監督は信仰復活論者（revivalist）である。すばらしい説教だった。説教が終わった時、監督はリラックスした雰囲気になって信仰復活の賛美歌（revival hymn）を歌った。すばらしかった。午後一時から四時の間、激しい雨。

24日　月曜。曇り。

近藤氏〔本年八月十八日を参照〕、藤戸、および楠本を訪ねる。あとの二人は不在だった。

午後一時、金弼秀とともに尹秉秀の果樹園〔本年八月十九日を参照〕に行き、家へのお土産としてリンゴを買った。

鄭春洙牧師(1)は外国人宣教師たちの排他的な態度とやり方に心底不満を感じている。彼は金と私にこう言った。「もし宣教師たちがこのまま教会の政策や教育等において彼らの排他的な政策を続けるならばそのうち必ず教会の革命運動が起こる」。年会の席上、鄭は機会あるごとに抵抗の姿勢を示した。コリヤー氏は宣教師としては人気がある方らしい。

（1）　Pastor 鄭春洙：鄭春洙（一八七五～一九五一）は忠清北道出身。一九〇四年にメソジストに入信。協成神学校を卒業後、一九一一年に牧師となる。民族代表三十三人の一人として三・一運動に参加して実刑判決を受けて服役。一九三八年の興業倶楽部事件で転向声明書を発表してからは親日派として活動。

25日　火曜。曇り。

午前九時四十分、ソウルに向け元山発。午後五時、ソウル着。宇佐美氏を訪ねて元山土産のリンゴのうち一番大きいものを二つ贈る。気に入ってくれた様子。

26日　水曜。すばらしい天気。

例の如くYMCA。午後五時、妻、メアリ・アッビ〔三女文姫〕、およびグレース〔四女恩姫〕とともにキルゴ監督夫妻をハーディー博士の家に訪ねる。

午後六時三十分、白潤洙《ペクユンス》(1)の息子たちが彼の六十一歳の誕生日のために催した祝いの席に招かれて明月館に行く。
(1)　白潤洙（一八五五〜一九二一）は商店主から身を起こして大昌貿易株式会社を設立した企業人。
27日　木曜。すばらしい天気。
例の如くYMCA。キルゴ監督が上海に出発するのを見送るために駅に行く。キャンドラー〔次男光善〕が彼の妻およびローラ〔長女鳳姫〕とともに松都に帰る。
28日　金曜。すばらしい天気。
例の如くYMCA。梁柱三がやってくる。彼とともに家で昼食。
29日　土曜。すばらしい天気。
例の如くYMCA。中央YMCAの教育部において学生YMCAに向けて「正直」と題する簡単な話をする。労働演習所の教員にお茶を出して接待。美しい夜。恩姫、発熱。
30日　日曜。すばらしい天気。

恩姫の状態が非常に悪い。午前五時、朴宗煥医師に往診を依頼する。右太股の先端の腫瘍が心配だ。宗橋礼拝堂で礼拝。昨夜の睡眠不足のせいで気分がムシャクシャする。今夜はすばらしい月夜だった。

十月

1日　月曜。すばらしい天気、涼。

例の如くYMCA。グレース〔四女恩姫〕の病気は相変わらず。朴宗煥医師が診てくれる。文姫〔三女〕と善姫〔異母弟致旺の長女〕の歯を治療してもらうために中村安子医師に連れて行く。白副尉が松都から来る。破産した李珏均《イカッキュン》の財産整理から五〇〇円取り戻すことに成功したという。その程度にせよ白が取り戻すことができたのはむしろ幸いだった。(1)

午後八時、大講堂において腹話術師のアボット氏（Mr. Abbott）がその芸を披露する。

恩姫の病気は相変わらず。彼女が苦しそうにしている姿を見ると胸が痛む。妻があまりにも意地が悪いので私はただただ惨めな気持ちになるばかり。いったい妻をどうすればいいのか、私にはさっぱり分からない。妻は訳もなく怒り狂う。彼女は私の嫁、アレンの妻を心底憎んでいる。大事な文姫と恩姫のためにも私は妻の意地の悪さに耐えなければならぬ！

（1）He said he succeeded to save（→in saving）¥500 from the 李珏均's wreck of fortune. Rather fortunate for（ここに「白」を補う）in saving even that much.：最初の下線部の誤りは尹致昊自身のもの。尹致昊の英語には動名詞と不定詞の使い分けが間違っていることが間々ある。（　）の補正はデジタルライブラリーによる。国史編纂版の見落とし。

2日 火曜。曇り。

例の如くYMCA。恩姫は病気。妻は不機嫌。神よ、私に忍耐力を与え給え。大事な恩姫を救うために私が〔妻に対して〕取る手段をどうぞお見逃しください。

3日 水曜。曇り、晴れ。

例の如くYMCA。早朝、雨。恩姫の病状は相変わらず思わしくない。

4日 木曜。すばらしい天気。

例の如くYMCA。午後七時、〔YMCA〕少年部の予備課で教えてくれることになった野田[1]および彼の同僚と打ち合わせ。

（1） 野田：当時、京城高等普通学校の教師だった「野田林」か。

5日 金曜。すばらしい天気。

例の如くYMCA。午後八時、YMCAの創立記念日を祝う。山縣五十雄氏がよい話をしてくれる。大場[1]のバイオリンの余興と茶菓は大成功だった。約百七十名が出席。

（1） 大場：この先、一九一八年三月八日に登場する「大場」と同一人物であろうが、同定はできず。

6日 土曜。すばらしい天気。

例の如くYMCA。午後八時、康夫人[1]紀念会に出席するため水標橋教会に行く。彼女がソウルにやってきてから既に二十年になる。ソウル伝道十年、あるいは二十年を祝うこの紀念会は一種の流行になってしまった。

（1）康夫人：J. P. Campbell は一八九七年に来韓した南メソジスト女性宣教師。培花学堂を設立。

7日　日曜。すばらしい天気。

昨夜は一晩中、赤ん坊の状態がよくなかった。宗橋礼拝堂で礼拝。

午後一時三十分、池《チ》錫永《ソギョン》の家にその弟池《チ》雲英《ウニョン》(1)を訪ねる。その長い話を要約すれば次のようになる。池雲英は自分が西山大師(2)の生まれ変わりであると信じている。池の母親が彼をみごもった時、かつて西山大師を憎んだ二つの悪霊が彼を破滅させるために母親の子宮内に入った。過去三十年間、観世音菩薩を念仏してきたお陰でこの悪霊が彼の命を奪うのを防ぐことができた。三清洞に住む金正姫という十九歳の娘と結婚すれば、これまで彼の体内に住み着いてきた悪霊を完全に退散させることができる。彼はすでに陰暦来月四日にその娘と結婚する手筈になっている。(3)そこで彼女と結婚できるように私にカネを貸して欲しい！　と言うのだ。

池は現在六十六歳！である。ああ、愚かしい哀れな老人よ、この男は十九歳の少女と結婚したがっているのだ！　池錫永(4)はどうなってしまったのか？　これまでずっと彼は正常だと思っていたが。

（1）池雲英：「池運永」に同じ。第三巻、一八九三年十二月十七日、および同十二月二十四日等における彼の神憑り的な儒仏混淆信仰を参照。一八八六年、高宗より金玉均暗殺の命を受けて渡日し、目的を果たせず帰国したその池運永である。

（2）西山大師：休静大師（一五二〇〜一六〇四）の別名。朝鮮王朝宣祖時代の名僧。俗名は崔玄應、号は清虚子あるいは西山。儒仏道三教の統合説の起源をなす。

（3）池 has already made arrangement to nearly（→ marry）the girl on the the（→ 4th）next month old

Calendar。：下線部は写真版により訂正。

（4） 池錫永：話の流れからゆけば「池運永（雲英）」とあるべきところと思われる。

8日 月曜。すばらしい天気、涼。

例の如くＹＭＣＡ。

9日 火曜。すばらしい天気。

例の如くＹＭＣＡ。赤ん坊の恩姫は今日は大分よくなる。

妻、病気。妻の生涯は、その十分の四が仮病によって、十分の一が本当の病気によって、十分の三が満たされぬ欲望に対する不満と苛立ちによって、最後の十分の二が妄想によって占められている。

10日 水曜。すばらしい天気。

例の如くＹＭＣＡ。午後一時、新しい警務部長の塩沢大佐[1]が鍾路署〔署長〕の永野〔清〕氏を伴ってＹＭＣＡを視察に来た。

（1） Col. Shiozawa：京畿道警務部警務部長（陸軍憲兵大佐）塩沢義夫。韓国史データベース「職員録資料」。

11日 木曜。すばらしい天気。

例の如くＹＭＣＡ。伝道集会に備えて礼拝堂で毎日祈禱集会を催す。十月二十二日から二十七日にかけて集会を催す予定である。玄楯牧師が集会の司会役を引き受けてくれる。

12日 金曜。曇り。午後、雨。

例の如くＹＭＣＡ。ソウルの目抜き通りは風のため猛烈な砂嵐。

午後七時三十分、〔ＹＭＣＡ〕大講堂において大正親睦会〔本年一月十九日の訳注参照〕が衛生に関する講演を催す。芳賀博士[1]がお話しする。

教育委員会が招集されたが成立せず。これで二度目である。

（1） Dr. Haga（芳賀博士）：芳賀栄次郎（一八六四〜一九五三）は会津出身。帝大卒後、朝鮮総督府医院院長、京城医学専門学校長等を務める。

13日 土曜。すばらしい天気。
例の如くYMCA。午後一時、アヴィソン博士宅で昼食。

14日 日曜。すばらしい天気。

早起きして、早朝の新鮮な空気とすばらしい景色を満喫する。

南部礼拝堂において礼拝[1]。南部の伝道士である劉漢翼《ユハニク》を我が家に招待して昼食を共にする。彼の改宗に関する話はとても興味深い[2]。

（1） 昨日、ソウルから松都に移動したらしい。「南部礼拝堂」は松都にある。
（2） 劉漢翼はもともと大衆芸人（広大）の出であったが、アリランの名手として宮廷に出入りするようになったことから皇帝に認められて出世し、独立協会・万民共同会の改革運動盛んなりし一八九八年当時には警務官となり尹致昊とは敵味方の関係であった。その後警務局長、中枢院議官などを歴任し、一九〇三年、尹致昊が徳源監理を辞したあとその後任となった。尹致昊とは敵味方の関係にあった彼が数奇な運命を辿って改宗してキリスト教を説く説教師となった。第五巻、一九〇〇年十二月十四日、および第八巻、一九二一年一月二十一日を参照。

15日 月曜。曇り。

午前中は松都。午前十一時二十分の列車でソウルに向かう。午後二時十分、ソウル着。例の如くYMCA。

16日　火曜。曇り。

例の如くYMCA。

17日　水曜。曇り。

例の如くYMCA。

18日　木曜。すばらしい天気。

例の如くYMCA。申〔興雨〕氏が講堂ですばらしい演説をする。お話の後、ヴァンバスカーク博士(1)の家でノウブル博士夫妻がソウルに来て二十五周年になるのを祝う記念式が行われたのに出席する。

（1）ヴァンバスカーク（James Dale Van Buskirk）は一九〇八年来韓の北メソジスト宣教師。現、セブランス医学専門学校の校長。ノウブル（W. A. Noble）は一八九二年来韓の北メソジスト宣教師。

19日　金曜。曇り。

例の如くYMCA。白雲洴、田殷富、李寅栄(1)にハガキを書く。

（1）同名の人物が第十巻、一九三二年六月二十三日に救世軍の朝鮮人役員として登場するが、ここの「李寅栄」とは別人か。

20日　土曜。うららかな一日、風あり。

例の如くYMCA。ロゼッタ・ホール博士を訪ねるも不在。

21日　日曜。すばらしい天気。

午前中、叔父〔尹英烈〕を訪ねる。やや快方に向かう。宗橋礼拝堂の礼拝、例の如し。アレン〔長男永善〕からオハイオ州立大学の農学部に入学したとの手紙をもらう。

22日　月曜。すばらしい天気。

例の如くYMCA。玄牧師〔玄楯〕がYMCAの職員および学生に一週間にわたる宗教講話を始める。なかなか良い話だった。

23日　火曜。すばらしい天気。

例の如くYMCA。午後十二時から十二時三十分まで〔YMCAの〕礼拝堂で玄牧師が本格的な説教[1]をする。午後六時、ハワイに出発する金溶錫氏[2]のためにお別れ夕食会を催す。

(1) a sterring (→sterling) sermon：尹致昊の誤り。この先、二十五日も同じ誤り。

(2) Mr. 金溶錫：下線部の解読には再考の余地あり。

24日　水曜。うららか。朝は寒し。

例の如くYMCA。在米日本学生YMCAの書記である加藤勝治氏[1]が訪れる。彼はほとんど完璧な英語を話した。長春館で彼を朝鮮式夕食でもてなす。見たところでは満足した様子だった。七時三十分、加藤氏が会場一杯の聴衆に、「実践的なキリスト教」と題して良いお話をしてくれる。

(1) Mr. Katsuji Kato：当時シカゴ大学助教授だった加藤勝治（一八八五〜一九六一）と思われる。血液を専門とする医学者だったらしい。

25日　木曜。すばらしい天気。

例の如くYMCA。玄牧師が本格的な〔sterring→sterling〕演説をする。彼には一種の癖があり、そのため多くの人々が反感を抱くにもかかわらず、その率直な真摯さと疑問の余地のない誠実さが聞く者に大きな影響を与えずにはおかない。

午後三時、オイセン氏(1)が訪ねてくる。十七年ぶりに会いに来てくれたことがとてもうれしく有り難かった。友人としての彼の心のこもったお話はとても貴重である。

午後五時、三渓洞〔彰義門外にある山荘〕に行く。夕食。管理人の植木に対する管理ぶりは単なる〝管理〟の域を超えているようにみえる。

(1) Mr. Oison(→Oiesen):尹致昊の誤り。Janus F. Oiesen(1857–1928)。もと中国海関に勤務していたが一八八九年から一九〇〇年まで朝鮮・元山の税関職員をしていたデンマーク人。このとき徳源監理だった尹致昊と知り合いになる。第五巻、一九〇二年九月十四日の訳注(4)で「オランダ人」としたのは誤り。訂正する。

26日 金曜。すばらしい天気。

例の如くYMCA。午前八時三十分、加藤氏を見送りに南大門駅に行く。

27日 土曜。曇り。

例の如くYMCA。午後四時、理事会がグレッグ氏の家に集まる。皓々たる月。

28日 日曜。晴れ、雨。

宗橋礼拝堂で礼拝。十二時頃から激しい雨。時折、ドシャ降り。叔父〔尹英烈〕が牙山の家に出発。

29日 月曜。曇り、冷え冷え。

例の如くYMCA。

30日　火曜。すばらしい天気。
例の如くＹＭＣＡ。とても寒い一日だった。

31日　水曜。すばらしい天気。
例の如くＹＭＣＡ。午後二時から総督官邸で行われた天皇誕生日[1]を祝う園遊会に出席。四時、大正親睦会が計画した祝賀会に参加するため宮闕[2]に行く。なんともひどい祝賀会だった！（A miserable affair it was!）。
〔ＹＭＣＡ学館〕少年部で午後部を手伝っている野田とその友達を明月館に招いて夕食をもてなす。

（1）大正天皇の実際の誕生日は八月三十一日で、大正二年まではこの日に天長節が祝われたが、翌年以降は盛暑の時期のために各種の行事催行が困難であることに配慮し二カ月後の十月三十一日を天長節祝日とした。
（2）□□：デジタルライブラリーで見ると、一つ目の□は判読しかねるが、二つ目の□は「闕」にまちがいなし。一応「宮闕（王宮）」と解して「昌徳宮」の意味に取る。

十一月

1日　木曜。曇り、冷え冷え。
例の如くＹＭＣＡ。

2日　金曜。曇り、冷え冷え。
例の如くＹＭＣＡ。午後四時三十分、鄭華基[1]とともに尹慎栄の養蜂園を訪ねる。

（1）鄭義（→華）基：傍線部はデジタルライブラリーで訂正。「華」と「義」のくずし字は似ていないこともない。鄭華基は尹家に住み込みで文姫に漢文を手ほどきしている書生で、総督府病院付属医学専門学校の学生らしい。第七巻下、一九一九年二月六日、および同年五月八日を参照。

3日　土曜。薄日、冷え冷え。

例の如くYMCA。午後一時、石塚氏[1]の招きにより貴族館〔未詳〕に行き、大正倶楽部の解散を検討するために招集された会議に出席。この倶楽部は一九〇五年に大東倶楽部として組織された。韓国皇帝は倶楽部の財政を援助するために二万円を出資した。今日になるまでそのことをすっかり忘れていた。大東倶楽部が名前を変えて大正倶楽部として今日まで継続してきたものであることを私は今日はじめて知らされた。現在、大正倶楽部には五千円のカネが残されたままとなった。問題はこのカネをどのように処分するかということである。結局、慈善団体に寄付することに決まった。朝鮮人の事業はみな同じ道を辿るように思われる。すなわち、その始まりにおいても終わりにおいても結局、日本人のために利用されるだけだということ。

(1)　Mr. 石塚：東洋拓殖会社総裁・石塚英蔵。一八九四年十二月末から翌年十月末にかけて朝鮮内閣顧問として金弘集・兪吉濬を補佐した。尹致昊とはその時以来の知り合いである。

4日　日曜。薄日。

寒さのため一日中、家にいる。

5日　月曜。薄日。極めて寒し。

例の如くYMCA。もう水が凍っている。

6日　火曜。すばらしい朝。

例の如くＹＭＣＡ。激しい風。午後には砂嵐。

7日　水曜。薄日、穏やかな一日。

例の如くＹＭＣＡ。東京のフィッシャー氏〔東京ＹＭＣＡのGalen M. Fisher〕から十二月の事務局会議はどのようなものにするかという内容の手紙をもらう。彼はまたその手紙の写しを宇佐美氏〔総督府内務部長官宇佐美勝夫〕に送って、モット博士[1]から依頼のあった海外宣教学生献身運動会議[2]に出席させるために私を米国に派遣することを認めてくれるよう申請したという。もちろんこんなことは初耳である。私は行けない旨、フィッシャー氏に返事を書く。

（1）Dr. Mott : John R. Mott (1865–1955) は国際ＹＭＣＡの指導者にして海外宣教学生献身運動（Student Volunteer Movement）の委員長。一九一〇年に尹致昊が渡米した際にはモットの推薦によりエディンバラで開催された万国宣教者会議に出席した経緯がある。

（2）the meeting of the student volunteers : Student Volunteer Movement for Foreign Missions（海外宣教学生献身運動）は一八八六年に海外宣教に携わる学生を募るために米国で組織されたキリスト教系の機関。

8日　木曜。曇り。

雪片が舞う。宇佐美氏が午前十時頃、役所で私に会いたいと言ってきた。氏は私にフィッシャー氏の手紙を見せて、モット博士の招請を受けるようにと勧めた。私は私が海外に出ることを年老いた母が望んでいない旨を氏に伝えた。

ロサンジェルスの日本人牧師・河合師[1]に会う。師の話によれば、安昌鎬〔安昌浩に同じ〕がカリフォルニアの朝鮮人の間に反日感情を煽っていて、そのことが次第に問題化しつつあるという。

（1） Rev. 河合：河合禎三（一八七三〜一九四九）。一九〇九年、在米日本人への伝道のためロサンジェルスに渡り日本人キリスト教会を設立して活動する。

9日 金曜。すばらしい天気。

例の如くYMCA。アレンに手紙を出す。

午後六時、阿部氏〔京城日報社長・阿部充家〕の招きによりファミリーホテルに行く。ゲストは私の他に山縣兄弟〔悌三郎・五十雄〕および私の従弟〔尹致旿〕。山縣五十雄氏は、もしモット博士からの招請があったのなら米国に行くようにと私を説得した。私は行きたくないと彼に伝える。理由の一つは、あまりにも話が突然すぎるため。

10日 土曜。雪および雨、寒。

例の如くYMCA。ヘレン〔次女龍姫：米国留学中〕から手紙が来る。

11日 日曜。すばらしい天気。

宗橋礼拝堂朝の礼拝、例の如し。今日は母と恩姫の誕生日[1]。楽しく一家そろって団欒。

（1） 尹致昊の実母全州李氏の誕生日は牙山屯浦面にある墓碑によれば陰暦九月二十七日（今年は、本日十一月十一日に当たる）。四女恩姫は一九一五年十一月十一日生まれ。

12日 月曜。すばらしい天気。

例の如くYMCA。午後七時三十分、月例会。約八十人が出席。YMCAに来て以来こんなに楽しくできた月例会は今回が初めて。

13日 火曜。すばらしい天気。

例の如くＹＭＣＡ。

14日　水曜。すばらしい天気。

例の如くＹＭＣＡ。午前九時三十分、アヴィソン博士宅で延禧専門学校（Chosen Christian College）の理事会が開かれる。学則の修正案が討議に付される。法人団体設立許可証を米国に持ってゆき、該地において共同経営者である宣教本部が同意できるような学則を起草することとし、その権限をアヴィソン博士に与えることに決定する。

15日　木曜。すばらしい天気。

例の如くＹＭＣＡ。昨日アヴィソン博士宅で延禧専門学校の学則を検討するために開かれた理事会において、同時に学校の建物をどのような造りにするか、即ち、すべて韓国式にするか、それとも西洋風にするかについて長時間議論した結果、専門学校の校舎は完全に西洋風にすることに決定。

16日　金曜。すばらしい天気。

例の如くＹＭＣＡ。劉庇仁《ユビイン》〔尹家農園管理人〕が洪川から帰ってくる。

17日　土曜。曇り、穏やか。雪。

例の如くＹＭＣＡ。

18日　日曜。すばらしい天気、暖。

午前、宗橋礼拝堂で礼拝。

19日　月曜。午前晴れ、午後雨。

季節はずれの穏やかな天気。午後、雨。今朝、キャンドラーが牙山に向けて発つ。星月夜。

20日 火曜。すばらしい天気、穏やか。

例の如くYMCA。午後五時三十分、YMCA、延禧専門学校、およびセブランス病院関係の友人たちによって明月館において催された魚丕信博士〔Dr. Avison の漢字表記〕のお別れ晩餐会に出席。

YMCAの労働夜学校、および中央礼拝堂のためにコンサートが開かれる。長鼓を伴奏にした朴春載[1]のパンソリは朝鮮人の聴衆には不快感を与えたらしいが、外国人の一部には好評だったようだ。

兪星濬が私に道参事（provincial councilor）のポストを引き受けてくれないかと言う。[2]

（1）朴春載（一八八一～一九四八）は京畿道地方に伝わるパンソリの名人。

（2）当時、兪はYMCAの会員であると同時に忠清北道参与官（副知事）でもあったようである。

21日 水曜。すばらしい天気、暖。

YMCAをある程度有益な施設とするためには以下の九点を実施すべきである。

一．少なくとも最高級の応接室を二つ作ること。一つは洋風、もう一つは朝鮮風。

二．産業関係の事業は完全に商業的な方針で運営すること。紙、石炭等の物資の購入において、また発注の見積もり額において、さらに職員の雇用、および労働者の監督面において。

三．肉体的に真にすぐれた指導者を仕事に就かせること。

四．精力的でよく働く宗教心ある書記を置くこと。

五．英語クラスは（男女いずれにせよ）一人の米国人が運営すること。

六．不必要な支出を避けてあらゆる手段を尽くして経費節減に努めること。[1]

七．寄付金による基金を向こう二年間で一〇万円に増やすこと。屋外試合チームを一つ組織したが、現在までのところ全く役に立たないことが立証された。年がら年中おしゃべりばかりで一切、仕事はせず[2]。

八．充実した図書館。

九．充実した喫茶室兼食堂。

第七点が実現されるまで他の点はやっても無駄である。

（1）Cut down expenses in every possible way avoid（→ avoiding unnecessary expenditure）.

（2）having organized a single outdoor game team so far it is proven thoroughly useless. Talk — talk — talk — no work —：デジタルライブラリーで見ても同じように読めるが、意味がいまいち曖昧である。寄付金で屋外試合チームを作ったが効果がないので、そのカネを基金として積み立てよということか。

22日　木曜。すばらしい天気、暖。

例の如くＹＭＣＡ。

23日　金曜。すばらしい天気。

例の如くＹＭＣＡ。午後四時、理事会。

24日　土曜。すばらしい天気。

例の如くＹＭＣＡ。

25日　日曜。すばらしい天気、寒。

午前、宗橋礼拝堂で礼拝。

26日　月曜。すばらしい天気。

例の如くYMCA。

27日　火曜。極めて寒し。晴れ。

例の如くYMCA。今朝、アヴィソン博士夫妻が米国に向けソウルを発つ。今朝、日本人歯医者の中村安子医師が私の歯の治療をしてくれる。金を冠せてもらうのに一〇円かかった。治療代としては決して高くないが、痛くて仕方ない。男の歯医者に行かなかったことを後悔する。

28日　水曜。霜が降りる、寒。薄日。

例の如くYMCA。歯の治療のため、セブランス〔セブランス病院〕に行く。昨夜はひどい目にあった。日本人歯医者が作ってくれた金冠をかぶせたために元の歯がとても不安定になる。アレンから手紙がくる。

29日　木曜。薄日、穏やか。

例の如くYMCA。午前九時、歯の治療のためセブランスに行く。早朝、雪がパラつく。

30日　金曜。すばらしい天気。

例の如くYMCA。午前中、運動のために散歩。山縣五十雄氏を訪ねる。

十二月

1日　土曜。薄日、寒。

例の如くYMCA。ファミリーホテルで新しい署長の神崎氏、(1)岡本警部、および□□警部(2)を接待。中勝熙と一番目の従弟〔尹致昨〕が同席。午後六時から七時三十分まで。

七時三十分、視学の上田氏[3]が満州に関してとても有益な話をする。撫順炭が満鉄沿線ではトン当たり四円なのに、ソウルでは二六円すること。

（1）the new 署長神崎氏：新任鍾路署署長神崎稼一。『續陰晴史　下』一九一九年一月一日に「申勝熙持鍾路警察署長神崎稼一名片來」とある。

（2）岡本警部 and（　）警部：国史編纂版は（　）の部分が欠如しているが、写真版をみると（　）の部分は数字分が空白になっている。本来、名前を入れるべき所に尹致昊が名前を思い出せなかったために空欄とした。

（3）Mr. 上田：朝鮮総督府視学官上田駿一郎。この人物は本巻一九一八年三月二十六日に宇佐美長官の名代として登場する。

2日　日曜。曇り、穏やか。

劉高原〔尹家の雇用人〕とともに遠出の散歩。東大門から往十里を経て、さらに光熙門を通って帰る。午後、雨。明月館に行き、警官送迎会に出席。会費を払ってから、宗橋礼拝堂に行く。激しい雨。

3日　月曜。すばらしい天気、寒。午前二八度。

例の如くＹＭＣＡ。赤ん坊〔四女恩姫〕、耳痛のため容態悪し。眠れず。

4日　火曜。すばらしい天気。

午後四時、予算委員会が開かれる。子供不調のため眠れず。最悪。しかし、子供のことより、怒りっぽく底意地悪い妻こそ最悪だ。

5日　水曜。薄日。

例の如くYMCA。午後四時、白象奎《ベクサンギュ》氏〔米国ブラウン大卒、延禧専門経済学教授〕とともに河相驥《ハサンギ》夫人(1)を訪ねる。赤ん坊、昨夜も相変わらず具合悪し。

(1) Mrs. 河相驥：尹致昊日記において誤解しやすい表現であるが、「河相驥という名前の既婚婦人」という意味ではなく「河相驥という男性の妻」という意味であり、この先十日に登場するMrs. Haと同一人物で、女性運動家として名高い「河蘭史」のことである。夫の河相驥は大韓帝国期の官吏。賤人階級から出発して仁川監理、警務庁警務局長、中枢院議官、農商工部工務局長などを歴任。

6日　木曜。薄日、冷え冷え。午後、雪。

例の如くYMCA。午後二時、シェフリー先生の歯科医院(1)に行く。昨夜も赤ん坊は相変わらず。妻はますます機嫌が悪い。

(1) Dr. Schefley's (→ Scheifley's) dental office：下線部はデジタルライブラリーも同じ。尹致昊の誤り。W. J. Scheifley はセブランス病院長アヴィソン (O. R. Avison) の要請により一九一五年に米国北長老会から派遣された医療宣教師で、セブランス連合医学校に歯科を開設した人物。

7日　金曜。薄日、寒。

例の如くYMCA。赤ん坊、昨夜はややよく眠る。

8日　土曜。極めて寒し。

例の如くYMCA。耳の治療のために恩姫をセブランス病院に連れて行く。

9日　日曜。雨、寒。

宗橋礼拝堂で朝の礼拝。十二時から雨。午後はずっと降ったり止んだり。

10日　月曜。薄日。

例の如くＹＭＣＡ。午後十二時、シェフリー先生〔Dr. Schefley's→Scheifley's〕の歯科医院に行く。恩姫の耳の治療。

午後七時三十分、月例会。河夫人[1]が、彼女が米国に行った時の話をとても面白く話してくれる。とりわけ、米国では白人以外の人種に対する差別があまりにもひどいので、後になってから米国に行ったことを後悔するようになったと言う。

（1）Mrs. Ha：河蘭史（一八七五〜一九一九）。梨花学堂入学後受洗してNancy（蘭史）という洗礼名をもらう。梨花卒後、慶応義塾留学、一九〇二年には自費で米国ウェスレー大学に留学し、〇六年に韓国女性として初めて学士学位を受ける。帰国後、監理教系統のキリスト教運動家として家庭医学・育児等、女性啓蒙運動の指導者として活躍する。夫は本年十二月五日訳注の河相驥。

11日　火曜。すばらしい天気。
例の如くＹＭＣＡ。恩姫の耳の治療。

12日　水曜。すばらしい天気。

例の如くＹＭＣＡ。正午、歯の治療のためシェフリー先生の歯科医院〔Dr. Schefley's→Scheifley's〕に行く。

渡辺鷹次郎〔警務総監部警視〕を訪ねる。彼によれば、日本人から申請が出ている金鉱の採掘権を（父の遺体が埋められている山も含めて）当局が認める可能性は全くないという。渡辺氏は楽観的すぎるのではないか。日本人の利害がかかわっているのに、一朝鮮人の権利や感情を当局が考慮してくれるなどということは恐らくありえない。この栄光ある国[1]において朝鮮人が安心できるようなものが一体あるだろうか？

（1） in this glorious country：朝鮮を支配下に収めている大日本帝国のことを皮肉をこめて言った。

13日　木曜。うららか。

例の如くYMCA。

14日　金曜。冷え冷え、曇り。

午前八時四十分の列車で温陽に向けてソウル発。天安から温泉までの人力車代、二円。途中、あちらこちらで泥濘。午後二時三十分頃、〔温陽〕温泉着。華泉旅館に投宿。キャンドラー〔次男光善〕は二日前に既に新村〔尹致昊郷里〕から来ていた。キャンドラーによれば温陽の叔母〔父雄烈の実妹〕は決死の覚悟でソウルに行くつもりでいるという[1]。

（1） 次の十五日の日記にあるように総督府の鉱山局の技師が尹家祖先の墓のある山を鉱山として採掘しようとしていることに抗議するために、ということであろう。

15日　土曜。曇り、冷え冷え。

昨夜降った雪が道路や山々を深々と覆いつくしている。

午前十時頃、温陽邑に行く。鉱山局の技師・倉石[1]がやってきて、我が家の山を測量していく。彼は態度も喋り方もきわめて横柄にこう言った。「あんたが自分の所有権を維持しようなんて考えるのはバカげたことだ、それに墓の周囲をほじくり返すことが悪いことだなどと考えるのは単なる朝鮮人の迷信にすぎない」と。これを聞いて私はハラワタが煮えくり返る思いだった。生命と財産の安全を尊重することは天皇陛下自らも実行されている基本的人権ではないか。私自身の権利を守ろうとすることが迷信だとはあまりにもひどすぎる。しかし、私に一体何ができると言うのか？　私は遣り場のない怒りを感じながらこう言った、「朝鮮人ニ　ハカモ山モ　アルモノテスカ(2)」。そして私はその場を後にした。叔母の所には行かなかった。(3)温泉に帰る。

（1）倉石, the officer from 鑛山局：この先、二十日に漢字で「倉石技師」とあり。総督府農商工部鉱務課技手倉石重太（韓国史データベース「職員録資料」）であろう。

（2）I said 朝鮮人ニハカモ山モアルモノテスカ.：原文カタカナ混じりの日本語である。言わんとするところは、「朝鮮人の持っている墓も山も日本人の思い通りであって、朝鮮人にとっては、あって無きが如くである」という意味か。

（3）Didn't call on 叔母（→姑母）：朝鮮語の「姑母」は日本語の「叔母」に該当するが、写真版はあくまで「姑母」となっていて「叔母」ではない。

16日　日曜。曇り、寒。午後、晴れ。

昨夜、雪が降る。午前十時、キャンドラーおよび荷物持ちとともに温泉を後にして新村を目指す。四十里歩く。ちょっと疲れたが平気だった。午後四時頃、新村着。みな元気。この地方だけは全く雪が降っていなかった。

17日　月曜。曇り、冷え冷え。

新村に滞在。午後、墓参のため道谷に行く。午後五時頃、帰る。

18日　火曜。薄日、寒。

新村。郭在明、兪鎮昌、金永祚[1]が私に会いに来る。彼らに一年間、『毎日新報[2]』を送り届ける約束をした。少なくとも村内の五人が読むこと、また読んだ者は新聞の読めない他の者たちにその内容を教えてやるようにするという条件で。

（1） 三人とも尹家の故郷忠清南道牙山郡新村の住人で小作人たち。

（2） 毎日新報：総督府御用新聞『毎日申報』のこと。『毎日申報』が『毎日新報』と改題するのは一九三八年のことである。

19日 水曜。うららかな一日。寒。

朝食後、午前十一時頃、新村を発つ。市浦荘[1]を訪れる。午後二時、平澤着。午後四時十六分、平澤発。午後七時過ぎ、ソウル着。家の者はみな無事、神に感謝。

（1） 市浦荘：高麟相から買収した農園。本年一月十九日参照。

20日 木曜。すばらしい天気、穏やか。

例の如くＹＭＣＡ。阿部社長〔京城日報社長阿部充家〕を訪ねる。墓の周囲をほじくり返すことについて朝鮮人は迷信を持っていると私にお説教した倉石技師の態度が、いかに権力を笠に着た横柄なものであったかを話す。

私の小作人たちに新聞を読むように勧めたいという私の計画を阿部氏に話す。加えて、郵便物や新聞がもっと早く配達されるよう彼の影響力を行使してくれるよう頼む。

シェフリー医師〔Dr. Scheflev → Scheifley〕を訪ねる。歯の治療が終わる。渡辺〔鷹次郎〕警視を訪ねて倉石の話をする。

21日　金曜。すばらしい天気、極めて寒し。

例の如くＹＭＣＡ。午後二時、宇佐美長官を訪ね、倉石の話をする。

午後四時、申勝熙および一番目の従弟〔尹致旿〕とともに松井〔信助〕警視を訪ねてファミリーホテルに行く。松井氏の話はきわめてザックバランで、世界に名の知れた国民は否が応でも民主主義を採用せざるをえない時代になってしまったとさえ言うほどだった。

22日　土曜。晴れ、極めて寒し。

例の如くＹＭＣＡ。正午、シェフリー歯科医院〔Dr. Schefley → Scheifley〕。これまでずっと悩まされつづけてきた下右側の親不知を抜いてもらった。とても痛かった。何時間も痛みが続き、熱が出て、早めに床に就かざるをえなかった。

23日　日曜。薄日、極めて寒し。

宗橋礼拝堂例の如し。

24日　月曜。すばらしい天気。

例の如くＹＭＣＡ。理由はまったく分からないが、妻の機嫌がひどく悪い。一般的に底意地の悪い人間は働き者で活動的である。また、生来の怠け者は普通、性格は良いものである。ところが妻ときたら、意地の悪さと根っからの怠け癖をあわせ持っている。彼女が新聞や本を手にすることは決してない。彼女は自分こそ最も正しいと思いこんでいる。だが、私は子供たちのためにこんな妻に耐えなければならない。神よ、どうぞ私が感情的な言動により後になって後悔することのないよう、賢くまた毅然とした態度がとれますようご加護ください。

25日　火曜。すばらしい天気。寒。

例の如くＹＭＣＡ。昨夜は雪が降る。ハーディー夫人の家でクリスマスの夕食をとる。

26日　水曜。すばらしい天気。厳しい寒さ。

例の如くＹＭＣＡ。正午、シェフリー歯科医院〔Dr. Schefley→Scheifley〕。昼食に丹羽氏をファミリーホテルに招く。

27日　木曜。晴れ。厳しい寒さ。

例の如くＹＭＣＡ。午後七時から十一時まで講堂でクリスマス祝賀会。ぎゅうぎゅう詰めの大盛況。みな様々な催し物を楽しむ。

28日　金曜。すばらしい天気。昨日よりは少し和らぐ。

例の如くＹＭＣＡ。午後四時、理事会を開く。午後八時、京城音楽倶楽部が大講堂でクリスマス・カンタータ（a Christmas Cantata）を催す。洋楽のなんたるかを知らない私のような者にとってなにがなんだかさっぱり分からず、何の興味も湧かなかった。

29日　土曜。すばらしい天気。

午前中、ＹＭＣＡ。午後四時二十分、松都で週末を過ごすためにソウルを後にする。列車の中で十三歳くらいの可愛らしく利発な廉寿子《ヨムスジャ》という少女に会う。ミス・スミスの学校〔培花女学校〕に通っている生徒だった。楽しく話をする。この学校の寄宿生は月々三円の寮費を払うという。来る日も来る日も三度三度の食事におかずはキムチばかり。部屋がとても寒く、可哀想に、しょっちゅう腹痛をおこす少女もいるという。松都の家に着いた時には月が中天高々と輝いていた。

30日　日曜。すばらしい天気、寒。

北部礼拝堂で礼拝。家でのんびり休む。北部礼拝堂で少数の聴衆に向かってお話しする。『第二ペテロ書』第一章五節。李東振叔父[1]を訪ねる。

教会の後、金東成、韓道洙、および韓渕洙が訪ねてくる。[2] 金は宗教に興味を失ったようだ。彼にはモノカキの才能がありそうだ。

（1）uncle Yi Jong（→ Tong）Chin.：国史編纂版の解読ミス。「李通津」とも。
（2）金東成, 韓道洙, and 韓渕洙 called on me after church.：下線部の意味がよく分からない。

31日　月曜。すばらしい天気。

午前中、梁柱三氏がお茶を飲みに来る。彼とともに金東成、金尚然郡守、劉元杓《ユウオンピョ》、およびワッソンを訪ねる。梁氏の家で昼食。午後三時三十分頃、帰宅。午後五時四十分の列車で松都を発ってソウルに帰る。車中は不快だった。満員状態のうえ、耐えがたいタバコの煙。

「はっきりした大義名分がないかぎり、意図的あるいはそれを知りながら二日間以上続けて日記をサボらないこと。心約。一九一八年二月五日より十二月三十一日まで。心約[1]」。

（1）写真版によれば、このカギカッコ（「　」）を付けた部分は、一九一七年十二月三十一日の頁に書かれたものではなく、東京の民友社発行『大正七年　国民日記』の扉の部分（即ち一九一八年の年頭）に書かれたものである。国史編纂版編集者が、正規の日記の欄外にあるこの記述を捨てがたく考えて、敢えてこの位置に置いたものであろう。

一九一八年

一月

1日　火曜。大雪、寒。

午前十時よりメアリ・アッピ〔三女文姫〕とともに年始回りに出かける。

午後六時、元徳常[1]の家に夕食に行く。叔父、叔母、従弟たちも同席。

（1）元徳常（一八八三〜一九六一）は日本に留学、一九一二年に千葉医学専門学校（千葉大前身）を卒業。帰国後、ソウルに徳済医院を開業し医師としての道を歩む。兄に元応常、元恩常、弟に元勛常がいる。

2日　水曜。すばらしい天気。極めて寒し。

例の如くYMCA。

3日　木曜。うららか。華氏〇度。

例の如くYMCA。午前十一時、〔工業専習所に〕豊永博士を訪ねる。

4日　金曜。すばらしい天気。厳しい寒さ。

例の如くYMCA。

5日　土曜。すばらしい天気。厳しい寒さ。

例の如くYMCA。

6日　日曜。晴れ、寒。

日本メソジスト教会の朝の礼拝に出席し、吉川氏の父親[1]の改宗に関する山縣五十雄氏の話を聞く。

（1）Mr. Yoshigawa Sr.：息子吉川亀（一八五八〜?）の感化によりバプテストとなった吉川太平太（?〜一

九一四）のことと思われる。息子亀は当初、自由民権運動に投じ国家に害のあるキリスト教撲滅を叫んでいたが敵を撲滅するには相手を熟知する必要があるとキリスト教の研究を始めたところが、逆に信仰を抱くようになり一八八三年、神戸バプテスト教会宣教師H. H. Rheesにより受洗した。父太平太はこの息子に感化されて八四年、同じRheesから受洗した。『日本キリスト教歴史大事典』（教文館、一九八八）参照。

7日　月曜。すばらしい天気、寒。

例の如くＹＭＣＡ。午後四時三十分、会友部が集まる。

午後三時、〔貧民〕救済委員会[1]が集まる。ノウブル博士、ビリングズ師（Rev. Billings）、クーンズ師、ホッブズ氏、車相晋牧師、孫貞道、李熙百、金貞植。

金貞植は大の外国人嫌いである。彼は朝鮮ＹＭＣＡを米国人の手から解放するために日本人から募金を集めるよう私を説得した。

（1）Poor Relief Committee：この先、一月二十一日に漢字で「救済委員会」とある。

8日　火曜。すばらしい天気。厳しい寒さ。

例の如くＹＭＣＡ。午後三時、救済委員会が集まる。米の配給が始まる。

9日　水曜。すばらしい天気。今朝は今までいちばん寒かった。

例の如くＹＭＣＡ。

10日　木曜。すばらしい天気。昨日に比べて和らいだ天気。

例の如くＹＭＣＡ。三時三十分、救済委員会が集まる。衣食にも事欠く貧しい人々の話を聞くにつけ、胸が張り裂けそうになる。しかも私たちには彼ら全員を助けることなどできないし、またその一部の人々だけにせよ彼らを一生涯にわたって救済しつづけることもできないことを考えるならば、尚更である。

午後七時、郵便局の（　）氏[1]、および日本語学級で日本語を教えている和田氏（Mr. Wada）をファミリーホテルに招いて夕食をご馳走する。

（1） 7 p.m. invited Mr. （　） of the Post Office and Wada who has been teaching Japanese in the Japanese classes：写真版では（　）の部分は空欄である。

11日　金曜。すばらしい天気。穏やか。

例の如くＹＭＣＡ。

12日　土曜。すばらしい天気。穏やか。

例の如くＹＭＣＡ。林潤相の依頼により林炳稷《イムビョンジク》[1]に一〇二・二二円（五二米ドル）を送る。七時二十分、救世軍のコンサートに行く。救世軍の婦人たちは自分たちが座る場所を確保するために朝鮮人の婦人たちを床の上に座らせた。なんという思いやりのなさ！

（1）　林炳稷（一八九三～一九七六）は一九一三年に李承晩の斡旋により米国オハイオ州ディキンズ大学で修学。在学中に『韓国学生評論』を創刊して朝鮮の独立支援を世界に訴える。三・一独立運動当時は一九一九年四月に米国フィラデルフィアにおいて李承晩、徐載弼等とともに在米韓人大会を招集して書記長として独立運動法案を討議した。解放後は大韓民国第二代外務部長となった。

13日　日曜。すばらしい天気。穏やか。

宗橋礼拝堂で礼拝。午後九時、李垠《イウン》王世子[1]が帰国。南大門駅で歓迎。

（1） Prince 李垠：いわゆる英親王のこと。「李垠」は日本語では「リ・ギン」と読む。純宗（母は閔妃）の異母弟（母は厳妃）、大韓帝国最後の皇太子。一九一七年五月、陸軍士官学校を卒業し歩兵少尉として日本軍に任官していた。

14日　月曜。すばらしい天気。穏やか。午後、風あり。

例の如くＹＭＣＡ。正午、シェフリー医師〔との予約〕、明日まで延期。

叔父〔尹英烈〕が神経症気味。午後七時三十分、月例会。丹羽氏が米国に旅行した時のことについてとても良い話をする。

15日　火曜。快晴。厳しい寒さがぶり返す。

例の如くＹＭＣＡ。正午、シェフリー医師が歯を治療してくれる。

午後四時、叔父を訪ねる。午後五時、局長〔尹致旿〕とともに金鱗を訪ねる。

16日　水曜。快晴。極めて寒し。

例の如くＹＭＣＡ。

17日　木曜。快晴。極めて寒し。

例の如くＹＭＣＡ。午後三時三十分、救済委員会を開く。

18日　金曜。すばらしい天気。

例の如くＹＭＣＡ。ヘレンのための費用としてフィッシャー博士に五〇〇ドル（九八一・九四円）送る。キャンドラー博士の胸像基金としてノーマン・ミラー氏に二五ドル（五〇円）送る。(1)

（1） 米国にある母校エモリー大学の同窓会が尹致昊留学当時の学長W・A・キャンドラーの記念館と銅像を

設立することになったのでその寄付金を送る。ノーマン・ミラーは同窓会関係者。

19日　土曜。すばらしい天気。

例の如くYMCA。今朝、フェルプス氏[1]が到着する。四時から六時まで社稷洞の〔宣教師住宅に住む〕婦人たち〔女性宣教師〕がスタイツ博士の歓迎会、というか招待会を開く[2]。

（1）Mr. Phelps : G. S. Phelps. 当時、京都YMCAの幹事をしていた。この先一月二十四日の記事でも分かるように満州旅行が目的だったらしい。Frances E. Phelps はその妻。

（2）4—6 Dr. Stile's（→ Stites'）reception or at home given by the ladies of 社稷洞 : at home は名詞で、「招待者宅で催す家庭的な招待会」の意味。社稷洞には南メソジスト宣教師の住宅があった（"*Southern Methodism in Korea Thirtieth Anniversary*" History in Pictures, p. LV. を参照）。Dr. Stites は Frank M. Stites。一九一七年に来韓した米国南メソジストの医療宣教師。二三年までソウルで活動。

20日　日曜。すばらしい天気、寒。

午前、宗橋礼拝堂で礼拝。フェルプス氏を迎えルーカス氏の家で夕食会。

21日　月曜。すばらしい天気。

例の如くYMCA。午後三時三十分、救済委員会を開く。

ノウブル博士によれば、京城府尹〔京城市長＝金谷充〕はノウブル氏に、手持ちのカネが続くかぎり現在の仕事〔貧民救済〕を続けるように、その後は府尹自身が仕事を引き受けるからと言ったという。組合教会は救済の仕事を避けている。何故なのか？

22日　火曜。すばらしい天気。昨日より寒さが和らぐ。

例の如くＹＭＣＡ。午前八時四十分の列車でやってくるフィッシャー博士〔東京ＹのG・M・Fisher〕を出迎えるために南大門駅に行く。博士は来なかった。それも当然である。博士はすでに昨夜到着していたのだから。

今朝、九時三十分から書記会議（The Secretaries Conference）が始まる。フェルプス氏が、「都市におけるＹＭＣＡの成功への秘訣」という題で有益な講演をする。

23日　水曜。すばらしい天気。

例の如くＹＭＣＡ。午前中、書記会議。府尹〔京城市長〕公舎に行く。府尹は私とノウブル氏に向かって、京城府は二十四日から救済事業を始める予定である、従って、困っている者を公舎その他の施設に送ってもよいと言った。

バーンハート氏（Mr. Barnhart）の家で昼食。最近また病気になった金麟を訪問する。彼は、組合教会の教役を辞めて満州に行く予定であると言った。

24日　木曜。すばらしい天気。穏やか。

例の如くＹＭＣＡ。午前中、書記会議。丹羽、斉藤、宮田[1]、および申をファミリーホテルに招き昼食でもてなす。一人あたり二円五〇銭。

フィッシャーと朝鮮Ｙの状況について雑談した折、私が本気で辞任を考えている旨伝える。青木堂で夕食。朝鮮Ｙ関係者二十名、日本Ｙ関係者十七名。ゲイル博士が。「戦争を通して学んだこと」と題して有益な話をする。フェルプス氏が大連に向けて発つ。

（1）丹羽、齋滕（→齋藤）、宮田：順に丹羽清次郎、斉藤惣一（日本ＹＭＣＡ同盟主事）、最後の「宮田」は

一九一六年十一月八日に丹羽・村上とともに登場して居るが同定できず。あるいは「宮田熊治」か？

25日　金曜。すばらしい天気。
例の如くYMCA。八時三十分、フィッシャー氏を見送るために南大門駅に行く。今朝、張鵬が自分は月二〇円で暮らしていると私に言った。さらに彼は、このことをクーンズ氏に訴えたところ、K氏〔クーンズ〕は「それがどうかしましたか？　それどころか米一升、小麦一升で一家全員が一週間暮らしているところだってあるんですよ」！　と言ったと付け加えた。朝鮮人の若い牧師たちが他に職を求めてどんどん辞めてゆくのもこれでは無理もない。

26日　土曜。すばらしい天気。
例の如YMCA。

27日　日曜。すばらしい天気。穏やか。
宗橋礼拝堂の礼拝例の如し。午後二時から、叔父、叔母〔尹英烈夫妻〕、および従弟たちが我が家にやってきて、一緒に遊び夕飯を共にする。

28日　月曜。すばらしい天気。穏やか。
例の如くYMCA。

＊（29日は空欄）

30日　水曜。すばらしい天気。

例の如くYMCA。アレンに手紙を書く。

31日　木曜。曇り、穏やか。

例の如くYMCA。パゴダ公園でスキヤキ会。金貞植、丹羽、尹致旿、山縣五十雄、山縣悌三郎、呉競善、山本牧師(1)、村上唯吉、および私。楽しい夕べの一時を過ごす。

（1）　山本牧師：山本忠美（一八七六～一九四六）。一九〇六年十月に按手礼を受け、一二年三月に京城教会牧師として赴任。一六年、日本組合教会朝鮮伝道副主任となり渡瀬常吉を助ける。

二月

1日　金曜。快晴。

例の如くYMCA。祖父〔尹取東〕の命日。叔父〔尹英烈〕、病気。来られず。

2日　土曜。この春初めての雨。

例の如くYMCA。

3日　日曜。薄日。

宗橋礼拝堂、朝の礼拝例の如し。

4日　月曜。曇り、穏やか。

例の如くYMCA。松都から光善。

5日　火曜。曇り、薄日。

地面に薄い積雪。例の如くYMCA。

6日　水曜。薄日。
例の如くYMCA。延禧専門学校の高井教授が昨夜焼死した[1]と聞いてびっくりする。
（1）Prof. 高井 of the 延禧専門学校 was turned（→burned）to death last night.：下線部は写真版で訂正。
「高井教授」なる人物は同定できず。

7日　木曜。すばらしい天気。
例の如くYMCA。私の誕生日〔本日は旧暦十二月二十六日〕。初めて職場の友達を昼食に招待する。

8日　金曜。すばらしい天気。

赤ん坊の恩姫が病気。眠れなかった。妻、昨夜、陣痛が始まる。午後二時、妻、女児出産〔五女明姫〕。とてもガッカリする[1]。

午後四時三十分、大講堂で高井の葬儀。この世に生を受ける者と、この世から旅立つ者と――人生はまさに鉄道の駅そのもの！

厚かましいことに元奎漢[2]が、五年以内に返すから籾米を五十石[3]貸してくれと言う！　パラサイト人間の底なしの強欲にしてこの厚かましさありだ！
（1）翌九日の既述によれば、ガッカリしたのは尹致昊ではなく妻の白夫人だったようである。因みに白夫人がこれまでに生んだ子供はみな女児である。
（2）元奎漢：尹致昊の郷里・牙山新村里の里長。
（3）50（ここに「石」を補う）of unhulled rice：国史編纂版の見逃し。写真版で確認。

9日　土曜。曇り。

例の如くＹＭＣＡ。生まれた子供が女の子だったことにすっかり気を落とした妻は昨夜、大泣きに泣き続けた。今度のことで少しは角が取れて、今までよりは優しくなり、もう少し愛情の機微が分かるようになればいいのだが。そうなれば〝災い転じて福となる〟だ。だがそれは私の期待しすぎというもの。幸いなるかな望みを持たざる者。彼女は決して落胆などしないだろう。

10日　日曜。冷え冷え。
宗橋礼拝堂の礼拝例の如し。李商在氏が、「ささやかなことにおいて誠実であること」と題して良いお話をする。

11日　月曜。薄日。
例の如くＹＭＣＡ。陰暦によれば今日は元旦である。朝鮮人は最近ますますこの日を彼らの祭日と見なすようになっている――ほとんど無意識のうちに。彼らに残された唯一の民族的祭日は（過去何世紀にもわたる想い出が重なっているため）この日のみだからである。李鍾元〔任実の小作管理人〕から手紙が来る。

12日　火曜。すばらしい天気。
例の如くＹＭＣＡ。キャンドラーが午前八時四十分の列車で温陽墓参のためソウルを発つ。

13日　水曜。薄日。
例の如くＹＭＣＡ。

14日　木曜。すばらしい天気。
例の如くＹＭＣＡ。

15日　金曜。すばらしい天気。
例の如くYMCA。
16日　土曜。すばらしい天気。
例の如くYMCA。南宮檍〔次男光善の義父〕から次のカードをもらう。「二月十六日、即ち今日の早朝七時四十分、光善に男児が生まれる。産婦を占ったところ、恙無しとあり。黙して万々を賀すのみ」[1]。神よ、若い母親と、その夫と、その子に祝福を。彼らが幸せたらんことを！
年　戊午　一九一八
月　甲寅正月
日　甲午初六日
時　甲辰午前七時四十分　辰時[2]
（1）二月十六日即今早七時四十分　光善生男　産母占無恙黙賀萬萬耳。
（2）この「年月日時」はいわゆる「四柱推命」の「四柱」に当たる。
17日　日曜　すばらしい天気。風あり、寒。
宗橋礼拝堂の礼拝例の如し。
18日　月曜。すばらしい天気。
例の如くYMCA。午後八時、教会職員の懇親会を開く。五つの教派を代表しておよそ二十二名が出席。女性の社交サークルを創設することに決定。四月二十二日に初会合。
19日　火曜。すばらしい天気。

例の如くＹＭＣＡ。午前中、風強し。午後五時、局長〔従弟尹致旿〕とともに金允植丈を訪ねて私の孫の名前として考えられている「駿求」と「龍求」の二つの内、彼はどちらが良いと思うかを聞く。名前は二つとも戊午の年、即ち「うまどし」に因んで考えられたものである。彼は、「馬高八尺曰龍」という古典に基づいて龍求が良いと言った(1)。

（1）　尹致昊の次男光善の長男、すなわち尹致昊にとって孫にあたる「龍求」の誕生日「戊午正月六日」は陽暦では一九一八年二月十六日に当たる。因みに金允植（一八三五～一九二二）は韓末の学者政治家で、尹致昊とは一八八〇年以来の知り合いである。

20日　水曜。風あり、晴れ。

例の如くＹＭＣＡ。

21日　木曜　すばらしい天気。午後、冷え冷え。

例の如くＹＭＣＡ。午後七時三十分より私のサラン〔舎廊：客間〕でユンノリ遊び(1)をやる。私の従兄弟三人、趙哲熙、趙重協、李丙悍、朴勝彬、方斗煥、玄侍従、張斗徹、元徳常(2)、および私が参加。十二時過ぎまでやる。中華料理の軽食。床に就いたのは午前二時三十分。

（1）　웃 party：下線部はデジタルライブラリーも同じであるが、正しくは「윷」である。説明すると長くなるので簡単に言うと、日本の正月の遊びである双六のようなゲームで、長さ十五センチほどの「윷」と呼ばれる木の棒を四本、空中に放り投げ、落ちた時の表裏の組み合わせで点数が決まり、その点数により将棋盤のような盤上で駒を進めて「上がり」を競うゲーム。

（2）　元往常（→元徳常）：傍線部は写真版により訂正。

22日　金曜。すばらしい天気、風あり。

例の如くＹＭＣＡ。白楽俊および白雲湃に手紙を書いて、私と私の二人の弟の財布から八二五〇円もの大金を出すことになるので、(1)売買契約を結ぶに当たっては十分注意するように言う。今年は我々の広業会社の二回目の出資をする年なので。(2)

二番目の従弟〔尹致昭〕の家でユンノリをする。疲れすぎていて楽しむどころではなかった。

（1）　as the large sum of ¥8,250 have to be paid out（ここにofを補う）my and my two brothers' income.：（　）内の脱落は尹致昊の誤り。

（2）　T（→This）year as the 2nd instalment of our 廣業會社 shares.：下線部はデジタルライブラリーで訂正。それ以外はデジタルライブラリーも同じであるが意味不明。

23日　土曜。うららか。午後、冷え冷え。

例の如くＹＭＣＡ。大講堂で東大門小学校音楽会。美人の従妹が来た。(1)人妻として彼女ほど美しく優しい女性は世界中どこにもいない。彼女は女性として完璧だ。彼女のような女性を妻として余生を幸せに過ごせたらどんなにいいことか。

（1）　本年七月十八日に登場する「my cousin 趙室」、即ち本月二十一日に登場した趙重協に嫁いだ尹活蘭（叔父尹英烈の長女）と思われる。

24日　日曜。すばらしい天気。

宗橋礼拝堂の礼拝例の如し。リビングストンの生涯が一連の歌にされて発表された。(1)いつもの単調な礼拝をこんなふうに変えてくれるとは本当にありがたい。ミス・マイヤーズは本当にすばらしい女性だ。教会の若者たちに混じって彼らのために疲れも知らず献身的に働く彼女の仕事ぶりはまさしく〝掃き溜めに鶴（one in a hundred）〟だ。

（1）　Miss Myers : Mary D. Myers. 一九〇六年に来韓した南メソジスト女性宣教師。泰和基督教女子館の設立者。

25日　月曜。すばらしい天気。

例の如くＹＭＣＡ。典型的な春の一日。午前八時三十分、金容河[1]が伊川〔慶尚北道〕に出発するのを見送るために駅に行く。

（1）　金容河（一八九六～一九五〇）は植民地時代の教育家・教育官僚。

26日　火曜。午前、雨。

例の如くＹＭＣＡ。昨夜は雨。午前九時より長監連合協議会[1]がＹＭＣＡで会合。三十七人が出席。午後八時二十分より懇親のため茶話会を開く。楽しい夕べを過ごす。五・二八ドル。

（1）　長監聯合協議會：長老教会と監理教会の連合協議会。次の日のThe Korean Federal Councilも同じ。正式には「朝鮮耶蘇教長監聯合協議会（Korean Church Federal Council）」である。朝鮮耶蘇教長老会、朝鮮美監理会、朝鮮南監理会の三教団の代表が参与して組織した超教派的な朝鮮プロテスタントの団体。金弼秀牧師が会長に選出される。韓国キリスト教歴史研究所編『韓国キリスト教の歴史Ⅱ』（基督教文社、二〇〇七）六六～六七頁を参照。

27日　水曜。曇り。

例の如くＹＭＣＡ。午前九時より十二時まで長監連合協議会（The Korean Federal Council）の会合。山本〔忠美〕牧師と金貞植をパゴダ食堂に招いてご馳走する。山本に私は現在のYMCAの職を辞したいと思っていること、辞職後は新約聖書を翻訳したり、満州に居住する朝鮮人移民を訪問して過ごしたいと考えていることを伝える。山本は私の考えを支持してくれる。

午後七時、局長〔従弟尹致旿〕とともに崔在鎬[1]の家に行き、彼の父親の還暦の宴に出席。米国宣教師のほとんどが出席していた。

（1）崔在鎬は一九一三年、慶尚北道生まれ。京城法学専門学校、日本大学法律学科を経て高文試験行政司法科に合格。京城逓信局総務課長。京城中央郵便局長。京城逓信局資材局長等を歴任した郵政官僚。

28日　木曜。すばらしい天気、暖。

例の如くYMCA。金麟の言うところによれば、日本はシベリアにおいて何らかの戦争目的のために第十九師団を動員させたという[1]。

（1）Japan has mobilized 19 師團 for certain war like（→ warlike）purpose in Siberia!：いわゆる「シベリア出兵」。一九一八年一月十二日、日英両国は居留民保護のためと称してウラジオストクへ軍艦を派遣。

三月

1日　金曜。すばらしい天気。

例の如くYMCA。戦地の活動写真[1]。

日本とロシアの間に戦争が始まるという噂が米価を高騰させている。現在の米価は市場升で一升あたり四〇～四四銭[2]であるが、これは昨年のこの時期のほぼ三倍の値段である。

（1） Moving picture scenes in the battlefields.：Yで第一次大戦の戦地情況上映会があったか。
（2） Rice one 火印升 40—44 sen today：「火印」は「昔、市場で使用された升」（角川書店『朝鮮語大辞典』）とある。

例の如くYMCA。

2日　土曜（Baturday→Saturday）。すばらしい天気。
例の如くYMCA。

3日　日曜。すばらしい天気。
宗橋礼拝堂の朝の礼拝、例の如し。

4日　月曜。すばらしい天気、午後は冷え冷え。
例の如くYMCA。

5日　火曜。曇り、冷え冷え。
例の如くYMCA。

6日　水曜。すばらしい天気。
例の如くYMCA。

7日　木曜。すばらしい天気。
例の如くYMCA。午後五時三十分、山縣五十雄氏と彼の兄が京城倶楽部に私を招待してスキヤキをご馳走してくれた。午後八時、濂井洞[1]礼拝堂で行われた金弼秀〔YMCA幹事〕の娘と林澤龍の結婚披露宴に出席。

（1） 本年八月九日に出てくる「廉井洞教会」で、現在の「セームンアン教会」のこと。

8日　金曜。すばらしい天気。午後、寒。

例の如くＹＭＣＡ。韓文愈〔鉄山在の儒者〕を彼の還暦祝賀会に訪ねる。

『半島時論』の日本人編集者・竹内氏(1)が男子学生に話をする。小講堂は満員。私は彼の言うことは何を聞いても退屈でしかたなかった。大場(2)を夕食に招いて接待する。
（1）竹内：本巻一九一七年八月二日に登場した竹内錄之助のこと。ＹＭＣＡで講演したのは彼がキリスト教徒（近江兄弟社）であったからと思われる。国民精神総動員朝鮮連盟が猛威をふるった一九三八年に朝鮮のキリスト教諸派が統合されて「朝鮮基督教連合会」となったとき評議員となり、さらに一九四二年代に財務委員になった「竹内錄之助」は同一人物と思われる。『日韓キリスト教関係史資料Ⅱ』の二四二および七〇四頁を参照。
（2）大錫（→大場）：傍線部は写真版で訂正。一九一七年十月五日に登場してバイオリンを演奏した「大場」であろう。

9日　土曜。曇り、冷え冷え。
例の如くＹＭＣＡ。申〔興雨〕が名講演を披露した。(1)すばらしかった。雨風の天気にもかかわらず多くの観客。
（1）The Cynn（→Mr. Cynn）had a show：下線部は写真版で訂正。

10日　日曜。風強く寒し。

昨日の雨はすっかり上がったようであるが、冷たく激しい北西風が一日中吹き付けた。

一週間前に他界した再従兄の致奭《チソク》の家族を弔問するために、八時四十分の列車で新村を目指す。十一時頃、平澤着。道がどうしようもないほどひどい。泥濘は踝まで埋まってしまうほど、おまけに風は強しで、人力車は前に進めない。怠け者で役立たずの車夫は、日当一人一円で、二人もいるのにこんなちっぽけな乗り物さえ動かすことができない。しかたなく、人力車を送り返して、歩かざるをえなかった。午後十一時頃、新村着。

11日　月曜。風あり、寒。

午前中、再従兄の墓に参る。一日中、頭が割れるように痛かった。

12日　火曜。すばらしい天気、寒。

早起きして朝食後八時二十分に新村を発って平澤をめざす。駅でほとんど二時間近く待たされる。車中で李根澤伯爵[1]に会う。ソウルにおける両班の経済条件について話をする。彼の考えでは、両班子弟の多くの者が道を踏みあやまって放蕩生活に耽るようになってしまったのは彼らに目指すべき高い目標（かつて彼らが占めていた高位高官のポスト）がなくなってしまったためだという。

午後三時三十分、ソウル着。午後六時から九時三十分まで山本牧師の家で夕食。宮川師も同席[2]。楽しい一時だった。

（1）Viscount Mr. 李根澤：韓末に軍部大臣を務めた人物。弟の李根澔、李根湘とともに三兄弟として知られる。

（2）「山本牧師の家」に「宮川師も同席」していたということになると、山本は日本組合教会朝鮮伝道副主任・山本忠美、宮川は同じく江景内地人教会牧師宮川友之助と思われる。『現代史資料26』四七四～七五頁を参照。

13日　水曜。すばらしい天気。
例の如くＹＭＣＡ。

14日　木曜。すばらしい天気。
例の如くＹＭＣＡ。先日、新村にいた時、林喆栄《イムチョリョン》[1]が私に貸してくれと言ったカネは貸せないという手紙を林宛に書く。

（1）　林喆榮：本巻一九一六年四月三日にIm Chul Yungとして登場。

15日　金曜。すばらしい天気。
例の如くＹＭＣＡ。洪川の舎音・朴徳化[1]が買うように勧めた水田を見るために劉庇仁が出発した。

（1）　舎音朴徳化：「舎音」は農園の管理人の意。劉庇仁と同じく尹家の農園管理人。

16日　土曜。すばらしい天気。
例の如くＹＭＣＡ。午後一時三十分、卒業式に参列するため培材高等学校に行く。まるで氷のように冷たい式の進行ぶり。すべてが簡略で、味も素っ気も感じられなかった。

17日　日曜。すばらしい天気。
石橋教会に行き、ストークス氏[1]が〔協成〕神学校卒業生に向けて行った卒業記念説教（the Baccalaureate sermon）に出席する。午後、昼寝をする。玄楯がＹＭＣＡの礼拝堂で説教を行う。

（1）　Mr. Stokes：Marion Boyd Stokes（1882–1968）は一九〇七年に来韓した南メソジストの宣教師。協成神学校の教授の他に松都・春川などで活動する。

18日　月曜。すばらしい天気、暖。

例の如くＹＭＣＡ。貞信女学校〔長老教系のミッションスクール〕に行き女子学生と話をする。金弼淳博士の妹の金弼礼嬢[1]に会う。彼女の美しさとその分別ある態度がすっかり気に入ってしまった。林潤相《イムユンサン》の息子の林炳稷[2]から手紙をもらう。彼の父親の求めにより私は五二円[3]を送ってやってあった。ヘレン〔次女龍姫、米国留学中〕からうれしい手紙。

午後八時、日本ＹＭＣＡの理事会に出席。午後八時、教役者懇親会。

（１）Miss Kim Pil Yei：本年六月二十日に彼女の結婚式のことがある。金弼淳（一八七八～一九一九）はアンダーウッド、シャロックス、アヴィソンらに指導を受けたセブランス医専の第一回卒業生にして韓国初の免許取得医師。一〇五人事件後、満州に亡命中。ＹＭＣＡ幹事の「金弼秀」とは別人である。

（２）Mr. P. J. Lim（林炳稷）：本年一月十二日を参照。

（３）¥52$\underline{^{00}}$：本年一月十二日には「二〇二・二二円（五二米ドル）」とあった。尹致昊の勘違いだろう。

19日　火曜。にわか雨。曇り、冷え冷え。

例の如くＹＭＣＡ。午前中に降った雨だけで通りはもうすっかり泥濘状態。午前十時三十分、卒業式に参列するため〔協成〕神学校に行く。

20日　水曜。すばらしい天気。

例の如くＹＭＣＡ。

21日　木曜。すばらしい天気。

例の如くＹＭＣＡ。ヘレンとアレンに手紙を書く。

22日　金曜。すばらしい天気。

例の如くYMCA。何が気に入らないのか、妻はここ二日間、癇癪を起こしどおし。あまりにも甘やかして育てられ、あまりにも性格が我が儘なので、彼女の我が儘は決して充たされることがない。本当に薄情で無分別な女性である。だが、私はこれら全てに耐えねばならない。大事な大事な子供たちのために。

マクミラン氏〔米国におけるヘレンの保証人〕とヘレンに手紙を郵送する。M氏にニューヨーク着で四七〇ドルの小切手を送り、アレン〔長男永善：米国留学中〕に回送してもらう。

23日　土曜。すばらしい天気。

例の如くYMCA。午後四時、メアリ・アッビ〔三女文姫〕とともに松都に行く。暗くなってから到着。

24日　日曜。一日中雨。

北部礼拝堂で礼拝。

25日　月曜。雨。

早起きする。一日中雨。梁柱三とともに朝鮮式食堂に行き、松都の教会から神学校に派遣されている若者たちと朝食を共にする。午後五時四十分の列車で松都を後にし、ソウルに帰る。

26日　火曜。すばらしい天気、寒。

例の如くYMCA。午後三時、セブランス医学専門学校の卒業式。宇佐美氏の名代《みょうだい》の上田氏(1)が言った。「はじめて私がここの卒業式に出席した時、私は心の中でこう尋ねずにはいられませんでした。〝この学校は生きた辞書を作っているのか、それとも生きた人間を作っているのか〟と。しかし、ヴァンバスカーク博士が日本語でお話をしているのを聞き、私の疑問はたちどころに解決しました。すなわち、この学校の校長先生がこのように立派な日本語を話しているからには学生たちも国語（national language）を立派に話すことができるにちがいないと。いまや、私はこの学校が生きた人間を作っていることが分かりました」。

朝鮮においてある人間が一人前になったか否かを判断する物差し、あるいは基準は日本語を話す能力である。……するだけの高度な日本語の能力[2]。

午後八時、青年会労働夜学校卒業式。卒業式の後、叔父に会いに行く。

（1）本巻一九一七年十二月一日に登場した「上田（駿一郎）視学官」であろう。

（2）The criterion or standard of manhood in Korea is the ability of speaking the Japanese language in high standard ……（→the Japanese language. A high standard that ;）：デジタルライブラリーで見ると最後は A standard that ; で途切れている。

27日　水曜。薄日。

例の如くＹＭＣＡ。梨花学堂の卒業式に出席。叔父が天安に発つ。

28日　木曜。すばらしい天気、冷え冷え。

例の如くＹＭＣＡ。

29日　金曜。薄日、冷え冷え。

例の如くＹＭＣＡ。佐村氏〔佐村信平：松都高普の日本人教師〕が会いに来る。彼は私が貸してやった二〇〇円（三月から月々一〇円ずつ返済してもらう約束）のことを心から感謝しているようだった。彼が約束を守ってくれることを望む。

30日　土曜。すばらしい天気。
例の如くYMCA。午後四時、理事会（Bd. of Directors）を開く。重要なことなし。
31日　日曜。時折にわか雨。
宗橋礼拝堂朝の礼拝、例の如し。午後二時、教会に行き、子供たちがやる復活祭のお祝いを見る。まだ三歳になったばかりのグレース〔四女恩姫〕が自分からすすんで壇上に上がり、なんとも言えず可愛らしく優雅にふるまった。教会中の人々が思わず拍手喝采した。なんてかわいらしい、役者も顔負け！[1]

（1）Such a 재롱구럭이 she is.：「재롱구럭이」は「お茶目で可愛らしい子供」の意。

四月

1日　月曜。曇り、冷え冷え。

例の如くYMCA。夜、雨。

2日　火曜。曇り。早朝、雨。

例の如くYMCA。昨夜は夜中の十二時頃まで赤ん坊の明姫〔五女：生後二カ月〕の落ち着きがなかった。ところで彼女はとても可愛らしい目鼻立ちの整った子だ。ありがたいことに、妻はグレース以上にこの子を可愛がっている。

　午前九時三十分、セブランス病院に行き、医学専門学校の評議員会に出席する。ハースト博士[1]の家で昼食。ブルエン氏[2]に会う。私が大邱刑務所にいた時、氏が何度も訪問してくれたことをいつまでも決して忘れない。

（1）Dr. Hirst : Jesse Watson Hirst（1864–1952）。一八九九年にジョンズホプキンズ大学で医学博士号取得。一九〇四年に米国北長老会医療宣教師として来韓。セブランス病院でアヴィソンとともに医療に従事するとともに国王の侍医・軍医としても活躍する。セブランス医専（一九二五～一九二七年、院長）では産婦人科を担当する。

（2）Mr. Bruen : Henry Munro Bruen（1874–1959）。プリンストン神学校およびユニオン神学校卒。北長老教海外宣教部から韓国宣教師に任命され一八九九年十月に大邱に到着。一九〇一年、一時米国に帰国しMartha Scott（Bruen）と結婚し一九〇二年に再び大邱に戻る。一九一五年に大邱南山教会の担任牧師となり二〇年まで従事。尹致昊は一九一三年五月二十八日に京城から大邱監獄に護送されたからブルエン牧師との面会はそれ以後、一五年二月十三日に仮釈放されるまでの間に数度行われたものと思われる。

3日　水曜。すばらしい天気、冷え冷え。

例の如くＹＭＣＡ。午後四時、メアリ〔三女文姫十歳〕および善姫とともに孫とローラ〔長女鳳姫二十四歳〕を訪ねる。午後八時、愛国婦人会[1]が戦争映画を上映する。メアリはこの映画を見ながら、画面に映し出される兵隊や馬の苦労話を聞いて言った。「なんで戦争なんかするの？　少しぐらい土地が増えたって何になるの？」

（1）the Patriotic League：訳語は暫定的。十歳の文姫が参加しているところからして女性中心の集まりのようである。とすれば一九〇一年に奥村五百子が中心となって結成した愛国婦人会ではないかと思われる。

4日　木曜。すばらしい天気。

例の如くＹＭＣＡ。午前十一時から十二時、シェフリー医師に歯の治療をしてもらう。

5日　金曜。すばらしい天気。

午後八時、外国語学校[1]が講堂でコンサートを催す。

（1）The Foreign School：漢城外国語学校は一九一一年に廃校になったからそれ以外の学校である。

6日　土曜。曇り、冷え冷え。

例の如くYMCA。午後三時、ベリー博士[1]とその旅の同行者に対してソウルの組合教会の人々が朝鮮ホテルで歓迎会を催す。ベリー博士は明治初期に日本で二十年間過ごし、病院の建設・看護婦養成事業・監獄改革の面において貴重な貢献をした人である。以来、博士は四十五年以上にわたり日本および米国在住の日本人のために働いてきた。博士は日本から叙勲された。

ベリー博士とP師〔Rev. P：不明〕はYMCAにおいて好奇心あふれる多数の聴衆に向かって組合教会の原理と政策についてお話しした。

（1）Dr. Berry：John Cutting Berry（1847–1936）。アメリカンボード医療宣教師。一八七二年に来日、神戸・京都で活動。監獄改良運動、医療宣教に従事する。

7日　日曜。曇り。午前は雨。

通りを泥濘にするに十分な雨。宗橋礼拝堂礼拝、例の如し。

午後四時、YMCA福音会。金昶済《キムチャンジェ》氏[1]がよいお話をする。彼は学生の間にとても人気がある。彼の福音解釈はきわめて合理的な根拠に基づいている。彼はまた朝鮮の家庭における――主として早婚に原因する――幸福の欠如を嘆いた。「我々の家庭には愛もなく、心の通いあう温かい社会の楽しみというものもなく、国家からはいかなる愛も期待することができない。我々は本当に惨めな国民である」。

警察が彼に目を光らせるのも無理はない。

（1）金昶済（一八七七～一九四七）は長老教徒。一九〇九年に兪星濬、朴勝鳳、閔濬浩、李柱浣らの両班出身者と共に安洞教会を設立。Y学館の教師、特にYの日曜講話の講師として人気を博す。

8日　月曜。すばらしい天気。

例の如くYMCA。午前八時、月例会。閔弘植博士はロシア政府により軍医として雇われたと言われている。また博士は第一次世界大戦の様子を遠くリガのあたりまで見てきたと言われている。その博士がロシアについてお話しするように依頼された。博士は立ち上がると、ロシア人がいかにお茶とウォトカを愛する国民であるか、その他面白くも為にもならないような話を幾つかした。じっと聞き耳をそばだてている特高の感情に障ることでも言いはしまいかと、それが心配で、博士は自分の言いたいことが話せなかった。

9日　火曜。薄日、冷え冷え。

例の如くYMCA。昼食後、ローラ〔長女鳳姫〕と龍求〔次男光善の長男〕に会いに行く。

10日　水曜。午前、雨。冷え冷え。

例の如くYMCA。バーンハート博士夫人が東京に行くのを見送るために駅に行く。メアリ〔三女文姫〕とグレース〔四女恩姫〕の両方が熱を出してしまった。すでに長雨の季節に入ったらしい。

致旺から勉強のために年間二四〇ポンド、すなわち二万四〇〇〇円使ったという手紙をもらう。そんな大金を使うとは、きっと致旺はさぞかし〝ハイカラな〟生活をしているにちがいない。

11日　木曜。晴れ、冷え冷え。

例の如くＹＭＣＡ。十二時三十分、ＹＭＣＡの食堂で申興雨、韓喬[1]、村上唯吉、および金麟の諸氏に昼食を振る舞う。午後八時、安洞教会に行き、『テモテへの第一の手紙』第四章八節[2]について話をする。

（1）一九一五年発刊、雑誌『公道』の記者。同雑誌社の社長は申興雨、記者に洪秉璇がいた。

（2）1 Tim. 4:8.：「からだの訓練は少しは益するところがあるが、信心は、今のいのちと後の世のいのちとが約束されてあるので、万事に益がある」。因みに安洞教会は金禛済、兪星濬が所属する教会。

12日 金曜。曇り、冷え冷え。

例の如くＹＭＣＡ。

13日 土曜。すばらしい天気、冷え冷え。

午前中、ＹＭＣＡ。午前十一時五十分の列車で松都に向けソウル発。やはり松都の家は好い。

14日 日曜。すばらしい天気。涼。

松都。大好きな山々はチンダルレ〔朝鮮ツツジ〕とレンギョウの花で輝いている[1]。北部礼拝堂で礼拝。金東成[2]を訪ねる。森脇警視〔開城警察署署長〕を訪ねるも不在。私の行く所はどこにも警察の監視の眼が付いてまわる。不安で落ち着くことができない。

方台栄から電話があり、九州視察団に加わるようにと言う。このことで阿部〔阿部充家京城日報社長〕に会うため午後五時四十四分の列車で松都を発つ。到着後、ただちに阿部の家〔西大門外竹添町〕に行く。阿部と野田[3]が私を日本に行かせるため必死になって説得する。視察団に加わることを考えてみると返事をする。

（1）My hills in glory of azalias (→ azaleas) and canaries.：下線部は尹致昊の誤り。canaries はレンギョウ

を表す朝鮮語「개나리（発音は canary に近い）」を英語で表記したもの。

（2）金東成：開城生まれ、一九〇八年にオハイオ州立大を卒業した言論人。『東亜日報』、『朝鮮日報』等で活躍。

（3）野田：YMCA少年部の予備課で教鞭を執る日本人。本巻一九一七年十月四日参照。

15日　月曜。すばらしい天気、風あり。

例の如くYMCA。今朝、九州視察団が日本に出発する。

ブロックマン氏（Mr. B）とルーカス氏が不在のうえ、崔慶喜が近く御前場[1]に行くことになっているので、私がYMCAを留守にするわけにはいかない。それで私は日本に行かないことにした。

（1）御前場：写真版も同じであるが正しくは「御殿場」である。耳慣れない「ごてんば」という日本語を「ごぜんば」と聞き違えたことによるミスだろう。本巻一九一六年七月二十四日には、同じ「御殿場」のことを漢字で「御前場」と記してあった。この「御殿場」は、一九一五年に日本YMCA連盟が静岡県御殿場に造った国際会議場である「東山荘」のことで、いわゆる「御殿場会議」の開催場。この先第七巻下、一九一九年六月二十日には英語で、the Gotemba meeting と正しい発音が記されている。

16日　火曜。薄日。

リード博士[1]が突然やってきて、診療所として利用する建物を購入するためどうしても一千円必要である。もし払えないと手付け金五八〇円がフイになると言う。

（1）Dr. Reid：Wighman T. Reid（1883-?）は一九〇七年に来韓した米国南メソジストの医療宣教師。因みに父親の Clarence Frederick Reid（1849-1915）の方はこのときすでに死んでいる。

17日　水曜。すばらしい天気。

例の如くＹＭＣＡ。ルーカス氏が日本に発つ。

18日　木曜。すばらしい天気、風あり。

例の如くＹＭＣＡ。孫の龍求〔次男光善の長男〕が病気。南宮氏〔光善の義父〕の家から我が家に連れてくる。金台鎮〔中央医院医師〕が往診に来る。

午後一時三十分、東伏見宮依仁親王を[1]——儀礼的に（ceremonially）——歓迎するため〔南大門〕駅に行く。

（1）依二（→依仁）親王：傍線部は写真版により訂正。『純宗実録』一九一八年四月十八日に、「行啓于南大門駅迎東伏見宮依仁親王」とある。「儀礼的に」と割注を施した理由は「心から歓迎するためではない」ということか。

19日　金曜。すばらしい天気。

例の如くＹＭＣＡ。

20日　土曜。うららかな天気。

例の如くＹＭＣＡ。午前九時から十二時まで、および午後四時から五時まで延禧専門学校の評議員会がアンダーウッド氏の家で開かれ、シンプトン館の設計図について議論する。[1]

午後九時四十分の列車で松都に行く。十二時三十分頃、松都の家に到着。みな無事。

（1）discuss on（→削除）the Simpton Building plan：下線部は尹致昊の誤り。Simpton Building は未詳。

21日　日曜。午前中、曇り。

午前中、森脇警視〔開城警察署署長森脇英士〕を訪ねて我が家の昼食に招待する。神崎氏〔鍾路署新署長〕は東伏見宮を見送るために今日はソウルを離れられないと言う。北部礼拝堂で礼拝。

これまで四年間、月給一〇円で開城南星病院（Ivy Hospital）で働いてきた高秉善氏が他人にカネを貸すことで八〇〇円ものカネを蓄えることができた。上手な家産運用の顕著なお手本である。

22日　月曜。曇り、時々にわか雨。

午前六時の列車で松都を発つ。例の如くＹＭＣＡ。ありがたい、龍求の状態がやや好転したようだ。フレッチャー・ブロックマン(1)に手紙を書いて私の辞任の意図を説明する。午後三時、済物浦に行って帰ってきた昌徳宮の宮(2)に出迎えの挨拶をするため南大門駅に行く。

男女教役者懇親会。この種の集まりは初めて。男女混淆の社交会。全体的に成功だった。申興雨（Cynn H. W.）はこの催しを企画した人々を批判した。そこまでする必要はないのに、彼のひねくれた側面を見せる結果になった。そう批判したうえで申は女性陣に彼女ら自身で同趣旨の永続的な組織を組織化するようにと言った。申という男は野心的で、如才なく、機嫌をとるのが難しい。

（1）　Fletcher Brockman：Frank M. Brockman の兄。尹致昊がヴァンダービルト大学に留学していたときの同級生。一八九八～一九一五年、中国（上海）で宣教事業に従事。一五年に帰国した後は米国のＹＭＣＡ本部で働く。

（2）　Prince of 昌徳宮：純宗のこと。『純宗実録』一九一八年四月二十二日に、「行啓仁川港臨席于依仁親王霧島艦午餐會還路詣徳寿宮觀謁」とある。

23日　火曜。すばらしい天気、風あり。

例の如くＹＭＣＡ。

24日　水曜。すばらしい天気、涼。

例の如くＹＭＣＡ。

25日　木曜。午前中、曇り。

例の如くＹＭＣＡ。

26日　金曜。すばらしい天気。

例の如くＹＭＣＡ。李主事〔尹家農園管理人李鍾元〕が任実から帰る。

27日　土曜。すばらしい天気。

例の如くＹＭＣＡ。八時四十分、ロゼッタ・ホール博士が米国に出発するのを見送りに南大門駅に行く。彼女の道中に神のご加護がありますように！

梁柱三[1]が息抜きをしにＹＭＣＡに来る。彼が今朝やって来たのは日曜学校に関する文献を探すためである。彼は次のようなことを語っていった。

(1)彼はワッソン氏を松都にいる日本人とできるだけ付き合うようにさせることに努力した。しかし全て無駄だった。(2)ワッソン夫人は朝鮮人とまったく付き合おうとはせず、ただの一度も彼を食事に招いてくれたことがない。(3)だんだん彼〔梁〕に対する刑事の監視の目が厳しくなった。(4)二週間まえ日本人の憲兵が、私が梁の家に隠れに行かなかったかと彼に聞いた。(5)梁はとても不安なのでソウルに帰りたいと思っている。今日は松都に行かないことにした。

（1） He came this morning to get S. I. (→S. S.) literature.：下線部は写真版で訂正。この先、五月一日に

ＹＭＣＡ大講堂で日曜学校大会（S. S. Convention）が開催されているが、その準備のためであろう。

28日　日曜。すばらしい天気。

午前中は宗橋礼拝堂で礼拝。英国人の説教師がお話をしたので私が通訳する。彼の話し方は信念に充ちていた。「純真無垢なる十字架」という題で話をする。午後は家で休む。

29日　月曜。すばらしい天気。

例の如くＹＭＣＡ。阿部氏と山縣五十雄氏を訪ねて、明日の午後、長春館での夕食に招待する。

30日　火曜。雨。待ち焦がれた雨だった。

例の如くＹＭＣＡ。午後六時、長春館に行き、阿部氏〔阿部充家〕に朝鮮料理を振るまう。ゲストは、阿部、山縣五十雄兄弟、鄭雲像、趙命九、鮮于一《ソヌイル》、方台栄、方斗煥、野田。

五月

1日　水曜。すばらしい天気。

例の如くＹＭＣＡ。午後三時から五時まで大講堂において日曜学校大会(1)が開かれる。

（1）　S. S. Convention：Sunday School Convention の略。

2日　木曜。すばらしい天気。

例の如くＹＭＣＡ。午後一時、忠南知事上林(1)の呼びかけにより忠清南道地主会が開かれる。演説その他がある。宇佐美氏から小作人の生活向上には地主の役割がきわめて重要であることについて有益な話がある。

春川知事李圭完氏[2]をYMCAの夕食会に招待する。白雲澥が牙山から帰る。

（1） the 上村（→上林） the Governor of 忠南：下線部は写真版で訂正。忠清南道知事上林敬次郎の在職期間は一九一六年十月二十八日〜一八年九月二十三日。尹致昊は忠清南道牙山郡屯浦面の出身。

（2） 李圭完 the Governor of 春川：春川は江原道の道庁所在地で、「江原道知事」の意味である。在職期間は一九一〇年十月一日〜一八年九月二十三日。因みに彼は甲申政変後、金玉均・朴泳孝らと日本に亡命し、一八九四年に朴泳孝が韓国政界に復帰するとともに帰国して警務官を務めた。しかし九五年七月、いわゆる朴泳孝不軌事件で朴が再度日本に亡命するとこれに従い、一八九八年十一月、独立協会の内政改革運動盛んなりし時、密かに帰国して朴泳孝の復帰を画策したが失敗、再び日本に亡命したが、一九〇七年の高宗退位、純宗即位とともに帰国を果たし政界に復帰した。

3日　金曜。薄日。

例の如くYMCA。

4日　土曜。すばらしい天気、風あり。

例の如くYMCA。宇佐美氏〔総督府内務部長官宇佐美勝夫〕が私に会いたいというので、午前十一時に訪問する。琿春（Hunchun）から来ている旅行団は半分以上の者がキリスト教徒なので彼らのための集まりを日曜日に設定してくれないかと宇佐美氏は言う。李商在氏と相談の上、ソウル内の各教会の代表者に招待状を送付する。午後五時、文姫および善姫とともに清涼寺に散歩に行く。同所で夕食。子供たちは大喜び。

5日　日曜。曇り、寒。

宗橋礼拝堂礼拝、例の如し。四時、YMCAにて福音会。琿春からの旅行団全員二十五名が会に出席。集まりの後、旅行団全員およびソウルの教会代表者にお茶を出す。中氏〔申興雨〕とその一団は参加せず。

6日　月曜。すばらしい天気。

例の如くYMCA。午後六時、松井〔前鍾路署署長松井信助警視〕、岡本〔鍾路署警部〕、および申勝熙〔鍾路署刑事〕をファミリーホテルに招き夕食をご馳走する。

7日　火曜。すばらしい天気。

例の如くYMCA。ハワイから来たばかりの呉が私に次のようなことを語った。ハワイには二つの派閥があり、一つは李承晩を支持するもの、もう一つは朴容万を支持するグループである。朴容万はある公金を横領した罪で逮捕されたことがある。ハワイの朝鮮人は朴が札付きの悪《わる》であり、そして李承晩が私利を顧みずに献身する人物であることが分かっていない。[1] 朴はすでに数回にわたり李の暗殺を企てた。そしてニューヨークで開かれる弱小民族代表会議に代表を派遣するための資金がすでに集められていると![2]

(1) the Koreans are noted (→ not) awake to the great rascality of 朴 and to the unselfish devotion of 李：下線部は写真版により訂正。

(2) a fund had been collected to send a representative（ここにtoを補う). The weak nations' convention (the weak nations' convention) to be held in New York! : to の脱落は尹致昊の誤り、下線部の誤りは国史編纂版によるもの。

8日　水曜。すばらしい天気。

例の如くYMCA。午後の後半は書物の整理に費やす。

9日　木曜。すばらしい天気。

例の如くYMCA。午後一時、景福宮に行き、ソウルの人々（?）が琿春の旅行団のために催した歓迎会に出席。朝鮮人名士の中で出席したのは李完用、李允用、李根澔、および趙重応のみ。

旅行団の団長・黄丙吉《ホアンビョンギル》(1)は趙重応および宇佐美の歓迎の言葉に対して次のようにお礼の挨拶をした。我々（すなわち琿春の朝鮮人）は李国王（King Yi：高宗のこと）およびその大臣たちの抑圧的な悪政のために先祖の土地から追い出されたのだと。
（1）　黄丙吉：黄丙吉（一八六七～一九二〇）は三・一独立運動後、満州地域に結成された韓民会の会長となる人物。
10日　金曜。曇り。
例の如くYMCA。午後三時、趙重応の家に行き、忠清南道地主会の理事会に出席する。
11日　土曜。曇り。
例の如くYMCA。時々にわか雨。
12日　日曜。時々雨。
宗橋礼拝堂礼拝、例の如し。
13日　月曜。昨夜にわか雨。
例の如くYMCA。典洞の街路のひどさは目に余る。見苦しくならないよう府当局が援助するのは日本人が商売・住居に使用するか、あるいは観光客に見せるための街路に限られている。[1] 朝鮮人が多数居住する地域の街路は見るも無惨な状態に打ち捨てられたままである。こんなやり方が公平だとでも言うのか？　沈黙は金なり！

一カ月前、小学校の訓導を辞めた金兢善〔長女鳳姫の夫〕がローラ〔鳳姫〕の裁縫ミシンと指輪と簪を質に入れた後、ソウルの家を出たまま行方知れずになった。可哀想なローラよ！　月例会。

（1）　The city authorites make aid keep those streets respectable and decent only which the Japanese use for business, or residence or show (to the tourists).：写真版も同じであるが、全体次のように訂正する。→The city authorites make aid〔ここにtoを補う〕keep only those streets respectable and decent which the Japanese use for business, or residence or show (to the tourists).

14日　火曜。晴れ、冷え冷え。

ＹＭＣＡ。

15日　水曜。晴れ。

例の如くＹＭＣＡ。妻の容態、きわめて悪し。

16日　木曜。晴れ。

例の如くＹＭＣＡ。ソウルの長老派教会が平壌の崇徳学校からやって来た生徒・教師をお茶会で歓迎する。

17日　金曜。すばらしい天気、暖。

例の如くＹＭＣＡ。午後四時、清涼寺に行き、崇徳学校（平壌）の男子生徒および教師に夕飯をご馳走する。ゲスト三十二名。

18日　土曜。すばらしい天気。

例の如くYMCA。赤ん坊の明姫〔五女、生後三ヵ月〕の百日の祝い。日が経つにつれて明姫はますます美しくなってゆく。神よ、彼女をいつまでも祝福したまえ！

19日　日曜。時々にわか雨。

宗橋礼拝堂礼拝、例の如し。昼食後、昼寝。とても気持ちよかった。

20日　月曜。午前曇り、涼。

例の如くYMCA。妻は縫い物やら私の朝鮮服を作るために負担が大きくなる。それで妻の負担をできるだけ軽くするため、これまで私はいろいろ理由をつけて自分の物は仕立屋に頼むようにして、私の着る物のことで妻があれこれ心配せずにすむように気を配ってきたつもりである。妻がすることといえば私のツルマギの掛け襟をきれいなものに取り替えることくらいである。たったこれだけのことでも、まるで気が利かない妻は、四日も五日も頼みつづけてやっと替えてくれるほどである。それでいながら私が何を着るかに関してはいちいち口出しして、他の者には決して口出しさせない。女性の面汚しのような女たちの中でも彼女が最悪の女性であることはまちがいない。だが、大事な大事な子供たちのためにも私はこんな妻に我慢しなければならない。

（1）change clean 同情 on my turumaki's.：「同情（동정）」は尹致昊による宛字。辞書の「동정」に漢字は宛てられていない。「チョゴリの襟に当てる（白い）掛け襟」の意味。

（2）Even in this she is so thoughtless that I have to beg her four or five days to change one. Nor is she is (→ as) so lazy in looking after my comforts in the matter of dress, she wouldn't let anybody else do it.：下線部は写真版で訂正。

21日　火曜。すばらしい天気。

今朝、午前九時五十分の列車で妻と子供たちとともにソウルを出て松都に向かう。午前十一時三十分頃に到着。みんな新しい家を建てることで大忙しだった。

22日　水曜。すばらしい天気。

早起きして早朝の空気のおいしさと周囲の景色の美しさを楽しむ。

朝食後、九時三十分頃に松都の家を出る。駅への途中、森脇警視を訪ねる。十時、松都を発つ。午後一時三十分、ソウル着。

例の如くYMCA。汶山浦[1]に出かける金氏〔未詳〕に会う。彼は自分の切符と一緒に私の切符を買ってくれたが、まちがって自分の切符を私にくれた。私はよく見もせずにポケットにしまい込んでしまった。おかげで南大門駅に着いた時、私は八〇銭払わされた。長生きすると色々な経験をするものだ。

パゴダ公園食堂で阿部社長、神崎署長〔鍾路署署長神崎稼一〕、山縣悌三郎氏、兪星濬氏をもてなす。席上、女流詩人の張文玉〔未詳〕[2]に会う。とても小柄な女性だった。彼女の詩は女性が作るものとしては並以上というところらしい。

（1）Moonsanpo：汶山浦は京畿道坡州郡の洛東江が黄海に注ぐ港町。金氏とは誰か？

（2）Her poems seem to have gone above the commonality of feminine performance.：commonality には

「共通性」という意味と、「平民・庶民」という意味しか辞書には載ってない。commonness とすべきか。

23日　木曜。すばらしい天気。

例の如くＹＭＣＡ。ブックマン[1]およびデイ[2]両氏が彼らの集会、というか個人的な活動を開始する。

（1）Buchman：*Webster's Biographical Dictionary* によれば、Buchman 事 Frank Nathan Daniel（1878–1961）は米国人福音伝道家。オクスフォードグループ運動の創始者。ＹＭＣＡ主催の宣教師として日本・朝鮮・インドを訪問する。

（2）Day：同前書によれば、James Roscoe Day（1845–1923）は米国メソジストの牧師にして教育家とある。

24日　金曜。すばらしい天気。

例の如くＹＭＣＡ。梁柱三、呉兢善、宋彦用とともにＹＭＣＡ食堂で昼食。

午後二時、学則改正委員会がゲイル博士の家で開かれる。丹羽、ゲイル、および呉博士〔呉兢善〕、洪秉璇、朴東完〔メソジスト伝道師〕がそれぞれ月例会を代表して集まる。現在までのところ順調に進む。午後七時二十五分、S・エディ博士〔米国ＹＭＣＡ書記のG. S. Eddy〕を出迎えに駅に行く。

25日　土曜。曇り。

例の如くＹＭＣＡ。

26日　日曜。曇り、涼。

午前十時、エディ博士が会場一杯の学生たちに「個人的な純潔さ」と題して演説。申氏が通訳。梁柱三氏が我が家で私と昼食をともにする。

午後三時、エディ博士が満員の聴衆に演説。申氏が通訳。午後四時三十分、協成神学校（Bible

School）に行き、エディ博士が外国人に対して説教するのを聞く。七時五十分、エディ博士を見送りに駅に行く。

27日　月曜。曇り、涼。

例の如くYMCA。妻〔松都滞在中か〕に手紙を書いて鍵を送る。梁牧師〔梁柱三〕の心遣いのケーキも一緒に送る。キャンドラー〔次男光善〕とメアリ・アッビ〔三女文姫〕がソウルに戻ってくる。

28日　火曜。曇り、涼。

例の如くYMCA。午後八時三十分から新入会員懇親会。九十人ほど出席。アレンとヘレン（Hellen→Helen）から手紙をもらう。

29日　水曜。曇り、涼。

例の如くYMCA。鄭春洙〔牧師〕が現在直面している家計の窮境を私に打ち明ける。月給三〇円で、現在一〇〇円の借金が彼の両肩に重くのしかかっている。おまけにミス・ワグナーの学校〔好寿敦女学校〕に通っている幼い娘も養わなければならない。あれやこれやで彼の給料は月々一五円になってしまうと。これでは確かに苦しいに違いない。借金は私が（四～五カ月にわたり分割払いで）肩代わりしてやると約束する。今では牧師（preacher）の財政的苦境は彼らの精神生活さえも脅かすまでになっている。教会で働く朝鮮人と西洋人宣教師との溝は深まる一方である。宣教師たちは朝鮮人との付き合い・態度においてもっと配慮するとともに、彼らの傲慢な態度を改めるべきである。

30日　木曜。曇り、涼。

例の如くYMCA。

31日　金曜。曇り。午後、晴れ。

例の如くＹＭＣＡ。勝洞教会で協成神学専門学校（Union Bible Institute）の卒業式。

六月

1日　土曜。曇り。気持ちよいにわか雨。

例の如くＹＭＣＡ。

2日　日曜。曇り、涼。

宗橋礼拝堂例の如し。フラワーサンデー[1]。歌と花々と、子供たちによる実に様々な形式の動作とドリルによって魅力的になった。ミス・マイヤーズ[2]はこれら全ての中心にあって活動の原動力となっている。彼女は本当に疲れることを知らない。

（1）The flower Sunday：起源は分からないが、学期初めに文化や宗教の違いを超えて同胞となることを歌と音楽、詩とダンス、そしてスピーチで祝う行事らしい。

（2）Miss Myer（→Myers）：彼女は本年二月二十四日に既出。

3日　月曜。すばらしい天気。涼。

例の如くＹＭＣＡ。午後五時頃、二番目の従弟〔尹致昭〕が会いに来る。彼の報告によれば、彼は最近、金容達《キムヨンダル》が小安洞に建てた（というより改築した）百八十間の広大な朝鮮式家屋を購入する契約をしたという。その家はもともと閔泳雨《ミンヨンウ》（通称〝ゴロツキの閔〟または〝仏の閔〟[1]）が建て、彼のものとされていたものである。やがてそれは一八九四年、当時の王后により朴親王（朴泳孝）に与えられた。

一八九五年夏、朴親王があわや殺されそうになった時、その家を諦めて行方をくらました後は朴の日本人腹心だった恒屋盛服(2)の所有する所となった。恒屋氏がその家を出てからは加藤増雄氏〔当時の駐韓日本公使〕が住んでいた。

やがて吝嗇家を以て聞こえる金容達がその家を手に入れ、あれこれ手を加えて改修した結果、ソウルで最も立派な朝鮮式家屋との名声を得るまでになった。次いで、金容達が漢城銀行に負債を作ったために、漢城銀行がその負債の抵当としてこの家を手に入れた。最近になって趙東潤《チヨウドンユン》男爵が自分の妾にその家を買い与えた。ところがこの妾は風水師にその家は縁起が悪いと言われた。そこで趙男爵はこの家を売ることにした。従弟は一万二千円でこれを買った。この家は私の好みではない。ばかでかいばかりでそれに見合うだけの奥ゆかしさがない(3)。ただ従弟はこの家の商品価値を考えて購入したのだろう。

(1) 閔泳雨（민망난 or 민부처）：閔泳雨（元の名は閔泳柱だった）は大韓帝国時代の官吏。伊藤博文暗殺後、同人の銅像を設立するために李敏英らと東亜讃英会を設立して親日的行動を執った。「민망난」の「망난」は「망나니」に同じで、李朝時代の「首切り役人」の意味から「与太者・ならず者」という意味を持つようになった。「민부처」の「부처」は「お釈迦様」の意。

(2) 恒屋成服（→盛服）：傍線部は写真版により訂正。恒屋盛服（一八五五〜一九〇九）は本文にもあるように日本に亡命した朴泳孝に接近し、一八九四年に朴の帰国に同行してその腹心的な役割を果たした。第五巻、一八九八年十二月二十七日の訳注を参照。因みに「加藤増雄」に関しても同巻、一八九八年三月九日の訳注を参照。

（3） So（→Too）big with no decent styles leading to it.：下線部は写真版で訂正。波線を付した部分の意味が分からない。

4日　火曜。晴れ。

例の如くYMCA。舎音〔小作管理人〕に手紙を添えて現金を送り、経済的に苦しい小作人たちに低金利で貸し付けさせる。

5日　水曜。晴れ。

例の如くYMCA。午後七時、山縣五十雄氏の招きにより朝鮮ホテルに行きハリス監督（Bish. Harris）と夕食をともにする。この老監督は活力と希望に満ちていた。彼の語るハーディー氏の話は実に興味深かった。

6日　木曜。すばらしい天気。

例の如くYMCA。午前九時、トーマス博士[1]の家に行き、日本ホーリネス教会の中田重治師[2]に会う。彼が学生たちに講演しているところを見る。この日本の説教師の注目すべき発言の幾つかを次に記す。

(1)この広い世界において私が持っている唯一の土地は私の両親が眠っているわずか六平方フィートの土地にすぎない。しかし私はこれ以上の土地を持ちたいとは思わない。それも当然。キリストがこの世に再来した暁には私は欲しいだけの土地を自分のモノとすることができるのだから。

(2)戦争を容認し、また自ら戦争を行おうとするキリスト教の教会は、それが米国、ヨーロッパの教会であれ、日本、朝鮮の教会であれ、彼らがいかに堕落しているかを示すものである。

(3)我々日本人および朝鮮人は陸海軍を維持するために重税に喘ぎながらきつい労働を強いられてい

る。だが、我々は我慢強く堪え忍ばなければならない。なぜなら忍耐強い者こそこの地上の所有者となることができるから。

(4)キリストの再来を信じない者は偽りのキリスト者である。

(5)戦争に協力しないことにより社会や国家がどうなろうと私の知ったことではない。[3] 問題はキリストが再来した時、私がどうなっているかである！

転んで怪我をした兪星濬を見舞う。局長〔従弟致旿〕に梅堂ではなく玄松子[4]と結婚するように説得する。木曜日に到着すると電報してきたブロックマンが、またこの前の月曜日に電報してきた。なぜ彼は本当に東京を出発することが決まってから、あるいは牙山に着いてから電報を打たないのか？

（1）Dr. Thomas：一九一〇年十一月に英国から招かれて韓国に定住し、東洋宣教会聖書神学院の初代院長となったJ. Thomasと思われる。

（2）Rev. 中田重治：日本ホーリネス教会は、もとメソジストの牧師で米国から帰国した中田重治（一八七〇〜一九三九）により、一九一七年に創立された。

（3）I don't care what becomes of society or state be (→by) not participating in war.：下線部はデジタルライブラリーで訂正。

（4）Paid visti to 兪星濬 who had a fall — persuaded (a fall. Persuaded) 局長 to marry 玄松子 instead of 梅堂.：下線部は写真版により訂正。「梅堂」は未詳。「玄松子」は、尋常小学校、第一高等女学校を卒業後、二十歳で渡日し東京目白の日本女子大を卒業して帰国。父の苦境を救うために三十歳ちかく年長の尹致旿と結婚。結婚生活十年目に尹致旿が不正事件で入獄するや職業婦人となりトロイカという名のバーの会計係として働くようになる。第七巻下、一九一九年五月十二日に尹致旿と玄松子の結婚式の記事がある。

7日　金曜。晴れ、暖。

午後九時四十分の列車でメアリ・アッビとともに松都に行く。十二時頃に到着。キャンドラーが出迎えに来ていた。大事な子供たちはみな元気。

8日　土曜。晴れ。

早起きして早朝の美しい景色を楽しむ。十一時三十分、観光旅行にやってきたゲイル博士一行（総勢十三名ほど）を出迎えるために駅に行く。満月台に行き、次いでクラム氏の家に行く。クラム氏の家で学校の近くに住む南メソジスト宣教部の夫人たちが準備した昼食を食べる。昼食後、一行は善竹橋〔松都の名所〕に行き、私は家に帰る。梁氏の家で夕食。

（1）P. M.（→S. M.）Mission：下線部は写真版で見るとS. M. と読める。場所は松都、クラムは南メソジストの宣教師であることを考えると、S. M.（South Methodist）Mission にほぼ間違いない。

9日　日曜。すばらしい天気、暑。

北部教会に行く。午後三時、ミス・アンダーソン(1)および梁柱三氏夫妻がお茶を飲みに来る。楽しんでくれた様子。

（1）Miss Anderson：一九一四年にL. P. Anderson および E. W. Anderson なる南メソジストの宣教師が来韓しているが、その家族の者ではないか？

10日　月曜。にわか雨もよい。

早起き。雨。午前十時の列車で松都発。メアリ〔三女文姫〕は具合が悪いために松都に残る。妻は私が思っていたよりも長く松都に滞在することに決心した模様。新しい家ができる様子を見守りたいということか、でなければ新しい家ができるまでは古い家をキャンドラー〔次男光善〕に明け渡したくないからだろう。彼女は利己心の塊みたいな人間だ。人生を悪い方にばかり考えたがるひねくれた根性がある。彼女の母親が一緒。ソウルの家はみな元気。

午後九時、ブロックマン一家がソウルに到着する。(1)

（1） The Brockman（→Brockmans）arrived at Seoul 9 p.m.：この先十三日にあるように一家で米国に一時帰国していたらしい。

11日　火曜。すばらしい天気。

例の如くＹＭＣＡ。

12日　水曜。すばらしい天気、暖。

例の如くＹＭＣＡ。午後四時、京城倶楽部(1)に行き、ゲイル博士が金剛山に関する論文を発表するのを聴く。論文の内容はもちろん興味深く為になるものだったが、如何せん、あまり速く読みあげるので私には聞き取れない単語が一杯あった。博士は読むのがあまり得意でない。朝鮮のことに関して博士が権威であることは疑問の余地がない。とりわけ歴史の方面に関しては。

（1） Seoul Union：「漱玉軒」、「重明殿」とも呼ばれた徳寿宮の建物のひとつ。一九一五年にソウル在住の外国人に社交場として貸与された。

13日　木曜。晴れ。

例の如くＹＭＣＡ。午後八時三十分、Ｆ・Ｍ・ブロックマンが米国滞在中に経験したことについて興味深い講演。沢山の聴講者が熱心に聞く。

14日　金曜。晴れ。

例の如くYMCA。午後八時、ウェルチ監督が会場一杯の観客に幻灯を使いながら伝道に関する講演をする。

15日　土曜。すばらしい天気。

例の如くYMCA。最近東京から帰ってきた金永燮[1]という青年がこんなことを言っていたという。私〔尹致昊〕が当局に協力的な政策をとっていることに[2]対して以前はありとあらゆる批判・悪口を言っていた東京の朝鮮人が最近徐々に態度を軟化させつつある。彼らは朝鮮YMCA総務がいかに困難な状況下で仕事をしなければならないかを最近では理解するようになった。彼らの中には、ソウルの朝鮮YMCAの采配をとることができる者〔即ち尹致昊のこと〕は米国が現在直面している事態を収拾している人物〔米国大統領のことか〕に勝るとも劣らない力量があることを示していると言う者までいると。

（1）　Kim Young Sup：金永燮（一八八八～一九五〇）は江華の私立普昌学校師範科卒。早稲田大学、青山学院神学部等を経たのち帰国、副牧師として活動。一九二一～二三年にHartford Seminaryで神学を学び米国メソジストB. Nicolsonから按手礼を受ける。帰国後、ソウル中央監理教会、貞洞教会で牧会。

（2）　my pro-P.-T.-B. policy：P.-T.-B. はPowers That Beの略。総督府当局のこと。

16日　日曜。曇り、暑。

宗橋礼拝堂例の如し。宋仁享が訪ねてくる。妻と子供が松都から帰ってくる。

17日　月曜。すばらしい天気。

例の如くYMCA。赤ん坊の恩姫が病気。昨夜、熱を出す。午後四時、会館でブロックマン氏の歓迎会。およそ三十名が出席。

18日　火曜。すばらしい天気、暑。

例の如くYMCA。午後三時、年会。四名の新たな理事が選ばれる。規約の修正案が検討される。ほとんどの項目が修正案通りに承認される。すべて穏やかに終わる。

19日　水曜。すばらしい天気、暑。

例の如くYMCA。午後八時、貞洞教会に行き、梨花の女学生たちによる宣教演劇を見る。

20日　木曜。晴れ、暑。

例の如くYMCA。午後八時、孝洞教会[1]に行き、崔泳旭[2]と金弼礼嬢[3]の結婚式に出席。彼女は金弼淳の妹である。午後九時、明月館で結婚披露宴。すべてが〝ハイカラ〟式。

（1）教洞（→孝洞）Church：デジタルライブラリーで見ると下線部は、「孝洞」と読める。現在、孝昌洞にある長老教の教会らしい。

（2）崔泳旭：崔泳旭（一八九一～?）はセブランス医学専門卒業後、米国、カナダに留学、トロント大学を卒業。光州済衆病院院長などを務める。

（3）Miss 金弼禮：本年三月十八日にKim Pil Yeiの名で登場。

21日　金曜。曇り、蒸し暑し。

例の如くYMCA。朝はとても涼しかったが、昼になって蒸し暑くなる。

　午後五時、トロントの週刊新聞『グロウブ』の編集長・マクドナルド博士[1]のためにゲイル博士が準備した歓迎会に出席。

（1） Dr. McDonald, the Editor of Toronto Globe.：Dr. McDonald とはJames Alexander MacDonald（1862–1923）のことである。

22日　土曜。午後、雨。

例の如くYMCA。午後四時三十分、理事会。新しい役員が選出される。午後、待ちに待った雨。沈天鳳、尹鎮栄、および具滋玉に夕食をご馳走する。

23日　日曜。雨。

昨夜は一晩中、待ちに待った本格的な大降り。断続的に雨が降ったり止んだり。宗橋礼拝堂例の如し。YMCAの講堂で日曜学校大集会。雨と泥濘のため多くの者が出席できず。

24日　月曜。曇り、蒸し暑し。

例の如くYMCA。午後四時三十分、渡辺判事〔渡辺暢高等法院院長・YMCA日本人幹事〕がマクドナルド博士のために開いた歓迎会に行く。とても可愛らしい日本人の女性が二人、給仕をしていた。ひとりは斉藤嬢、もうひとりは渡辺嬢[1]。

尹英鎮とともに人事興行社長の小貫頼母[2]を訪ねる。

（1） Miss Saito and ... Miss Watanabe.：斉藤嬢は斉藤惣一の、渡辺嬢は渡辺暢の娘か。

（2） 小償（→小貫） 頼母 the 人事興行社長：下線部は写真版で訂正。『朝鮮総督府官報』大正四年七月九日（同年七月六日）の「敍任・辭令」に「任警部　陸軍憲兵伍長　小貫頼母」とある人物は同姓同名であるが別人か。

25日　火曜。曇り、蒸し暑し。

例の如くYMCA。
26日　水曜。すばらしい天気、暑。
例の如くYMCA。キャンドラーが来る。
27日　木曜。すばらしい天気、暖。
例の如くYMCA。冷水浴。今年初めて試してみたが気持ちよかった。
28日　金曜。雨、蒸し暑し。
例の如くYMCA。早朝より雨。
29日　土曜。曇り、蒸し暑し。
例の如くYMCA。
30日　日曜。雨。
宗橋礼拝堂例の如し。昼食後、たっぷり昼寝。

七月

1日　月曜。雨。
例の如くYMCA。一日中、雨。
2日　火曜。曇り、蒸し暑し。
午後一時五十五分、キャンドラー夫婦およびその赤ん坊が松都に向けて発つ。彼らが新たな家庭を出発させるにあたり、神が彼らの健康と心を守りたまわんことを。彼らが神の祝福のうちに平和な家庭を出発させられますように、そして神の祝福が彼らの生涯とともにありますように！

3日　水曜。ときどきにわか雨。

例の如くＹＭＣＡ。工業部でも最も熱心に仕事をする一人尹基元〔一九一〇年の工業部第一回卒業生〕が辞表を提出した。李寅栄によれば、尹がこのような結論を下した理由の一つは、グレッグ氏がある時は昇給を約束し、またある時は利益の分け前を約束しながら、そのつど約束の履行を先延ばしにしてきたからである。更にまた、尹が自分の属する工業部において自分の自由にすることを許されていないからである。グレッグ氏の干渉はあまりにもひどく、扱い方が無礼である。

ところで、宣教師の傲慢さと無神経ぶりは、西洋人が支配権を持つ学校や教会において朝鮮人の離反を招きつつある。宣教師が彼らの態度を改めないかぎり、近い将来に必ずや朝鮮人の一大反乱が起こるにちがいない。悲しいことだ！

4日　木曜。すばらしい天気、暑。

例の如くＹＭＣＡ。昨日、母に言われて義理の娘〔長男永善の妻〕に二つ、季嫂のためにもう一つ蚊帳を買った[1]。ところが気の利かない興瑞《フンソ》〔尹家の雑務をする召使〕がたまたま絹の蚊帳を買ってきてしまった。これを知った妻は嫉妬のあまり、胃痛と頭痛を引き起こした。

今朝、妻は私が彼女に絹の蚊帳を買ってやらなかったと例の不快きわまる言い方でぶちまけ始めた。私が、君にはもっと良いのがあるじゃないかと言うと、いくら一杯あっても嫁にはこっそり絹の蚊帳を買ってやりながら[2]私だけに買ってくれないなんてバカなことはないと言う。ところで、アレンの嫁に対する彼女の憎悪はとても口では言い表せない。不幸にも私はこの女性を妻と呼ばなければならないが、彼女の意地の悪さと我が儘ぶりには私もお手上げである。殴れば私の言うことに従わせることもできるが、そんなことをすれば私の子供たちが辛い思いをするだけだし、かと言って彼女と離婚することもできない――離婚したいのは山々だが。彼女は私と離婚するようなバカなことは決してしないだろう。こんな彼女の意地の悪さに耐えられるのは私だけだ。

午後五時三十分、パゴダ公園で組合の人々とともに小崎牧師の歓迎会。[3] 午後八時、ファミリーホテルで永野〔鍾路署署長永野清〕および岡本氏〔岡本亥之吉同署警視〕に夕飯をご馳走する。

（1） I bought two mosquito nets for my daughter-in-law (Allen's wife) and another for □□.：（　）内は my daughter-in-law の上に小さく書かれている。また□□は写真版で見ると「季嫂」と読める。異母弟致旺の妻のことである。

（2） when I gave them in sly (→ on the sly) to my daughter-in-law.：下線部はデジタルライブラリーも同じに読めるが、意味が通じない。尹致昊が on the sly（「こっそり」の意の熟語）を in sly と勘違いしたためと思われる。

（3） 歓迎会 for 小崎牧師 at Pagoda Park with the 組合 people.：「組合」は組合教会。「小崎牧師」は小崎弘道。

5日　金曜。晴れ、極めて暑し。

例の如くＹＭＣＡ。

6日　土曜。晴れ、暑。

例の如くＹＭＣＡ。幸福の本質は満足することを知ることにある。なぜなら、満足することを知らなければ、人は何物によっても心を充たされることがないからである。しかし我が儘な心というものは満足することができない。故に我が儘な心は幸福になることはできない。妻は自らの飽くことなき利己心によって自分自身を惨めにしている。彼女は周りの全ての者、全ての物が彼女に仕え、彼女を喜ばせることを望む。彼女はこれっぽっちも他人を喜ばせることを考えない。彼女の所有するほんの僅かな感情さえも彼女の我が儘により歪められてしまっている。

7日　日曜。暑。

宗橋礼拝堂例の如し。

8日　月曜。土砂降り。

例の如くYMCA。一日中激しい雨と風。

正午、安淳煥(1)の別荘に行き阿部社長〔京城日報社長阿部充家〕を接待する。私の一番目の従弟〔致昨〕と李升鉉がこの接待に出席する者を十人ほど集めてくれることになった。しかし全部で九人のうち従弟と李升鉉と私の三人を除いて他は全員脱落してしまった。ところがこの二人ときたらまったくのロクデナシで、他人を犠牲にして自分だけが目立とうとする人間にすぎない。そんな人間を頼りにするとは私もバカだった(2)。にもかかわらず、阿部氏は満足してくれたようだった。

一番目の従弟〔尹致昨〕は気位ばかり高い道楽者になりさがってしまった。何ひとつまともな仕事ができない本当の〝破落戸《ろくでなし》〟である。

(1)　安淳煥：大韓帝国期、宮内部奏任官および典膳司長を務めた人物で明月館の創立者。
(2)　These two I find to be no account（ここに「,」を入れる）only persons who want to make shows at

the expense of others that（→others. Fool that）I am to have trusted them.：下線部は写真版により訂正。

9日　火曜。大雨。
例の如くYMCA。昨夜は一晩中、大雨。正午、雨があがる。

10日　水曜。午前霧、午後快晴。
例の如くYMCA。午前八時三十分、阿部氏を見送るために駅に行く。だが、平澤と成歓の間に線路の決壊（washout）があったため阿部氏は出発できず。

11日　木曜。快晴、暑。
例の如くYMCA。午前十一時、ブロックマン氏とともに宇佐美氏を訪ねる。
午後八時三十分、呉博士〔呉兢善〕が夏季の衛生について話をする。ひどい眠気に襲われてほんの数語しか聞き取れなかった。

12日　金曜。すばらしい天気、暑。
午前十一時、人力車でソウルを発ち牛耳洞《ウイドン》(1)をめざす。午後二時ごろ到着。行ってみるとそこは自然の美しさといい、李奉春所有の朝鮮式家屋といい驚くほどのすばらしさ。建物の前庭を流れる澄んだ小川、小高い山々と木々、私はすべてが気に入った。
午後八時、夏令会〔夏季研修会〕が始まる。プログラムが進行して、呉博士によるお話の後に、私が組織としてのYMCAについて話をする。

（1）ソウル北方のミアリ（弥阿里）近辺の行楽地。

13日　土曜。すばらしい天気、暑。

牛耳洞。メアリが来てくれたので私の休息にさらに喜びが付け加わった。午前中の予定は滞りなく進む。ゲイル博士が、「困難をものともしない人々」という題ですばらしい講演をする。

午後、例の如く休憩。午後八時、私がＹＭＣＡの原則と精神について話す。

14日　日曜。曇り、降ったり止んだり。

牛耳洞。午前十一時、渡辺〔暢〕判事が良い説教をする。李商在は判事とともにソウルに帰る。午後は例の如く水遊びと休憩。

15日　月曜。午前中は雨。

牛耳洞。午前中は予定通り。聖書研究、玄牧師〔玄楯〕の説教、および金昶済の講演。午後、ブロックマン氏が夫人と子供たち、宋彦用、およびルーカス氏とともにやってくる。ブロックマン氏はフィッシャー〔Galen M. Fisher：東京ＹＭＣＡ同盟主事〕からすぐ東京に来るようにという電報が来たこと、それで明日、ソウルを発たなければならないと言った。

16日　火曜。すばらしい天気、暑。

牛耳洞。昨夜は熟睡した。午前中は、聖書研究と玄牧師の説教、および申氏〔申興雨〕の講演で目一杯。写真を撮る。

午後三時、代表団から報告書が提出される。午後八時、李商在氏から二、三言葉があり、次いで男子学生から感謝の言葉があった後、夏令会は閉会となる。

17日　水曜。すばらしい天気。極めて暑し。

早起きする。男子学生にご飯の代わりにコーヒーとケーキを出す。みな満足した模様。午前七時三十分頃、全員会場を後にする。私とメアリは人力車が来るのを午前十一時まで待って、懐かしい想い出を胸に人力車で李奉春の別荘を後にする。玄牧師だけは今度の土曜日までここにいなければならないので一人残る。正午、ソウル着。神に感謝。

日本、シベリア出兵を決定[1]——号外はそう伝えている。大変なことになった！　世界はどうなるのか？

（1）日本政府がシベリア出兵を宣言するのは八月二日である。

18日　木曜。極めて暑し。

例の如くYMCA。正午、東京留学生神戸野球団のメンバー十四人を奉春館〔ソウル瑞麟洞にあった料理屋〕に招き昼食をご馳走する。午後三時、従妹の趙室[1]を工藤好人病院[2]に見舞いに行く。

妻、子供たちと共に、今度の土曜日に米国に向けて発つハーディー夫人とその娘たち、エヴァ(Eva)、ベシー（Bessie）、およびグレース（Grace）を訪ねる。

（1）my cousin 趙室：姓を表す漢字の後に「室」をつけると「趙姓の男性に嫁いだ女性」の意を表す。ここは趙重協の妻となった尹活蘭（叔父尹英烈の長女）と思われる。因みに本年二月二十三日には、「人妻として彼女ほど美しく優しい女性は世界中どこにもいない。……彼女のような女性を妻として余生を幸せに過ごせたらどんなにいいことか」とあった。

（2）京城府中区北米倉町に開業していたらしい。

19日　金曜。蒸し暑し、雨。

例の如くYMCA。

20日　土曜。雨、蒸し暑し。

例の如くYMCA。ハーディー家の三姉妹、エヴァ、ベッシー、グレース、およびハーディー夫人が今朝、米国に向けてソウルを発つ。ベッシーに頼んでヘレンに絹のハンカチ二枚を届けてもらう(1)。ところでハーディー三姉妹のなかではベッシーがいちばん可愛らしく、いい子だ。

（1）次女ヘレン〔龍姫〕は実母の馬夫人が亡くなった時（一九〇五年二月）、二歳足らずだったため、幼い女児がいたハーディー家に預けて育てられたようである。従って、ベッシーとは姉妹のような関係にあり、尹致昊は彼女のことを「ヘレン・ハーディー」と日記に記している。

21日　日曜。午前中は軽いにわか雨、午後はすばらしい天気。

宗橋礼拝堂例の如し。金鶴季《キムハギョン》が全義(1)にある農園の舎音〔小作管理人〕として推薦した韓永周の身元調査をさせるために李鍾元〔尹家小作管理人〕を全義に派遣する。

ローラ〔長女鳳姫〕は現在妊娠中で、ほとんど息もできないほどにお腹が膨らんでいる。日本人医師の言うところによれば、彼女のお腹の中にいるのは双子だという。彼女はとても苦しそうだ。

（1）全義：忠清南道燕岐郡の地名。因みに父雄烈の最初の妻は全義李氏であった。

22日　月曜。すばらしい天気、最高に暑い(1)。

例の如くYMCA。ローラをセブランス病院に送る。

（1）hot — test：デジタルライブラリーも同じ。「暑いは暑いでも、最高に暑かった」の意味を出そうとしたか。

23日　火曜。極めて暑し。
例の如くＹＭＣＡ。午前十一時頃、セブランス病院に行く。ハースト博士[1]がローラの治療にあたる。ローラのお腹からは殆ど洗面器二杯分の水が出てきた。ハースト博士は子供は恐らく死産だろうと言う。十二時頃に帰宅。午後六時頃、再び病院に行く。ローラは双子を生んだ――死んでいた。彼女は無事だった。ありがたい。

（1）Dr. Herst（→Hirst）：本年四月二日には正しくDr. Hirstとあった。

24日　水曜。極めて暑し。

例の如くＹＭＣＡ。ローラ、今朝はやや良好。

フィッシャー氏〔東京Ｙ同盟主事G. Fisher〕から手紙があり、戦争協力会議[1]について御前場[2]で開かれる同盟会[3]の大会に私が出席するよう要請してきた。

（1）the War Work Council：National War Work Council の略。第一次世界大戦中にウィルソン大統領に対してＹＭＣＡが協力事業を提案した時にＹＭＣＡ内にできた担当部署の名称。
（2）御前場：写真版も同じ。「御殿場」の誤り。尹致昊の勘違い。静岡県御殿場市のＹＭＣＡ研修施設・東山荘のことである。第七巻下、一九一九年六月二十日には the Gotemba meeting と正しい発音がある。
（3）the 同盟會：未詳。「日本キリスト教同盟会」のことか。

25日　木曜。極めて暑し。

26日　金曜。一日中雨。
例の如くＹＭＣＡ。午後一時二十分頃、渡瀬氏〔渡瀬常吉〕を訪ねる。

例の如くＹＭＣＡ。昨夜は恐ろしい暑さだった。蚊と、南京虫と耐えがたい暑さのために一睡もできなかった。深夜に風あり。

27日　土曜。曇り、陽が射す。

そよ風の吹く清々しい朝。正午までＹＭＣＡ。午後一時四十分の列車でメアリとともにソウルを後に松都に向かう。松都の家に着く。すべて異常なし。新築工事は白雲漄が寸法の指示に追いつけないために、完成からはまだほど遠い(1)。

(1) The building operation still far from completion owing to the fact that（ここにisがある）白雲游（→白雲漄）exceded by instruction in dimention（→dimension）.：デジタルライブラリーで見ると、最初の（　）の部分にisがある。しかしこれはexceededの前に移動すべきである。ただし「白雲游（→白雲漄）」以下の意味がよく分からない。

28日　日曜。曇り、暑。

午前中は北部礼拝堂の礼拝に参加。四方の山々の木々と木陰はすばらしい美しさと、すばらしい緑色に包まれている。山間の小川で水浴を楽しむ。

29日　月曜。断続的ににわか雨。

午前中は松都で楽しく過ごす。梁柱三の語るところによれば(2)、彼はジャーダイン氏(1)から近く執筆が予定されているキリスト教関係の文献のうち南監理教の部分を手伝ってくれないかと頼まれたが、彼（梁）としては松都高等普通学校〔一九一七年に韓英書院から改称する〕にとどまることには乗り気がしないと言った。たぶん彼としてはワッソン氏の松都高普のワンマン経営ぶりが不快でしかたなかったのだろう。梁氏とともに森脇氏〔開城警察署署長〕を訪ねる。

梁の話によれば、三年前の今ごろは肉一斤が一〇銭だったのに今では四〇銭もして、一尺あたり一〇銭だった広木[3]が今では三〇銭、一叺《かます》六円だった米が今では一六円もするようになったという。

（1）Mr. Gerdin（→Gerdine）：J. L. Gerdine。当時、韓英書院（松都高普）の外国人教師。

（2）the So. Meth. part of the christian literature work to be started：この件に関しては本年四月二十七日の訳注（1）を参照。

（3）廣木：「カナキン」また「カネキン」。「かたく撚った細い錦糸で目をかたく、薄地に織った布」（岩波書店『国語辞典』第三版）。

30日　火曜。極めて暑し。

松都の家。読書、入浴、庭木の手入れ。金宝烈氏と梁が松都高等普通学校の校長を引き受けてくれないかと言ってきた。私は三つの理由から！　引き受けられないと返事をした。

(1)年老いた母を一人にできないこと。

(2)そんなことをすれば当局の機嫌をそこねるだろうこと。

(3)私としては西洋人とは別個の仕事をしたいこと。

31日　水曜。極めて暑し。

松都の家。叔母〔母方の叔母：李通津の妻〕に会いに行く。李通津[1]は新しい家を手に入れるためにソウルに行って不在だった。家の所有者が変わった結果、全てがすっかり逆になってしまったのを見て、私は悲しかった。数年前まで李通津は大金持ちになって、松都の有力者だった。ところがもっとカネを、もっとカネをという彼の金銭欲が彼を金鉱への投機に駆り立てた。そんな中で彼の横柄な態度が松都の住民の反感を招いた。(2) 一八九七年、李通津が松都の有力者として聞こえるようになった頃、私が初めて義州宅(3)に会った奥の間はガランとして人気もなくなっていた。

(1) 李通津：母方の叔母の連れ合い。第一巻にしばしば登場した「李東振」と同一人物である。「李健赫」と名乗ることもある。

(2) But his passion for more money plunged him（ここに into を補う）speculations in mining etc. which (→ while) his overbearing manner offended the natives of Song Do.：デジタルライブラリーで補正、訂正。

(3) 義州집：本巻一九一六年八月十六日に、「今朝、義州宅がやってきて、四〇〇円を融通してくれと言った。彼女の要求に応じるわけにはいかない」とあったその「義州宅」と同一人物、即ち李通津の側室。

八月

1日 木曜。極めて暑し（very hot）。

午後二時四十分の列車で松都を発ちソウルに。妻とマーガレット〔五女明姫〕が病気。

2日 金曜。すこぶる暑し（Exceeding hot）。

例の如くYMCA。昨夜、赤ん坊のマーガレットが病気になる。暑さと南京虫と病気の赤ん坊のために妻と私はほとんど一晩中眠れなかった。

3日 土曜。極めて暑し。

例の如くYMCA。赤ん坊の麻疹(1)、相変わらず。

（1） hong yok：韓国語の「紅疫（홍역）」を英語で発音表記したもの。

4日 日曜。極めて暑し。

宗橋礼拝堂礼拝、例の如し。例の如くＹＭＣＡ礼拝堂で福音会の集まり。崔炳鉉師[1]が説教。従弟たちを彼らの家に訪ねる。

（1） Rev. 崔炳鉉：本巻一九一六年六月三日に一度登場しているが、「崔炳憲」の可能性はないか。

5日 月曜。極めて暑し。

例の如くＹＭＣＡ。山縣悌三郎氏に手紙を書いて、松都に家を新築中のため北海道には行けない旨を伝える。

6日 火曜。おそろしく暑かった（Awful hot）。

例の如くＹＭＣＡ。

7日 水曜。おそろしく暑かった、日陰で九八度。

例の如くＹＭＣＡ。具滋玉氏[1]が日本から帰る。

（1） The（→Mr.）具滋玉：下線部は写真版で訂正。

8日 木曜。晴れ、極めて暑し。

例の如くＹＭＣＡ。

9日 金曜。午前中、涼。

午後八時、廉井洞教会[1]でコンサートがある。

（1） 廉井洞 Church：本年三月七日に出てきた「濂井洞禮拝堂」に同じ。現「セームンアン教会」。

10日　土曜。雨。

例の如くＹＭＣＡ。尹弘求との契約書に署名する。契約書の内容は以下の通りである。

(1)私の祖父が彼の弟である尹弘求の高祖父(1)に与えた新村の位土(2)を買い戻すために三千円(3)を支払うものとする。

(2)位土の権利証書は私の名前で作ること。既に私が先渡ししたカネは六年間かけて〔尹弘求が〕割賦で返済すること。

(3)六年後、先渡ししたカネが全額返済された時、位土の権利証書は宗中代表者の名前〔尹致昊〕で作ること。また位土からの収穫物は宗家〔海平尹氏の本家＝尹致昊家〕の維持を目的として使用されるべきこと。

　この契約により私は財政的に非常に困難な状況におかれることになったが、この土地が他人の手に渡るのを防ぐためにはこうせざるをえなかったのである。

　市場升で米一升が六〇銭(4)。去年の今ごろは同じ市場升一升が二五銭だった(5)。

（1）高祖：「高祖父」の略。祖父の祖父。

（2）位土：「位田」と「位畓」を合わせて「位土」と称す。収穫物を祖先の祭祀などの特定の目的に使うために特別に設けた畑（位田）と田（位畓）。韓国語で「田」は「畑」、「畓」は「水田」を意味する。

（3）¥3,000,100（→3000^{00}）：デジタルライブラリーでは、3000の後は¥$3000\frac{00}{100}$となっている。この先、十九日を参照。

（4）Rice 60 sen per 火印一升：「火印」については本年三月一日の訳注を参照。

（5）　米価の高騰は日本によるシベリア出兵の影響である。出兵を知った日本の投機業者が米価の高騰を見越して大量に米を買い占めたために米価が急騰し、日本本土においては七月下旬から米を買えなくなった庶民による抗議運動が起り、やがて「米騒動」へと発展してゆく。朝鮮においても一種の「米騒動」があったことはこの先、八月二十八日の記事でも分かる。

11日　日曜。蒸し暑く、雨が降ったり止んだり。子供たちとともに彰義門外の亭子〔彰義門外にある山荘〕に母を訪ねる。

12日　月曜。蒸し暑く、雨が降ったり止んだり。

例の如くYMCA。尹弘求との契約に関して劉文煥氏[1]に相談する。劉氏によれば、この契約では先払いしたカネを完全に払い戻させることはできないという。

（1）　劉文煥：本巻一九一六年一月三十一日に登場した弁護士である。

13日　火曜。午前中激しい雨、午後には雨があがる。例の如くYMCA。キャンドラーが松都に帰る。

14日　水曜。晴れ。例の如くYMCA。午後、母に会いに亭子に行く。

15日　木曜。うだるような蒸し暑さ。雨。例の如くYMCA。北京からやって来た中国人留学生張欽士が午前中に訪ねてきた。

16日　金曜。蒸し暑かった。十二時まで恐ろしい雨。例の如くYMCA。昨日は午後中、そして夜になってものすごい雨。

17日　土曜。曇り、うだるような蒸し暑さ。
午前中、ＹＭＣＡ。午後、母、妻、子供たちとともに北門外で過ごす。
18日　日曜。晴れ。
午前中、宗橋礼拝堂例の如し。子供たちとともに北門外の亭子に行く。
19日　月曜。晴れ。朝夕は涼。
午前中は、議官(1)の助言により尹弘求との件を整理するために奔走。私が相談した弁護士はみな、私が弘求と結んだ契約は法的に全く拘束力がないということで一致する。従って、問題の土地が人手に渡るのを防ぎ、同時に寡婦となった弘求の母親の生活費を維持するためには、今すぐ私が問題の土地を四千円で購入し、毎年この土地から上がる収穫米のうち五十石を弘求の家族に与えるという条件付きで、弘求のこの土地に対する所有権を取り返さなければならない。手続きは今朝終了したが、事が順調に運ぶかどうか私には自信がない。北門外亭子で夕食。
（1）　議官：洪議官忠鉉のことであろう。大正実業親睦会の幹事・理事・評議員等を歴任。

＊（20日、21日は空欄）

22日　木曜。暖。
午前中はずっと家にいて、新しく買った土地を登記するために李秉昭〔尹家使用人〕を牙山郡庁に派遣する必要があるので、秉昭とその打ち合わせをするために過ごす。李秉昭は午前十一時に出発する。

午後七時になって李がまだ出発していないことを知った。信用できないこと、当てにならないこと、この性格こそ朝鮮人の命取りだ。

23日 金曜。暑。

家にいる。右腰の関節を捻挫して、動かすたびに痛みが走る。李秉昭を監視するため郭漢永〔洪川の小作管理人〕を牙山郡庁に送る。

24日 土曜。日中暑し。

家にいる。腰の様子は相変わらず。朴燕岩の『熱河日記』[1]を読む。

（1） 熱河日記 by 朴燕岩：「燕岩」は朴趾源の号。『熱河日記』は今村与志雄訳で平凡社の東洋文庫に収められている。

25日 日曜。蒸すような暑さ。

家にいる。『熱河日記』を読む。作者のセンスの良さに驚く。その探求心の旺盛さ。見るもの全てに無関心ではいられないようだ。

26日 月曜。蒸し暑い。

例の如くYMCA。午前十一時、文姫と善姫を歯医者に連れて行く。

27日 火曜。うだるように蒸し暑い一日。

例の如くYMCA。昨夜はおそろしく暑かった。午前二時に目が覚めたまま五時まで眠れなかった。

28日 水曜。うだるような蒸し暑さ。雨が降ったり止んだり。

例の如くYMCA。今日の午後七時頃、金貞植氏が家の改築のためにもう五〇円貸してくれと言ってきた。その時、彼は来る途中で一人の老婆が米の廉売所担当の日本人巡査に足蹴にされているのを見たと言った。しかし誰もその老婆のことを心配してやる者は見あたらなかった。そこで彼（金）はその巡査に老婆を最寄りの病院に連れて行ってやった方がいいのではないかと言った。その老婆が死んでしまったのではないかということで廉売所では市民と警察の間で大騒ぎになった。[1]

（1）日本では八月三日に既に富山県で米騒動が起っている。シベリア出兵によるコメの買い占めのために朝鮮においても日本内地と同じような状況になっていたことが分かる。このことは翌年起る三・一独立運動の伏線の一つとなる。

29日 木曜。蒸し暑し。

今朝、警務部長が私を呼び出して、『京城日報』が昨日、鍾路青年会の会員が群衆を唆して暴動に駆り立てたという記事を書いたと言った。つづけて部長は、これは金貞植がかつて中央ＹＭＣＡ（鍾路青年会）の総務をしていたことからきた誤報であることは分かっていると言った。金貞植、柳一宣、金演坤（全員、組合教会会員）が群衆を扇動して警察を攻撃させたという容疑で逮捕された。

30日 金曜。うだるような蒸し暑さ。

一番目の従弟〔尹致旿〕とともに『京城日報』の新しい社長加藤氏[1]を訪ねる。

（1）Mr. 加藤：加藤房蔵。『毎日申報』社長も兼ねた。因みに、徳富蘇峰は米騒動の勃発に対して『国民新聞』に「閣臣の責任を問ふ」と題する記事を発表して寺内内閣の責任を追及し、これを機会に『京城日報』との関係を絶った。これに先立ち徳富の腹心であった阿部充家は六月三十日に京城日報社社長職を加藤房蔵に譲って退社した。『朝鮮総督府官報』大正七年七月十七日の「○商業登記」の欄を参照。

31日　土曜。曇り、蒸し暑し。
例の如くＹＭＣＡ。今朝、李鍾元と盧和泳〔共に尹家の使用人〕が鎮安に向けてソウルを発つ。

九月

1日　日曜。蒸し暑し。
宗橋礼拝堂例の如し。午後、楊花津《ヤンファジン》にある最愛の妻〔馬秀珍夫人〕の墓に参る。

2日　月曜。蒸し暑し。
例の如くＹＭＣＡ。午後六時、ファミリーホテルで新たな『京城日報』社長加藤氏、主筆の早田氏〔早田伊三〕、編集局長の松尾氏〔松尾茂吉〕をもてなす。

3日　火曜。蒸し暑し。
例の如くＹＭＣＡ。午後一時、崔南善氏の父親〔崔獻圭〕の還暦祝いの宴に出席。この祝いは今日で既に五日目になり、一日に招待客を三度に分けて接待している。なんたるナンセンス！

4日　水曜。雨、蒸し暑し。
例の如くＹＭＣＡ。申氏が〔日本キリスト教青年会〕同盟委員の集まり(1)に出席するために日本に出発する。目的はＹＭＣＡの職員をシベリアの前線に送るべきかどうかを検討することである。
午後四時、貞洞教会においてヘンリー・アッペンツェラー(2)とルース・ノウブル嬢（Miss Ruth Noble）が結婚した。ドシャ降りの雨さえなければ沢山の人が集まっていたことだろう。このような結婚式では、式に関係したちょっとした仕事でもいいから朝鮮人にも何か役割を与えてくれてもよさそうなものだ。ところが一切なし！　すべてが朝鮮人が関わらないように巧妙にお膳立てしてあるように思われる。

（1）the meeting of the 同盟委員：シベリア出兵にYMCAが協力するかどうかを検討するために米国YMCAの National War Work Council が静岡県御殿場にある（Yの研修施設）東山荘で開催を予定している会議のことと思われる。因みにこの年七月八日、米国はシベリアにおけるチェコ軍救援のため日米共同出兵を日本側に提議し、同月十七日、日本政府はこれに同意している。

（2）Henry Appenseller（→ Appenzeller）：Henry Dodge Appenzeller（1889-1953）。

5日　木曜。快晴。うだるような暑さ。

例の如くYMCA。今日は妻の誕生日。毎年毎年、彼女には誕生日がめぐってくるが、彼女の貪欲さ、我が儘、醜い性格には一向に好転する兆しが見えない。

6日　金曜。うだるような暑さ。

例の如くYMCA。今日の午後、キャンドラーが松都に帰る。

7日　土曜。蒸し暑かった。正午に微風。

例の如くYMCA。

8日　日曜。蒸し暑かった。晴れ。

宗橋礼拝堂例の如し。[1] 午後、龍山の新宅に李通津を訪ねる。なんたる落魄ぶり。これまで二十年間、松都で最も勢力のあった男が、いまでは龍山の路地裏のちっぽけな家に七十老人よろしく貧しく暮らしている！

（1） 宗橋禮拝堂……（→as usual.）：下線部は写真版で訂正。

9日 月曜。昼下がりはうだるような暑さ。

例の如くYMCA。今日から朝鮮内の全鉄道において、列車は一日に一往復のみとなった。例えば、ソウルから釜山行きの列車は一日四回発車する代わりに、朝一度出るだけになった。ソウルから済物浦には一日に九回出ていたが、今後は二回だけになった。間引き運転で空いた車両はシベリアまで兵隊と軍需物資を運ぶために目いっぱい利用されることになる。

ブロックマン氏の家で夕食。モフェット博士[1]に会う。朝鮮人の教会関係者と宣教師の間には次第に溝が深まりつつあると博士に言う。私はこの溝の拡大が何に起因するものなのかを調査する委員会を組織してはどうかと提案した。博士の考えは完全に私の考えと一致した。だが、私は結局何も得られまいと恐れる。朝鮮人に対する西洋人の侮蔑はなにか助言すれば改まるようなそんな代物ではない。宣教師の眼を覚ますことができるのは決定的な決裂か、反旗を翻すしかないだろう。だが、それでは遅すぎる。

（1） Dr. Moffett：Samuel Austin Moffett（1864-1939）は一八九〇年に来韓した米国北長老派の宣教師。同年から一九三六年まで平壌で活動した在韓宣教師の長老的な存在。

10日 火曜。曇り。

例の如くYMCA。

11日 水曜。すばらしい天気。

例の如くYMCA。午前九時、仲裁委員会（the Committee of Arrangement）の招請により梨花礼拝堂に行き、西洋人宣教師と朝鮮人キリスト教指導者との間で次第に顕著になってきた両者の疎遠問題につき、その人間関係を連合協議会(1)の場に置いて講演する。私の講演は誠意を以て迎えられた。この両者の離間の原因を調査すべく委員会が任命されることになる。

(1) the Federal Council：本年二月二十六日に「長監連合協議会」とあり、翌日二十七日には The Korean Federal Council とある。

12日　木曜。すばらしい天気。

例の如くＹＭＣＡ。午後八時、アヴィソン博士の家で開かれた評議員会に出席する。夜十一時頃に帰宅。

13日　金曜。すばらしい天気。

例の如くＹＭＣＡ。金麟がやって来て言った、日本に協力的であろうとする我々（彼と私）のあらゆる努力にもかかわらず、日本人即ち総督府（the Japanese authorities）は心の中では我々のことを反日であると見なしていると。彼は私にＹＭＣＡとの関係を絶つよう強く勧めた。

致旺から七月二十七日付の手紙をもらう。返事を書く。

14日　土曜。すばらしい天気。涼しすぎるくらい。

午後五時、奉春館で山室軍平氏(1)を接待する。七時三十分、山室氏が部屋いっぱいの人々に演説(2)をする。氏は徹底した精神主義者である。愛すべき、また愛されるに値する人物。日本キリスト教界における偉大なる光の一人である。

(1) Mr. 山室君平：写真版も同じであるが正しくは「山室軍平」で、救世軍牧師の山室軍平（一八七二～一九四〇）のことである。尹致昊の勘違い。

（2）Christiandom：写真版にはXiandomとある。XをX'massにおけるXと同じ用法と見て、X＝Christ、Xiandom＝Christiandomとしたのだろうが、尹致昊の勘違いで、正しくはChristiandomではなく、Christendomである。因みにXは十字架にかけられたイエス・キリストの象徴である。

15日　日曜。すばらしい天気。涼しすぎるくらい。

最近、食欲がまったくなく、とても疲れている。遅くなりすぎて教会には間に合わないので昼寝する。

16日　月曜。すばらしい天気。涼しすぎる。

例の如くＹＭＣＡ。東京から帰ってきたばかりの申氏〔申興雨〕を訪ねる。彼はシベリアにいる日本軍のためにＹＭＣＡが活動を起こすべきか否かについて議論するために開かれた日本ＹＭＣＡ同盟(the Japanese Y.M.C.A. Union)の会議に出席するために東京に行っていたのである。同盟はＹ所有の車三台とともに十二名の職員を派遣することに決定したという。予想される出費は二五万円である。ヒュー・ミラー氏に四〇〇円、即ち四〇ポンドを致旺に送ってくれるよう依頼する。

17日　火曜。すばらしい天気。

例の如くＹＭＣＡ。午前九時、ピアソン記念聖教学院(1)に行き、南監理十年紀念委員会に出席する。

（1）the Pierson Memorial School：フルネームはthe Pierson Memorial Union Bible Institute。

18日　水曜。すばらしい天気。

例の如くＹＭＣＡ。朝鮮の左官工(1)が働いている姿を見るとほんとうに絶望的になる。彼らはお喋りし、タバコを吸い、酒を飲み、そしてただブラブラとその辺を遊びまわるばかりだ。日本人や中国人の労働者がほんの数時間ですることを一日かかっても終わるかどうか分からない。

（1） mijangees：ハングル「미장이」の英語表記。

19日　木曜。雨。

例の如くＹＭＣＡ。質《たち》の悪い風邪になる。

20日　金曜。すばらしい天気。

例の如くＹＭＣＡ。質の悪い風邪のためひどく気分がすぐれない。

午後四時、グレッグ氏の家で理事会を開く。私は隠退して文筆業にでも従事する予定なので、その時に備えて総務補佐を採用することを提案する。

21日　土曜。すばらしい天気。

質の悪い風邪（インフルエンザの一種）のために起きることができず。季節はずれのこの涼しさは作物にも人の体にもひどくこたえる。

22日　日曜。すばらしい天気。

質の悪い風邪。寝たまま起きられず。

23日　月曜。すばらしい天気。

例の如くＹＭＣＡ。まだフラフラして体が思うようにならない。朝鮮ホテルに行きハーン博士〔Dr. Hahn。歯科医〕と昼食をともにする。フレンチ大佐〔韓国救世軍第二代司令官George French[1]大佐〕と山本師[2]〔日本組合教会朝鮮伝道副主任山本忠美〕も同席。山縣悌三郎氏を訪ねる。金光瑞の招きによりトロロウプ監督に会うためにファミリーホテルに行く。三時三十分から五時まで待つも監督は現れず。お茶を飲んで家に帰った時には、とても具合が悪かった。

今日の午後、ルーカス氏〔A. E. Lucas：YMCA職員〕がシベリアに向けて発つ。見送りができずに残念。

（1）金光瑞：日本陸軍士官学校を卒業した金光瑞とは別人で、YMCA関係者らしい。

（2）Bishop Trollop（→Trollope）：下線部は写真版で訂正。尹致昊の誤り。英国聖公会韓国主教。

24日　火曜。すばらしい天気。涼しすぎる。

例の如くYMCA。

25日　水曜。すばらしい天気。

例の如くYMCA。午後四時三十分、ブロックマンとともにゲイル博士の家に行き、総務補佐推薦に関する委員会の集まりに出席する。ゲイル博士が議長を務める。二人の総務の他に、アヴィソン博士、渡辺判事、申興雨氏、金弼秀師が出席。慎重審議の後、陸定洙[1]氏が総務補佐に推薦される。

午後十時、アヴィソン博士の家に行きカナダ長老教会の宣教本部書記・アームストロング氏（Mr. Armstrong）に会う。アームストロング氏とアヴィソン博士は私に、朝鮮の教会の今後の見通し、福音活動の前途に横たわる主たる困難、すなわち新教育令に従うことの是非等に関して意見を求めた。

（1）Mr. 陸完（→定）洙：下線部は写真版で訂正。国史編纂版の解読ミス。

26日　木曜。すばらしい天気。

例の如くYMCA。午後二時、宇佐美氏を訪ねる。氏は改めて地主が小作人の福祉に関心を持つことの重要性を説明した。日本人の地主（の一部）は小作料を徴収するにあたり朝鮮人の地主など決して思いも及ばないような手段を用いている。にもかかわらず総督府当局は朝鮮人の地主は小作人の扱い方がひどいと思っているようである。力は正義なりが真実であるとするなら、逆に弱者であることは罪なのだ。

27日　金曜。すばらしい天気。

例の如くＹＭＣＡ。午後八時、日本赤十字社のための慈善コンサート。この種の問題に関しては朝鮮の一般大衆に興味を起こさせるのは困難である。日本赤十字社のために我々が一生懸命努力したにもかかわらず、日本人は全く何もしていないのを知って驚く。日本人よりは米国人の方がまだしも同情して手伝ってくれた。恐らく総督府当局もソウルの一般日本人も、朝鮮Ｙが日本Ｙとは別個の独立的な存在であることを示すのを望んでいないのだろう。これでは朝鮮人が日本のことには一切同情を示さなくても決して責めることなどできはしない。残念なことだ！

28日　土曜。曇り、涼。

例の如くＹＭＣＡ。

29日　日曜。すばらしい天気。

宗橋礼拝堂例の如し。

30日　月曜。すばらしい天気。

例の如くＹＭＣＡ。午後二時三十分、宗教委員会（the Religious Committee）に出席するため恩姫とともにブロックマン氏の家に行く。

十月

1日　火曜。すばらしい天気。
例の如くYMCA。午後八時、アヴィソン博士が現状——赤十字および神の使者であるYMCAの戦時活動(1)——について良い話をする。博士は言う、合衆国大統領は兵士訓練所の十マイル以内ではいかなる酒場あるいは水商売の女も営業することを禁じていると。これを兵営や町のある所には必ず遊郭(2)を設置する日本人の論理・習慣と比べてみよ。

（1） war activities as represented by Red Cross and the Red Triangle agencies of mercy : Red Triangle はYMCAの標章。agencies of mercy は「神の恩寵（mercy）の代行者」。
（2） 遷廓（→遊郭） or prostitution quarters : 下線部は写真版で訂正。

2日　水曜。すばらしい天気。

例の如くYMCA。午前十時三十分、培花学堂に行き、その創立記念日およびキャンベル夫人〔培花学堂設立者〕の米国帰国歓送会に出席する。

午後八時、水口門教会〔現光熙門教会〕に行きキャンベル夫人のお別れ会に出席、というより式を主宰する。


3日　木曜。すばらしい天気。

午前中、YMCA。午前十一時四十分、妻・子供たち・庶母とともに松都に向けてソウルを後にする。

午後二時三十分頃到着。

山の上にある我が家の美しい空気と景色をたっぷり味わう。新居〔開城府高麗町七五番地〕で寝る。神よ、我らの新居を祝福したまえ。そして家族の平和と、ささやかな喜びと慰みの場所となるよう見守りたまえ。

4日　金曜。すばらしい天気。

木々に囲まれて一日を過ごす。文姫〔三女〕とともに午後五時四十分の列車で松都を発つ。午後七時三十分頃、帰宅。ＹＭＣＡに行き創立記念日に出席する。講堂は映画を見るために集まった客で満員――無料だから！

5日　土曜。すばらしい天気。

例の如くＹＭＣＡ。

6日　日曜。すばらしい天気。

宗橋礼拝堂例の如し。

7日　月曜。すばらしい天気。

例の如くＹＭＣＡ。午後四時三十分、〔日本ＹＭＣＡ〕同盟会に出席するため東京に行って来た申興雨氏の報告を聞くために十五人委員会を開く。

8日　火曜。すばらしい天気。

例の如くＹＭＣＡ。午後六時、山縣五十雄氏の家に行き、スキヤキの夕飯をご馳走になる。兄の悌三郎および培材学堂の日本語教師・高木氏[1]が同席。彼らは役人根性と官僚主義を痛烈に皮肉り、かつ非難攻撃した。

（1）高木：高木正義（一八六三～一九三二）。山形県生まれ。東京英和学校（現青山学院）卒業後、一八八八年に渡米。シラキュース大学、ジョンズホプキンズ大学大学院、コロンビア大学で学び、さらにベルリン大学などヨーロッパ諸国の大学に遊学して一八九七年帰国。帰国後は東京帝大文科大学講師、慶応義塾大学講師、東京専門学校（現早稲田大学）講師などを歴任。一九〇二年五月、第一銀行京城出張所主任として渡韓して、一九〇三年には皇城基督教青年会の創立にあたりブラウン、アヴィソン、アンダーウッド、ゲイル、ハルバート等とともに創立委員会理事に選出される。因みに山縣悌三郎も培材学堂の教師を務めた。

9日　水曜。すばらしい天気。

例の如くYMCA。午後二時、カンザス・シティのビショップ氏（Mr. Bishop）、ジョーゲンセン氏[1]、および大村氏[2]が到着する。グレッグ氏の家で書記会議。

（1）Mr. Jorgensen：Arthur Jorgensen。日本YMCAの学生部幹事（一九一一～三九）。韓国YMCAにも何度か訪れて夏令会等で講演をしている。『韓国キリスト教青年会運動史』一八七～八八頁、および本日記第八巻、一九二〇年三月二十四日を参照。

（2）Mr. Omura：日本基督教団総会議長の大村勇か。

10日　木曜。すばらしい天気。

例の如くYMCA。午後二時にビショップ氏の集まり。[1]大村氏が「いかにして我々の社会活動を行うか」と題して話をする。ビショップ氏は「カンザス・シティにおける青年の活動」と題して話す。

午後四時、宗橋教会で行われた安正洙氏[2]の結婚式に出席する。次いで明月館に行く。午後六時、市島氏[3]の家に行き夕食。白象奎と山縣悌三郎氏も同席。市島夫人は私が今までに見た日本人女性の中でも最も可愛らしい女性の一人である。彼女のような女性を持った市島氏が羨ましい！　楽しい夜を過ごす。

（1）　2 p.m. Bishop meeting：「監督会議」という意味ではなさそうである。
（2）　Mr. 安正洙：正確なところは分からないが、一八七八年生まれの忠清南道人で済物浦（仁川）教会のHeber Jonesから洗礼を受けたメソジストらしい。ジョーンズの勧めで朝鮮人のハワイ移民事業に関与することになり、一九〇二年十二月二十二日、玄楯らと共に第一次ハワイ移民団百二名を引率してハワイに渡る。その後、米国に渡り韓人海外同胞の親睦団体のリーダーとなったが、一九一八年一月になって事業の関係で一時帰国、一九一九年三月まで朝鮮に滞在したという（librewiki.net：2024.05.12）。この先、第七巻下、一九一九年一月十七日を参照。
（3）　Mr. 市島：フルネームは分からないが、延禧専門学校の教師で、家は大平町一丁目八十八番地にあったらしい。国史編纂委員会編『韓民族独立運動史資料集』第三十二巻『独立軍資金募集』（三一運動裁判記録）を参照。

11日　金曜。薄日。
午前中、軽いにわか雨。例の如くYMCA。白雲湃が牙山に発つ。

12日　土曜。すばらしい天気。
例の如くYMCA。文姫、善姫とともに午後四時三十分の列車で松都に行く。
宇佐美氏がビショップ氏、ジョーゲンセン氏、および大村氏のために昼食パーティーを開く。中興雨氏、陸定洙、ブロックマン、および私も招待される。

13日　日曜。すばらしい天気。

松都。とても疲れた。午前中は寝てすごす。午後、梁柱三氏が私を訪ねてくる。午後七時、北部礼拝堂に行く。韓道洙(1)が良い話をする。

(1) 韓道洙（一八九〇年生まれ）は開城北部礼拝堂の会員らしく、『東亜日報』一九二〇年五月三十日号に、監理教宣教百周年記念行事の一環として、同月三十一日に米国エモリー大学留学のために開城を出発の予定とある。

14日　月曜。すばらしい天気。松都。周囲の秋の美しさを楽しむ。

15日　火曜。すばらしい天気。午前中はずっと松都の家。午後二時、妻、子供たちとともにソウルに発つ。五時三十分、ソウル着。みな無事。

16日　水曜。すばらしい天気。例の如くYMCA。午後、カンザス・シティのビショップ氏が会館にやってくる。氏の朝鮮YMCAに対する態度は極めて誠実、いや、感動的なまでの同情に溢れていた。私は氏の優しい激励の言葉を決して忘れないだろう。

17日　木曜。すばらしい天気。例の如くYMCA。

18日　金曜。すばらしい天気。例の如くYMCA。

19日　土曜。すばらしい天気。
例の如くＹＭＣＡ。

20日　日曜。すばらしい天気。
宗橋礼拝堂例の如し。午後四時、金光瑞を訪ねる。

21日　月曜。すばらしい天気。
午前中は読書して家にいる。午後、ＹＭＣＡ。メアリ・アッピ〔三女文姫〕と善姫〔異母弟致旺の長女〕がインフルエンザで寝込む。いまや街中いたる所で流行性感冒、即ちインフルエンザが猛威を振るっている。

22日　火曜。薄日。
例の如くＹＭＣＡ。メアリ・アッピと善姫のインフルエンザは依然としてよくならず。

23日　水曜。すばらしい天気。
ＹＭＣＡ。昨夜、文姫はとても辛そうだった。午後七時三十分、ハーディー夫人の家で夕食。マクマリー監督[1]が元山の駆け足旅行から帰ってきたところ。食事の席でアヴィソン博士か誰かが監督に朝鮮の印象を尋ねた。監督は言った、「そりゃ、ここに来た以上、好きにならなければなりません。私はここでやるべき仕事があるのです。朝鮮が嫌いにならないことを望みます」と。この飾り気のない監督は何という素っ気ないモノの言い方をするのか！　しかし私はその歯に衣着せぬ物言いの故に彼を尊敬する。愛してないのに愛してるのなんだのとは決して言わない[2]。

（1）Bishop McMurray（→McMurry）：下線部はデジタルライブラリーで訂正。この先、二十七日も同じ綴りになっているが、そちらは尹致昊の誤り。William F. McMurry（1864-1934）は一九一八年に米国南メソジストの監督になり同年来韓する。

（2） No false profession of love and to.：デジタルライブラリーを見ると下線部は、etc. と読める。

24日 木曜。すばらしい天気。

YMCA。メアリ・アッビはやや良くなる。妻がインフルエンザになる。その主たる原因は〔インフルエンザに罹らないように注意をという〕忠告を受け入れようとしない彼女の忌むべき頑なさにある。[1] 彼女はひどい怠け者のくせに、あまりに傲慢すぎる！ 彼女にとっての理想的な幸せとは、何もせずにのべつまくなしに食いつづけ、昼も夜も綺麗な着物を着て、あらゆる者を彼女にかしずかせて自分はただブラブラするだけ、そして他人のためには一切何もしないことである。一年中、ただの一行も字を読むということがない。全く我が儘放題、気高い心や寛大な思いやりなどこれっぽっちも持っていない！

（1） mostly due to her abominable obstinacy in（ここに not を補う）heeding advice for taking precautions.：（ ）内の脱落は写真版により補う。

25日 金曜。すばらしい天気。

例の如くYMCA。妻、病気。

26日 土曜。すばらしい天気。

例の如くYMCA。

27日 日曜。すばらしい天気。

宗橋礼拝堂例の如し。マクマリー監督が説教する。私が通訳。監督は〔説教することに〕まったく興味がなさそうに見えた。

28日　月曜。快晴。

インフルエンザに罹り、家で過ごす。

29日　火曜。午前中、すばらしい天気。

病気のため家で過ごす。

30日　水曜。すばらしい天気。

病気のため家で過ごす。

31日　木曜。すばらしい天気。

母の誕生日。我が家は、家中がインフルエンザ。私も病気、庶母も病気、妻も病気、善姫の母親も病気。(1)

（1）「庶母」というのは異母弟、致旺・致昌兄弟の母親で、致旺の長女善姫にとっては祖母にあたる。善姫の母親は致旺の妻で全州李氏慕妊、李熙悳（イ・ヒドク）の娘である。

十一月

1日　金曜。快晴。

病気のため、家で過ごす。

2日　土曜。快晴。

病気のため、家で過ごす。

3日　日曜。快晴、風あり。

病気のため家で過ごす。

4日　月曜。薄日。

病気のため家で過ごす。

5日　火曜。冷え冷え。

病気のため家で過ごす。

6日　水曜。すばらしい天気。

午前十一時まで家で過ごす。東京のウェインライト博士(1)が私を訪ねてくる。午前十一時からYMCAに行く。

（1）Dr. Wainright : Samuel Hayman Wainright（1863-1950）。米国南メソジスト宣教師。一八八八年に来日、大分県で活動した後、一八九〇年に神戸に移ってパルモア学院、関西学院等で教育活動を行いながら日本文化全般に関して勉強する。一九〇六年いったん帰国したのち一九一二年に再来日して東京に住む。二三年の関東大震災後は主として図書出版に力を注ぐ。

7日　木曜。すばらしい天気、寒。

例の如くYMCA。

8日　金曜。すばらしい天気、極めて寒し。

例の如くYMCA。

9日　土曜。すばらしい天気。

例の如くYMCA。午後四時三十分、職員の打ち合わせ。申興雨氏が宗教活動における〝チームワーク〟の必要性について演説する。

10日　日曜。すばらしい天気。

宗橋〔礼拝堂〕例の如し。冷え冷えする一日。今日午後四時、万国学生祈禱集会（The International Student Prayer Meeting）が始まる。呉兢善が「人間性」（"Humanity"）について良い話をする。

現在、申氏は宗教委員会議長としてこの仕事に積極的な関心をもって臨んでいる。このような関心はかつて彼には見られなかったことである。彼の宗教生活は深まりつつあるのだろうか？　とにかく彼がこのように積極的になったことはよいことである。

11日　月曜。すばらしい天気。

例の如くYMCA。七時三十分、学生祈禱集会は会場が満員となる。申氏が「至高なる理想」（"The Highest Ideal"）と題して長い演説をする。堂々たる演説だった。彼は威厳もあり、才能もある演説家である。

我が家のグレース〔四女恩姫〕の誕生日。ドイツと連合国との間に休戦条約が調印されたという。

12日　火曜。すばらしい天気。

例の如くYMCA。七時三十分、学生祈禱集会、全員出席。金弼秀牧師が話をする。

13日　水曜。すばらしい天気。

例の如くYMCA。ドイツと連合国との間に休戦条約が調印され、米国人たちは勝利に酔いしれている。ドイツ側としては事実上の無条件降伏である。ドイツ皇帝はオランダに逃走したという。ヘンリー王子[1]は自分の配下の水兵の手により撃たれた。しかし逃れた。この〝逃れた（escaped）〟という報を信じたい。一八九九年、ヘンリー王子は旗艦に乗って元山を訪れた。当時、元山税関の長官だったオイセン氏[2]はヘンリー王子のために晩餐会を催したが、該地のあらゆる西洋人と私が招待された。私が会場を去った後に、王子がソウルに行って大韓帝国皇帝を訪ねた時のことに話が及ぶや、彼は、「十年以内に韓国皇帝は日本の年金受給者となるだろう」と言ったという。もしその時誰かが、二十年後にドイツ皇帝は自分の国を破滅に追い込んだ後、命からがら逃げ出すだろうと予言していたら、彼は跳び上がらんばかりに怒っていたことだろう。[3]また、皇帝在位時代には、皇帝が眉間に皺を寄せただけでちっぽけなオランダは震えあがったものだ。ところが今では、そのちっぽけなオランダに保護を求めているのは他ならぬ皇帝自身なのだ。人の世の常なきことかくの如し。故に、高慢は個人にとっても国家にとっても最大の敵である。

（1）Prince Henry：彼が元山を訪れた時のことは第五巻、一八九九年十二月三十一日を参照。
（2）Mr. Oisen → Oiesen：尹致昊の誤り。
（3）the Prince would have jumped out of his boots.：下線部は jump out of skin（心臓が飛び出るほど驚く）の類似表現か。あるいは尹致昊が意図的に skin を boots に変えてひねりを利かせたものか。

14日　木曜。すばらしい天気。

例の如くＹＭＣＡ。午後六時、太和館〔＝泰和館：明月館分館〕に李舜基氏[1]を招いて朝鮮料理でもてなす。七時三十分、学生祈禱集会の出席率は上々。呉競善牧師のお話もよかった。

(1) 李舜基氏：李舜基（一八九〇〜一九四八）は咸鏡南道生まれ。一九一八年、咸興YMCA創設に参加。第八巻、一九二〇年十二月十四日にYi Soon Kuiなる人物が登場し、咸興YMCAの総務とあるが同一人物だろう。

15日 金曜。すばらしい天気。

午後二時、ハーディー博士、ワッソン氏、ジャーダイン氏〔Mr. Gesduin→Gerdine〕、および梁柱三氏が青年会館にやってきて朝鮮耶蘇教書会の理事会[(1)]を開く。

七時三十分、学生祈禱集会は大盛況。玄牧師〔玄楯〕が強烈な演説をする。彼の気障な話しぶりは大袈裟すぎる。若い青年男女が今度の集会に見せた興味には顕著なものがある！

(1) the Board of Christian Literature：Christian Literatureは後の「朝鮮耶蘇教書会（The Korean Religious Book and Tract Society）」の前身と思われる。第七巻下、一九一九年十二月四日を参照。

16日 土曜。薄日、寒。

例の如くYMCA。一週間にわたる学生祈禱集会は今夜幕を閉じた。申興雨氏が会場一杯つめかけた学生たちにすばらしいお話をした。

17日 日曜。すばらしい天気。

宗橋礼拝堂例の如し。

18日 月曜。すばらしい天気。

例の如くYMCA。

19日 火曜。すばらしい天気。

例の如くＹＭＣＡ。

20日　水曜。すばらしい天気。

例の如くＹＭＣＡ。

21日　木曜。すばらしい天気。

午前八時三十分にソウルを発ち、午後二時頃、〔郷里の〕新村に到着。

22日　金曜。曇り、寒。

とても疲れた。長々と昼寝をする。夜になって、少し雨が降る。

23日　土曜。すばらしい天気。

田舎の新鮮な空気と、質素な生活を楽しむ。

24日　日曜。すばらしい天気、驚くほど暖かい。

散歩、読書。最近、叔父〔尹英烈〕はある奇妙な体験をした。

(1)二年前、彼は突然リュウマチが発病してひどい苦痛を味わった。ちょっとでも体を動かすと激痛が走り、ほとんど動くことができない。枕から頭を上げることすらできなかった。どんな薬を試しても全く効き目がなかった。ある晩のこと、叔父は朦朧たる精神状態の中で、一人の西洋人の身なりをした男が彼の前に立つのをハッキリ見た。その亡霊は叔父に言った、「ドングリとトウキビ（상수리 and 수수）を取ってきて、酒の中に入れて沸騰させなさい。沸騰しおわったらそれを飲みなさい。そうすれば治るだろう」と。叔父は夜が明けるや、さっそく召使いに命じて亡霊に言われたとおりのモノを作って椀に入れてもってくるように言った。やがて召使いがもってきた椀の中のモノを叔父が飲む

と、たちまち重いおもい肩の荷が嘘のようにスーッと消えて、また元のように体がすっかり軽くなった。リュウマチはすっかり治っていた！

(2)ある晩のこと、眠ったまま床から起きあがり部屋を出て、一人で外に出ると、裏山を〝オッセム[1]〟に向かって登りはじめた。突然、誰かが道ゆく叔父を呼び止めて「どこへ行くのか？」と言った。叔父は目を開けると、力を振り絞って泉の傍らにしゃがみこんで顔を洗った。そこで彼は我に返った。家に帰ってみると、門も戸もみな開け放しになったままで、誰一人として起きている者はいなかった。

(3)叔父は子供の頃から敏捷で勇敢な少年として知られていた。どんな危険を前にしても怖じ気づくようなことは決してなかった。しかし近頃は、すっかり臆病になって一人で外出することはもちろん、いつも誰か側についていてやらなければならないほどになってしまった。

（1）웃샘：文脈から考えて、웃샘、即ち「上の泉」、「山上にある泉」の意と思われる。

＊（25日、26日、27日は空欄）

28日　木曜。すばらしい天気。

新村の家。ニーチェの『偶像の黄昏（Twilight of Idols）』という本に挑戦してみた。あらゆる価値を転倒させ、利己主義と欲望自然主義、キリスト教的なあらゆるものに対して感情むき出しの憎悪を神聖視する（deification）彼のやり方に吐き気を催した。ニーチェが擁護するような利己的かつ情け容赦ないドグマが国民に圧倒的に迎え入れられるような残虐性と傲慢の国——ドイツ——が現在のような国になるのも当然である。

これまで誰もなったことがない何者かになりたいという飢えと渇望、今まで誰も言わなかったことを言いたいという飢えと渇望、そうすることによって大衆の拍手喝采を得たいという飢えと渇望。それがこの哲学者を駆り立てて歴史の重みに支えられたあらゆる神聖なものを転倒させ、ドイツ国民を獣に変えてしまったのだ。そこにはこう書かれている、「利己心が欠如しはじめた所には最善のものが欠如している」と。またこうも書かれている、「人は利他主義者になった途端、すべて終わりである」。

ドイツの現状――オランダに逃亡した皇帝、飢えに苦しむ人々、バラバラに分断された国家、ドイツの古代要塞を占領する外国軍隊、解体してしまった海軍、全国いたる所でかつての敵に物乞いする国民――これも全て獣と化した国民の傲慢で利己的で情け容赦ない政策の結果であり、ニーチェに対する最善の答である。

＊（29日、30日は空欄）

十二月

1日　日曜。すばらしい天気、暖。

新村の家。致贓〔尹致昊従弟〕が私に語ったところによれば、いま地方においては日本人官吏により多くの不正が行われているという。その例をいくつか。

人々を強制して安い値段で繭を郡庁に売らせておいて、商人に高値で売りつける。森林所有者に彼らが負担できる以上の大金を支出させて植林を無理やり勧める。それは彼らに林業をあきらめさせることが目的である。

もし総督府当局に本当に朝鮮人を公正に扱う気があるならば、真に正直な多くの人間をかつての〝オーサ（御史）[1]〟の如く地方に派遣して、地方の片隅で下級役人が犯している不正行為を摘発しなければならない。ただし、そのような按廉使《アールリョムサ》[2]に対しては不正な官吏が危害を加えることができないようにある程度適切な保護を与えられるべきである。

（1）御史：正しくは、「御使」である。「暗行御使（アメンオーサ）」のこと。李朝時代、国王が地方の事情を直接知るために密使として地方に派遣した官吏。位はそれほどではないが日本のテレビドラマの水戸黄門のような存在である。

（2）inspectors：Royal Inspectors（按廉使）の略。右の注で述べた「暗行御使（アメンオーサ）」の正式名称である。第五巻、一八九七年九月四日の訳注を参照。

＊（2日は空欄）

3日　火曜。すばらしい天気。

新村の家。叔父、光善、および少年たちとともに集雄連山[1]に行き、祖父母が息子たちのために祈りを捧げた地点に印を付ける。

（1）　集雄連山：デジタルライブラリーで見ると「集」字は他の読み方も可能なように見える。

4日　水曜。すばらしい天気。

新村の家。

5日　木曜。すばらしい天気、寒。

午前十一時、新村を出発して〔温陽〕温泉をめざす。途中、光善とともに俊川の墓所(1)を訪れる。午後五時頃に温泉着。

華泉旅館(2)に投宿。沈弘澤氏は不在。彼の経営していた旅館(3)は草茫々、荒れ放題である。

（1）　俊川墓所：本巻一九一六年四月三日に「浚川墓参」とあった。
（2）　薪泉旅館（→華泉旅館）：写真版で確認。一九一六年一月四日に既出。
（3）　一九一七年一月三十一日には「沈宏澤旅館」とあった。

6日　金曜。雨、寒し。

午前六時に起床。六時三十分になっても暗い。光善とともに温陽の墓所〔父雄烈の墓〕に行く。八時三十分頃、華泉旅館(1)に戻る。大急ぎで風呂と朝食をすませる。午前九時三十分頃、温泉を発つ。霧雨が降る。柳主事の家で三時間ほど過ごす。

午後一時四十五分の列車で天安を離れる。午後七時三十分、ソウル着。家族はみな無事、ありがたい。天安にいた時、永倍〔未詳〕が昨日死んだと聞く。

（1）　義泉旅館（→華泉旅館）：写真版で確認。

7日　土曜。すばらしい天気、寒。

午前、ＹＭＣＡに行く。

8日　日曜。すばらしい天気、寒。

宗橋礼拝堂例の如し。午後三時、申氏〔申興雨〕が大勢の聴衆に向かってすばらしい演説をする。

9日　月曜。すばらしい天気、厳しい寒さ。

例の如くＹＭＣＡ。東京から帰ってきたばかりの金光瑞が、致昌は目がとても悪くなったこと、彼は現在哲学を勉強中であると教えてくれる。困ったことになった！

午後七時、月例会。出席者はわずか二十名ほど。金亨俊氏(1)が聖書の言葉に朝鮮音楽の節をつけた。中には良いものもあったが、節に何か巷にはやっている淫らな言葉を連想させるものがあって賛成できないものもあった。

(1)　金亨俊（一八八五〜?）は黄海道安岳生。崇実学校卒。宣教師から洋楽を、正楽講習所で国楽を学ぶ。韓国楽団の先駆者。加藤登紀子の持ち歌になっている「鳳仙花」は洪蘭坡（ホン・ナンパ）が作曲したバイオリン曲「哀愁」に彼が作詞したもの。声楽、音楽教育家としても活躍。因みにネット上では「洪欄坂」などと誤字が多いので注意。

10日　火曜。すばらしい天気、極めて寒し。　＊記載事項なし。

11日　水曜。すばらしい天気。

例の如くＹＭＣＡ。

12日　木曜。すばらしい天気。

例の如くＹＭＣＡ。

13日　金曜。すばらしい天気、寒。
例の如くYMCA。夜遅くに雪。

14日　土曜。すばらしい天気、寒。
例の如くYMCA。松都のリード博士〔Dr. Reid=Wighman T. Reid〕が三円五〇銭だまし取ったといって金董炯《キムドンヒョン》博士を警察につきだした。日本の役人は、規定通り法律を執行するとこの若者の一生が台無しになるから告訴を取り下げるようにと（リード）博士に個人的に勧めた。全ての教会の会員たちがリード博士の許に代表を送って、告訴を取り下げるように請願した。博士は頑として譲らず、若者は禁錮八カ月を宣告された。キリスト教徒であるなしを問わず全ての朝鮮人は激怒した。リード博士は朝鮮を去るべきである。誰も博士の説教に耳を貸す者などいない〔この事件に関しては本巻下、一九一九年一月六日の記事を参照〕。

15日　日曜。薄日、とても寒かった。
宗橋礼拝堂例の如し。午後三時、YMCAの講堂で神の子キリストについてお話する。講堂いっぱいの学生たち。(1)
午後七時、教会に行き南宮檍氏のお別れの挨拶を聞く。氏が教会員となったのは天国に行くためにではなく憂き世を逃れるためだったが、それ以来、氏は一貫して教会の柱であった。現在、彼は年齢も高齢で体も衰えたので故郷に隠退する予定である。こうして友人たちは一人また一人と人生の現場から去ってゆく。

（1）A large auditorium（→audience）of students.：下線部は写真版で訂正。

16日　月曜。薄日、寒。
例の如くYMCA。午前六時四十五分の列車で到着する予定の弟致昌を出迎えるために駅に行く。なにか行き違いがあったらしい。予定の電車に彼は乗っていなかった。彼は午前九時二十五分の列車でやってきた。青白い顔をしていた。聞けば、運動もせずに本ばかり読んでいたという。

17日　火曜。すばらしい天気。
例の如くYMCA。春のように暖かい一日。
子供たちにオモチャでも買ってやろうと思って日本人街〔明治町一帯〕に行った。日本製製品のあまりに薄っぺらなこと、空気のようにチャチでインチキくさいことにビックリした。ますますひどくなったような気がする。にもかかわらず彼らは外国製品と競争する！　などと言っている。この大戦の間に日本の産業が獲得した有利な立場を維持しようと思ったら、実のある確かな製品を生産することこそ最善のやり方だったはずである。平和時にあって製造業者が欧米諸国との熾烈な戦いにおいて勝ち抜くためにはそれ以外に考えられない。

18日　水曜。すばらしい天気、暖。
午前中はずっと家にいる。致昌が語るところによれば、彼は一年半にわたる東京滞在中、二つの教会に定期的に通った。一つは植村氏の教会、もう一つは海老名(1)の教会。ところがこの間に彼をお茶または夕食に招待してくれた日本人の名前を彼は一人も挙げることができなかった。私としては日本人の中の志ある人々（とりわけキリスト教徒）が東京その他の都市に留学中の朝鮮人留学生を親しく迎えるだけの努力をして欲しい。そうすることにより、彼ら朝鮮人が日本人の最も良い点を彼らの社会、家庭においてみることができるようにして欲しい。

今日の午後、邊壎〔YMCA職員〕が教えてくれたところによると、梁起鐸《ヤンギッテク》が中国内で反日の陰謀！を企てた罪で逮捕されたという。[2] 梁の愚かさ加減には呆れる外ない。こういう愚か者こそ朝鮮人の敵である。ただ日本当局の不信を強めるだけだ！ 朝鮮人に必要なことは物質的な現状を改善するために日本人の技術と勤勉さを学ぶことである。反日的な態度や陰謀、言葉遣いは朝鮮人にとってマイナスにこそなれ、決してプラスになることはない。[3] レンガを蹴飛ばしても無駄である！〔不可能なことをしようとして却って自分が傷つくことの喩え〕

（1） 海堂名（→海老名）：傍線部は写真版で訂正。海老名弾正の本郷教会のことと思われる。因みに植村の教会とは植村正久の富士見町教会であろう。

（2） 梁起鐸は一九一八年、中国天津で日本警察に逮捕され、十二月、故国に押送され全羅南道居金島に二年間の流配になった。因みに、本日およびこの先十二月二十二日において尹致昊が梁起鐸に対して示す激しい敵意は、一〇五人事件において彼らが逮捕され警務総監部で訊問を受けた際、事件の取り調べを陣頭指揮した総監部警視国友尚謙が尹致昊に対しては梁起鐸一味がすでに犯行を認めたから尹致昊も認めた方が罪が軽くなると言い、他方で梁起鐸に対しては尹致昊がすでに犯行を全面的に認めた以上、いくら否認しても無駄であるとして、徹底的に両者を離間し、両者が互いに自分が有罪になったのは相手（尹致昊あるいは梁起鐸）が虚偽の自白をしたためであると信じ込まされたことに起因する。*"The Korean Conspiracy Trial: Full Report of the Proceedings"*（Japan Chronicle, 1912）を参照。因みに梁起鐸は一九三三年十月から三五年十月まで上海臨時政府の大統領を務めた。

（3） What Koreans want is to learn or plots or language will do more harm than good to Koreans.：デジ

タルライブラリーによるとこの部分は東京の民友社発行の『大正七年　国民日記』十二月十八日の日記本文を書くべき定型欄の枠外に三行にわたり、解読が極めて困難な筆跡で書かれている。訳者が解読し得たかぎりでは次のようになっている。What Koreans want is to learn of the Japs. their arts & industry so as to improve their material condition! And anti-Jap attitudes or plots or language will do more harm than good to Koreans.

19日　木曜。薄日。

昨夜七時に宗橋教会に行って、教会の青年たちが南宮檍氏のために計画した餞別会に出席する。これまでに経験した最も心のこもった数少ない餞別会だった。全員出席。南宮檍氏を教会から送り出さなければならないのは本当に残念である。

『ジャパン・アドバタイザー』[1]によると、合衆国にいる朝鮮人がウィルソン大統領に請願書を送り、朝鮮の独立達成！を援助してくれるよう要請したという。愚か者よ。英国がインドをあきらめるか？米国がハワイをあきらめるか？　フランスが安南をあきらめるか？　ならば連中に訴えるのは止めよ。厚かましくも日本に朝鮮をあきらめることを要求するような国が列強の中にあるはずがない。それに、他人からプレゼントされたような独立が長続きするはずがない。私の考えでは、合衆国にいる誰かがハワイの貧しい（朝鮮人）労働者の犠牲の上に、ワシントンやパリに行きたがっているのだろう。

（1）　The Jap. advertiser（→ Advertiser）：米国人により横浜で発行されていた英字新聞。

20日　金曜。すばらしい天気、とても暖かかった。

例の如くYMCA。午前八時三十分、マクマリー監督（Bishop McMurry）が東京に発つのを見送りに駅に行く。午後二時三十分、英語の授業を受けているクラスの者たちがルーカス夫人とブロックマン夫人にクリスマス・プレゼントを贈る。ルーカス夫人は男子学生たちにとても親切かつ誠実に英語を教えてくれたからである。彼女の堂々たる人柄と穏やかな物腰、時間に几帳面なことが彼女の人気の秘密である。

午後四時、ゲイル博士がYMCAの活動に関係の深い者のために計画したお茶会に出る。赤ん坊の明姫〔五女、生後十カ月〕が病気。消化不良だろう。

21日　土曜。すばらしい天気、穏やか。

例の如くYMCA。午後五時、文姫、恩姫、および善姫とともに三越呉服店(1)に行く。子供たちが楽しそうに見物している姿をみるのはとても嬉しい。午後七時三十分、ソウル内の教会にある若者たちの社交クラブがYMCAでクリスマスの余興を主催した。赤ん坊の明姫の病気は相変わらず。

（1）　三越呉旺（→服）店：一九〇六年に京城の本町一丁目に木造二階建てとして開店。一九二九年に本町一丁目五二番地の京城府庁舎跡地を購入して新店舗の建設を開始。翌一九三〇年十月二十五日に三越百貨店京城店として新装オープン。後の「新世界百貨店」の旧館である。

22日　日曜。すばらしい天気、穏やか。

宗橋礼拝堂例の如し。梁柱三氏が説教する。しかし私は眠くて彼の説教をほとんど聞くことができなかった。赤ん坊の明姫が病気。昨夜はよく眠れなかった。この三日間、落ち着いて眠れないため妻のヒステリーは相変わらずである。

今朝、金漢翊《キムハニク》に会った時、私は、「梁起鐸は度し難い愚か者である、彼のような人間は人々の愛国心をクイモノにして、彼らから金銭・米麦を巻き上げる泥棒同然である」と言った。すると金はいかにも不服そうな様子で、「そうでしょうか?」と言った。多くの朝鮮の若者が梁起鐸のような人間が愛国者だと考えているようだ。朝鮮人の心をとらえるためには日本はもっと自由で寛大な政策をとるべきである。スパイの、スパイによる、スパイのための政治は朝鮮人のみならず日本人のためにも有害である。

23日 月曜。晴れ、極めて寒し。

例の如くYMCA。邊壎が私に語ったところによれば、金弼秀牧師も高級スパイだという。本当だろうか? いったい誰を信じればいいのか?

日本YMCAが中央Yでクリスマス祝賀会を行う。会の内容は細かに予定されており楽しいものだった。文姫も喜んでいた。帰宅した時はほとんど午後十一時近かった。

24日 火曜。薄日、寒。

昨夜、睡眠不足だったので家にいる。今朝、尹忠求〔未詳〕が訪ねてきて三〇〇円援助してくれないかと言う。貧しい者は情け心をかければかけるほど益々つけあがって要求をはね上げてくる。

午後六時、東拓会社の新理事・川上氏〔東洋拓殖会社理事の川上常郎〕の招きにより朝鮮ホテルに行く。多数の参加者。このホテルの食事はとてもお粗末。食事同様、気の利いたユーモアに欠けるのが日本人の欠点。滑稽なことだらけの中でも最も滑稽だったのは、朝鮮貴族(?)の自惚れたっぷりの傲慢な態度。この手の代表は閔丙奭〔併合後、子爵となった〕である。彼は本当に自分が大物だとでも思っているのだろうか? ああ、朝鮮社会に悪臭を放つ官僚主義の空気よ![1]

（1） Oh, the bureaucratic airs that make Korea ……（stink so）!：……部分はデジタルライブラリーで見るとstink soと読める。

25日　水曜。薄日、寒。
クリスマスの祈禱に参加するため宗橋礼拝堂へ。午後六時、日曜学校主催によるクリスマス祝賀会に出る。

26日　木曜。薄日、寒。
例の如くYMCA。午後四時三十分、アヴィソン博士の家で評議員会。現在ある五万円の基金を年率五・五パーセントの第一銀行から七パーセントの年率をうたう朝鮮商業銀行に口座を移す重要決定を下す。渡辺判事〔渡辺暢〕は商業銀行は絶対大丈夫だと言う。口座変更を提案したのは彼である。

27日　金曜。晴れ、寒。
例の如くYMCA。午後七時、クリスマス祝賀会。これまであったクリスマス関係の会の中ではもっとも良かった。四歳になる我が家の恩姫〔四女〕は他の数名の少女たちと一緒に舞台の上にあがり、〝チクタク時計〟（the 똑딱 時計 exercise）の出し物に出演。とてもおかしかったのは、グレース〔恩姫〕は他の子供たちのマネをしなければならないので、彼女の動作はいつも他の子供たちが全部終わってしまった後になったことである。ところが、それがまたとても可愛らしかった。彼女の姿は本当に愛くるしい。

28日　土曜。薄日、寒。
例の如くYMCA。

29日　日曜。薄日、寒。

朝の祈禱は欠席。午後三時、例の如くＹＭＣＡの懇談会に出席。午後七時、平澤から叔父〔尹英烈〕が到着。駅まで迎えに行く。

30日　月曜。薄日、寒。

例の如くＹＭＣＡ。午後六時、明月館に行き、東京から帰ってきた韓相龍氏〔経済人にして代表的な親日家〕のために大正親睦会が計画した晩餐会に出席する。韓氏が大都市東京に設立した漢城銀行支店に対して日本の現行内閣〔原敬内閣〕と経済界の指導者たちは強力な支持を約束したと氏は報告したが、とても興味深く参考になった。韓氏は一風変わった人であるが有能な人物であることはまちがいない。だが、彼の成功は……〔解読不能〕(1)。それに氏はその横柄な態度のためにだいぶ損をしている。

（1）but his success seems to have ……（→ …… his head）：下線部分はデジタルライブラリーで見ると（　）内のように読めるが、解読できない。

31日　火曜。薄日、寒。

正午頃、ＹＭＣＡに行く。次いで従弟の致昨と共に叔父を訪ねる。午後七時、従弟の家に行き、ユンノリを楽しむ。致昨はすぐ帰って来るからといって私の外套を来たまま出ていってしまった。ところが十一時三十分になっても来ないので、私は外套なしで帰らざるをえなくなった。その間ずっと日本人の借金取りが彼を待っていた。従弟の致昨はついに正真正銘の高等浮浪子になってしまった。今ではすっかり恥も外聞もなくしてしまった。もともと彼に恥や外聞があったとしての話だが。

一九一八年よ、サヨウナラ！　全ての祝福の源である神を称えよ！

木下隆男《きのしたたかお》

1946年、東京生まれ。1971年、東京外国語大学英米語学科卒業。2007年3月、都立高校教師を定年退職、同年9月、崇実大学校大学院（韓国）キリスト教学科へ留学。2011年8月、「105人事件と青年学友会研究」により同大学院よりキリスト教学博士学位を取得。論文・著書に、「親日と愛国——『尹致昊日記』抄」（『現代コリア』444〜476号）、『評伝 尹致昊——「親日」キリスト者による朝鮮近代60年の日記』（明石書店、2017年）。

尹致昊《ユンチホ》日記 7 上——1916-1918年（全11巻）　東洋文庫922

2025年1月24日　初版第1刷発行

訳注者　木 下 隆 男

発行者　下 中 順 平

印 刷　創栄図書印刷株式会社
製 本　大口製本印刷株式会社

発行所　〒101-0051　東京都千代田区神田神保町3-29
株式会社 平 凡 社

電話 営業 03-3230-6573　ホームページ https://www.heibonsha.co.jp/

ISBN 978-4-582-80922-0

《東洋文庫の関連書》

171 172 179 日本その日その日 全三巻　E・S・モース著　石川欣一訳

214 216 朝鮮独立運動の血史《けっし》 全二巻　朴殷植著　姜徳相訳注

222 朝鮮の悲劇　F・A・マッケンジー著　渡部学訳注

234 白凡逸志《ペクポムイルジ》〈金九自叙伝〉　梶村秀樹訳注

252 海游録《かいゆうろく》〈朝鮮通信使の日本紀行〉　申維翰著　姜在彦訳注

270 朝鮮小説史　金台俊著　安宇植訳注

325 328 熱河《ねっか》日記 全二巻〈朝鮮知識人の中国紀行〉　朴趾源著　今村与志雄訳

367 朝鮮事情〈朝鮮教会史序論 その歴史、制度、言語、風俗および習慣について〉　C・C・ダレ著　金容権訳　梶村秀樹解説

544 550 日本旅行日記 全二巻　アーネスト・サトウ著　庄田元男訳

572 573 朝鮮奥地紀行 全二巻　イサベラ・バード著　朴尚得訳

662 日東壮遊歌《にっとうそうゆうか》〈ハングルでつづる朝鮮通信使の記録〉　金仁謙著　高島淑郎訳注

678 682 685 乱中日記 全三巻〈壬辰倭乱の記録〉　李舜臣著　北島万次訳注

800 訓民正音　趙義成訳注

809 新羅殊異伝〈散逸した朝鮮説話集〉　小峯和明　増尾伸一郎編訳

852 交隣提醒《こうりんていせい》　雨森芳洲著　田代和生校注

860 879 乾浄筆譚《かんじょうひったん》 全二巻〈朝鮮燕行使の北京筆談録〉　洪大容著　夫馬進訳注

864 自省録　李退渓著　難波征男校注

875 海東高僧伝　覚訓著　小峯和明　金英順編訳

885 漢京識略〈近世末ソウルの街案内〉　柳本芸著　吉田光男訳註

903 中国伝道四五年〈ティモシー・リチャード回想録〉　ティモシー・リチャード著　蒲豊彦　倉田明子監訳